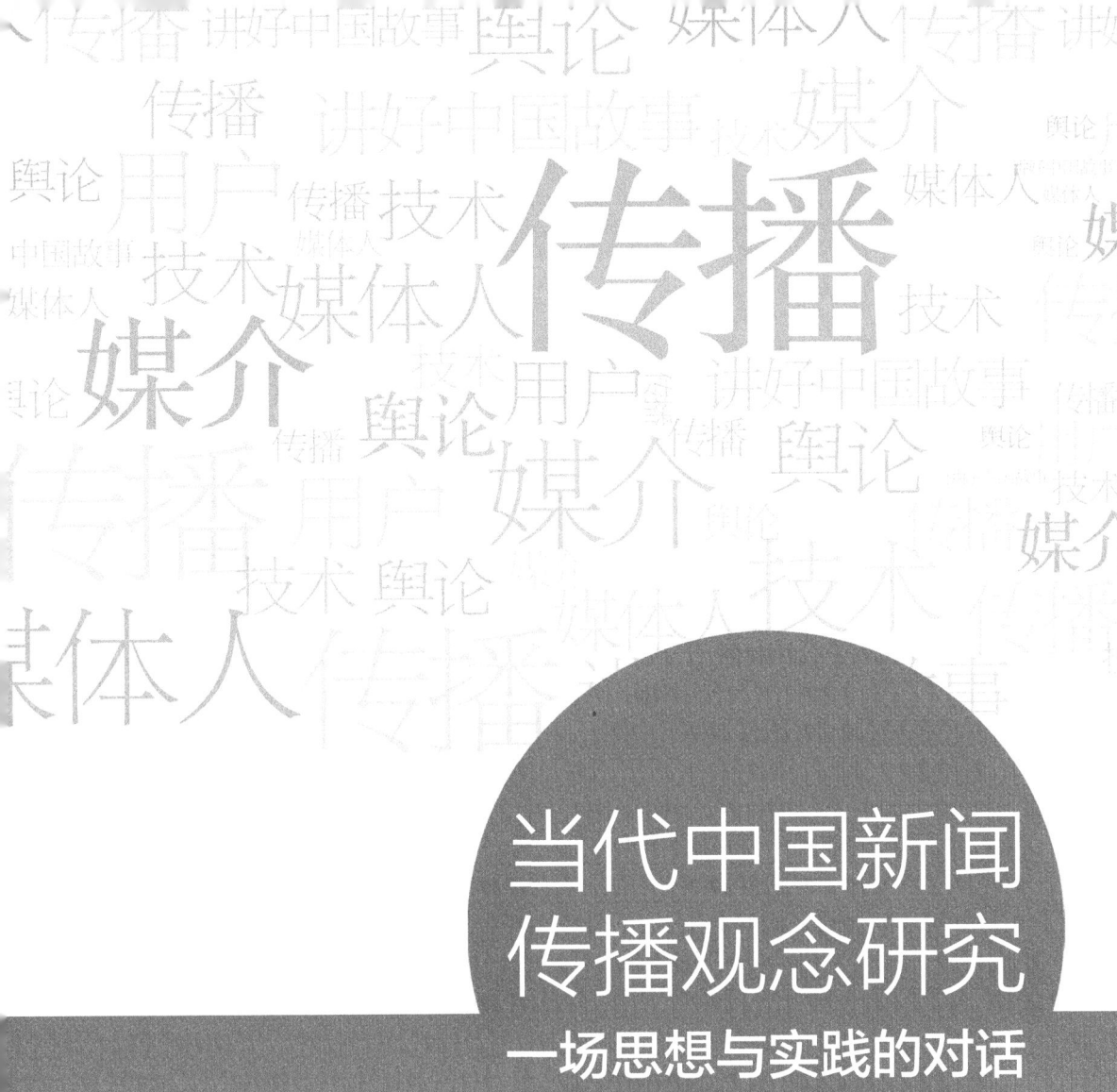

当代中国新闻传播观念研究
——一场思想与实践的对话

姜 红 等◎著

科学出版社
北 京

内 容 简 介

当互联网成为"一种重新构造世界的结构性力量"时，原先建立在现代性背景之下和传统媒体基础上的新闻传播学科概念体系已经很难对当下的经验和情境有充分的解释力，今天的"新新闻传播实践"呼唤新概念网络的出场。本书将研究重心放在新闻传播核心话语的范式重构上，重点研究传统的新闻学科核心概念，如媒介、新闻、舆论、文本、传者、受众等在新新闻传播实践中经历的"观念折变"，希望通过对这些核心概念的再度探讨，回应当下非常急迫的学科范式转型问题。当然，在日渐"加速"的时代，这些对旧概念所谓的"新理解"很快也可能会被超越。只有这样和实践连接的理论之树才可能长青，新的学科之网才可能生长。

本书主要面向新闻传播学科的学习者、研究者，以及新闻传播行业的从业者、管理者。

图书在版编目（CIP）数据

当代中国新闻传播观念研究：一场思想与实践的对话 / 姜红等著. —北京：科学出版社，2023.1
ISBN 978-7-03-073541-6

Ⅰ. ①当… Ⅱ. ①姜… Ⅲ. ①新闻学–传播学–研究–中国 Ⅳ. ①G219.2

中国版本图书馆 CIP 数据核字（2022）第 195189 号

责任编辑：王 丹 赵 洁 / 责任校对：王晓茜

责任印制：李 彤 / 封面设计：润一文化

科学出版社 出版
北京东黄城根北街 16 号
邮政编码：100717
http://www.sciencep.com

北京建宏印刷有限公司 印刷
科学出版社发行 各地新华书店经销

*

2023 年 1 月第 一 版　开本：720×1000　1/16
2023 年 1 月第一次印刷　印张：15
字数：256 000
定价：98.00 元

（如有印装质量问题，我社负责调换）

本书为国家社科基金一般项目"当代中国新闻观念研究"
（批准号：13BXW001）结项成果。

目 录

绪论 ·· 1

上篇　当代中国新闻传播观念重构

第一章　重构媒介：从"线"到"网" ································· 33
　　第一节　媒介是什么？——两种媒介观 ····························· 33
　　第二节　连接什么？——从媒介到中介 ····························· 39
　　第三节　物质的媒介——多种分类 ····································· 43
　　第四节　线与网：媒介的现代性与后现代性 ····················· 47
　　第五节　结语 ··· 53

第二章　重构新闻：事件、实践与仪式 ································· 55
　　第一节　新闻学研究的两种范式与新闻观念 ····················· 55
　　第二节　作为"事实"的新闻与作为"事件"的新闻 ····· 58
　　第三节　作为报道的新闻与作为实践的新闻 ····················· 63
　　第四节　作为信息的新闻与作为仪式的新闻 ····················· 67
　　第五节　结语 ··· 71

第三章　重构传者：从"组织化"到"个体化" ················· 73
　　第一节　个体化：第二现代性背景下的"社会操作系统" ······ 74
　　第二节　"嵌入"：组织中的媒体人 ································· 77
　　第三节　脱嵌："离职潮"中的媒体人 ····························· 80
　　第四节　复嵌："社会-技术系统"中的自媒体人 ············· 84
　　第五节　结语 ··· 89

第四章　重构受众：从"受"到"用" ································· 91
　　第一节　作为"舶来品"的受众 ··· 92

第二节　受众议题的裂变与延展 …………………………………… 96
第三节　多重维度中的用户 …………………………………………… 100
第四节　感性的狂欢："粉丝"的崛起 ……………………………… 109
第五节　结语 …………………………………………………………… 112

第五章　重构文本：行动与关系的叙事 ………………………………… 115
第一节　作为话语实践的文本 ………………………………………… 116
第二节　"作者已死"——谁在生产文本？ ………………………… 120
第三节　液态化与多元互动——移动互联时代的文本实践 ………… 123
第四节　讲故事与非虚构写作——情感与文本的生成 ……………… 127

第六章　重构舆论：从"可能"到"可见" …………………………… 134
第一节　舆论如何可能？ ……………………………………………… 134
第二节　"可见性"：一种媒介研究的新路径 ……………………… 137
第三节　"公众"："每个人都有被看见的权利" …………………… 139
第四节　"公共事务"："公"与"私"的领域重叠 ………………… 144
第五节　"意见"："不可控"的多元表达 ………………………… 147
第六节　结语 …………………………………………………………… 151

下篇　当代中国新闻传播观念实践

第七章　媒介中的技术逻辑："算法"与行动者网络 ………………… 155
第一节　引言 …………………………………………………………… 155
第二节　技术的意志与算法的价值观 ………………………………… 157
第三节　"行动者网络"中的算法 …………………………………… 160
第四节　算法与"内容生产者" ……………………………………… 162
第五节　算法与"被推送者" ………………………………………… 164
第六节　结语 …………………………………………………………… 166

第八章　"反转新闻"：不确定时代的新闻观念调适
　　　　——重思新闻的知识类型 …………………………………… 167
第一节　引言 …………………………………………………………… 167
第二节　回到起点："新闻作为一种知识类型" …………………… 169
第三节　"反转新闻"：各类新闻要素的"再造" ………………… 172

第四节　"反转新闻"：一种不确定的知识 ·················· 174
　　第五节　结语 ·· 177

第九章　新媒体内容生产者的"再组织化"：以梨视频为例 ········ 179
　　第一节　引言 ·· 179
　　第二节　外部扩张：梨视频拍客网络的组织建构 ················ 180
　　第三节　内部演化：个体的重塑与传播边界的凸显 ············ 184
　　第四节　机制转变：从去组织化到再组织化 ······················ 187

第十章　超越"受众"：互联网时代的用户及其三重身份 ········ 190
　　第一节　引言 ·· 190
　　第二节　"体验"：形式与内容的分庭抗礼 ························ 192
　　第三节　产消者："话题"即规则 ·· 194
　　第四节　玩工：从"二次元"走出来的弹幕网站 ················ 197
　　第五节　超越受众，从自媒体流量造假说起 ······················ 201
　　第六节　结语 ·· 205

第十一章　新时代政治传播中的"讲故事"：一种媒介化的叙事 ·········· 207
　　第一节　引言 ·· 207
　　第二节　"讲故事"：从写作技巧到媒介语法 ···················· 208
　　第三节　"讲好中国故事"：从传播理念到行业实践 ········· 211
　　第四节　结语 ·· 214

第十二章　公众舆论中的情感互通：以"辱母案"中"朴素正义感"
　　　　　 为中心的考察 ·· 216
　　第一节　"情感"的缺席：理性主义视野下的公众舆论 ········ 216
　　第二节　"情感"的实践："辱母案"中法律与情感的"同频共振" ···· 218
　　第三节　"情感"的回归：在多元理解中传递"共通感受" ········ 224
　　第四节　结语 ·· 227

后记 ·· 228

绪　　论

在今天，对于人文社会科学研究者来说，没有比"读懂中国"更为重要的使命了，同时，也没有比"阐释中国"更为复杂、更具挑战性的课题了。今天的媒介比以往任何时候都更深地牵连和参与到中国的社会历史进程中，"读懂传媒"与"阐释传媒"正是"读懂中国"和"阐释中国"的题中应有之义。一方面，对当下中国最突出急迫的问题的回答，若离开传媒这一维度的思考，将是残缺的；另一方面，对当下中国传媒所面临的种种问题的解读，如不置于更复杂的社会、文化、技术情境中拷问、纠论，也是缺乏生命力的。当代中国的转型是在艰难的探寻、想象、认同、变革中实现的。

本书研究当代中国的新闻传播观念，意义不仅在于辨析思想，考镜源流，使研究者获得方向感，从而达到对本学科知识与思想补偏救弊、返本开新的目的，而且更希望通过解读传媒中的观念来理解"媒介化社会"和时代变迁中的中国。

本书最早的设计分为两部分。第一部分研究当代中国社会思潮中的新闻传播观念。主导的力量是社会结构与生态的变化，助推剂是互联网。对思潮和观念的研究分析，有利于在"读懂中国"的前提下正本清源，树立当代马克思主义新闻观。第二部分，研究当代中国学术话语中的新闻传播观念。显在的影响因素主线是技术（互联网），副线是社会结构及生态的变化，当然还有意识形态和商业逻辑。当代中国新闻理论界和实践界关注的热点问题，也在新闻论争中呈现不同面向，"问题"的分歧背后，有着"主义"的分野。比如"新闻专业主义"这个"舶来"概念，一种观点将它奉为职业圣杯和最高律令，另一种声音则认为新闻专业主义是"职业权力的意识形态"。又如"反转新闻"这个概念，有人视之为假新闻，有人视之为新的新闻理念。再如关于新闻记者是"影响者"还是"记录者"之争论，其背后正是两种新闻观念和两种传者角色的撞击。对新闻传播观念的研究，意在梳理当下中国传媒发展的内在理路和精神线索。

但是，在研究进行的过程中，大数据、移动互联、人工智能等新技术带来了媒介形态的巨变，进而拉开传媒业变革的序幕，并且搅动了整个社会生态和人的生活方式。在此背景下，新闻传播学科也不得不经历范式变革，过去的小修小补模式已经越来越不适应传媒发展现状和学科、人才培养状况。2016年5月，习近平总书记在哲学社会科学工作座谈会上的讲话中指出："发挥我国哲学社会科学作用，要注意加强话语体系建设。"关于如何建设哲学社会科学的话语体系，习近平总书记强调："要善于提炼标识性概念，打造易于为国际社会所理解和接受的新概念、新范畴、新表述，引导国际学术界展开研究和讨论。"[①]

2016年，牛津词典评出的"年度英文词汇"为"后真相"（Post-truth），意指"相对于情感及个人信念，客观事实对形成民意只有相对小的影响"。从世界范围来看，2016年英国的"脱欧"公投以及出乎大多主流媒体预料的美国大选结果，都是"后真相"的体现。如果说，传统新闻观念中，事实和理性具有压倒一切的重要性，在今天，情感和公众情绪已经成为左右事件发展的更为重要的因素。"诉诸情感及个人信念，较陈述客观事实更能影响舆论"。因此，在互联网带来的"新传播革命"中，需要重思传统的新闻传播观念，进而重构新闻传播学科的话语体系。

由于本学科原有的概念体系主要建立在现代性背景之下，在传统媒体的基础上搭建而成，今天，这一套概念体系已经很难对后现代的互联网有充分的解释力。从某种程度上说，整个新闻传播学科都面临着话语的重建、观念的重构。今天，我们对新闻传播学话语体系的反思与重构，更多来自互联网带来的"新传播革命"的倒逼。当互联网这张"人类之网"让所有人都身处其中无法逃脱的时候，当我们认识到互联网"是一种重新构造世界的结构性力量"[②]的时候，重新思考人的生存处境、学科的生存处境，就不是一件无足轻重的事情。库恩说："科学革命就是科学家据以观察世界的概念网络的变更。"[③]今天的"新传播革命"同样呼唤新的

[①] 习近平，《在哲学社会科学工作座谈会上的讲话》，人民网，2016年5月19日，http://politics.people.com.cn/n1/2016/0519/c1024-28361447.html。

[②] 喻国明，《互联网是一种高维媒介》，《南方电视学刊》，2015年第1期。

[③] 〔美〕托马斯·库恩，金吾伦、胡新和译，《科学革命的结构》，北京：北京大学出版社，2003年版，第94页。

概念网络的重构，就像库恩所说，新的概念网络的游戏规则"与以前的传统不仅在逻辑上不相容，而且实际上是不可通约的"[①]。法国学者德布雷也在他的媒介学的"十一个论题"中指出，"不同的媒介域建构记忆的方式不同"，"不同的媒介塑造不同的意识形态；每个媒介域有一个相应的意识形态"[②]。

这件事情是如此急迫，所以本课题组调整了研究框架。新媒介时代已经正在模糊所谓专业和非专业，也正在重塑新闻教育，所以本书摈弃了原有的社会思潮中新闻观念的内容，不再分成专业场域和社会场域两大块，而是把研究重心放在新闻传播核心话语的范式重构上，重点研究传统的新闻学科核心概念，比如媒介、新闻、舆论、文本、传者、受众等。在新传播时代经历的"范式转变"和"观念折变"，这些转变都是颇具颠覆性的"哥白尼革命"。本书希望通过对这些核心概念的再度探讨，回应当下非常急迫的学科话语体系重构问题，将理论之网的网结做一个新的梳理和锚定，未来更深入的研究留待本学科的更多学术大杰共同完成。或许可以重新描绘一张新闻传播学的学科地图，织就一张新的学科之网。

本书中所用到的概念，无论媒介、新闻、传者、受众等，都是结构功能主义和现代性视野中的概念，实际上在后现代视野中，这些概念已经远远不能涵盖其原有的意义，有些还面临着悄悄被替换的命运，比如"用户"之于"受众"。但是，由于我们处身其中的这个话语环境整体未发生大的改变，或者说，大家明知要变，但对于如何变、变化的方向等还未能达成相对一致的共识，所以，我们不能生造出一个个新的概念来替代原有的这些词。海德格尔在《技术的追问》中曾表达过这种痛苦，所以他创造出"座架"来隐喻现代技术。这种命名的痛苦，往往发生在范式转换的过程中。旧范式解释或涵盖不了变化了的新事物。本书中，我们一方面想用"与以前不一样的方式"来看待这个世界，另一方面，为了避免文本的艰深晦涩，为了能让读者和学术共同体接受，我们仍然使用老概念，希望用旧瓶装新酒，当然，这新酒和旧瓶难免可能不搭调。这也是一种"变化着的生

[①]〔美〕托马斯·库恩，金吾伦、胡新和译，《科学革命的结构》，北京：北京大学出版社，2003年版，第95页。

[②]〔法〕雷吉斯·德布雷，陈卫星、王杨译，《普通媒介学教程》，北京：清华大学出版社，2014年版，第24-25页。

产手段针对过了时的生产条件的反叛"①。海德格尔说过，所有阐释都很危险，像落在钟上的雪花，使钟声走调，因此，作为研究者，我们只能冒着走调的危险去言说难以言说的话语。

在研究伊始，需要厘清研究对象的基本内涵和逻辑前提。

第一，何为"当代"？本书所指的"当代"主要限定于21世纪以来，尤指新媒体兴盛的当下。此处的"当代"除了时间概念之外，还隐含着空间指向，即从现代性向后现代性转型过程中的当代中国社会情境和传媒景观。

第二，何为"新闻观念"？本书所指的"新闻观念"与"新闻思想"略有不同。葛兆光先生认为，思想史与观念史在比较细的方面是有区别的：思想史倾向于整体地描述时代、环境和思潮，观念史则主要围绕一个或一组观念的历史过程进行研究。②金观涛、刘青峰认为，观念在两个方面与思想不同：其一，观念是用固定的关键词表达的思想，它比思想更确定，可以具有更明确的价值方向，因此，人们可以凭借若干观念建立社会化的意识形态；其二，因观念比思想具有更明确的价值（行动）方向，它和社会行动的关系往往比思想更直接。在社会行动中，观念是可以事先被行动者想象（在心里预演或计划）或事后被理解的，因此，有不少观念可以视为社会行动的组成部分。③研究当代中国的新闻观念，实质上是通过对打碎后的万花筒碎片的研究，了解具有整体结构的新闻传播思想，读懂中国传媒，阐释传媒现实。

第三，如何选择新闻观念？当代中国，可称为新闻观念的关键词层出不穷，与学者们已经做过的关键词研究相比，本书根据何种逻辑选择和串联这些新闻观念呢？我们认为，概念是理论之网的"网结"，以关键词形态呈现的新闻观念是新闻传播研究之网的"节点"，所以，进入我们研究视野的新闻观念不仅要具有连接的意义，而且要有前沿性和当代意义。我们的选择强调"上下左右"和"纵横交错"。

---

① 〔美〕伊格尔斯，何兆武译，《二十世纪的历史学——从科学的客观性到后现代的挑战》，沈阳：辽宁教育出版社，2003年版，第157页。
② 葛兆光，《思想史研究课堂讲录——视野、角度与方法》，北京：生活·读书·新知三联书店，2005年，第266页。
③ 金观涛、刘青峰，《观念史研究——中国现代重要政治术语的形成》，北京：法律出版社，2009年，第4页。

首先，我们所寻找的观念之"经"是传统新闻观念中已经存在，并且形成相对完整的话语体系，但在当下已经发生或正在发生范式转换，在当下中国新闻实践中发生了重大变化的观念。其不仅在新闻学界流传，而且更影响到新闻业界，乃至社会公众。换言之，可以转化为新闻界"社会行动"组成部分的观念。如前所述，媒介、新闻、舆论、文本、传者、受众等概念都是需要重新审视、认真清理的学科关键词。

其次，我们所研究的观念之"纬"不仅仅局限于新闻传播这样一个学科，而且正如诺夫乔伊所说，那种在"个体或一代人的思想中起作用的或多或少未意识到的思想习惯"，那些可能"更为经常地决定一个时代的理智的倾向"[①]的观念，它们在当代中国与传媒的纠缠、互动和互相建构，直接影响当代中国的思想文化面貌，比如实践、连接、流动、网络、技术、个体化等观念，在上述学科话语的范式转换中都或多或少起到了作用，而这些观念，推动的并非只有新闻传播学一个学科的变化，甚至与整个哲学社会科学的转型高度相关。

最后，我们聚焦的观念之"场"是有张力的。某个具体观念的周围往往有一个"概念群"存在，像行星与卫星的关系，观念与观念之间具有相互牵引的力量，这样的观念场并非静态的存在，而是和许多其他的观念"共在"。舍此，无法深入理解这些观念。比如"舆论"与"舆情"、"公众"、"社会情绪"、"共同体"、"共识"等概念之间的关系就需要深入梳理。

简言之，上挂下联，经纬交织的这张网，就是我们要考察的当代中国新闻传播观念之网；核心的、有张力的关键词，就是织就这张网的重要网结。

在本课题开始之前，笔者已经完成了一个国家社科基金项目"两重视野中的现代中国新闻观念研究"，正在出版之中。作为姊妹篇，本书与上一个研究有很多同气相生、相互应和的地方，主要体现在：问题导向的研究路径不变（和现代新闻观念的研究相比，当代新闻观念研究的问题意识更强），在社会现实情境中研究新闻传播观念的研究取向不变，跨学科的研究视野不变。

但是，"现代中国"和"当代中国"毕竟处在不同历史时期，因此，在展开研究的时候，还是有更多的"变"。总体上，"思想与实践的对话"是本书的基

---

① 〔美〕诺夫乔伊，张传有、高秉江译，《存在巨链——对一个观念的历史的研究》，南昌：江西教育出版社，2002年，第5页。

本逻辑与核心问题，以区别于现代中国新闻观念研究的"思想与历史的对话"。

第一，现代中国新闻观念主要围绕现代性这个脉络，当代中国新闻观念则突出后现代性背景下的核心命题。前者的观念谱系是科学、进步、民族、民主、自由、职业等现代性的核心观念，而后现代条件则对现代性观念产生了颠覆和重新建构，更加多元、开放、杂糅。

第二，现代中国新闻观念之变化有一个如何基于传统和本土立场接受现代和外来观念的过程，特别是在中国这样一个有着悠久文化传统的国家，其现代性与本土性的纠缠、交错、挣扎，显得尤为复杂。传媒和传媒人往往得一个时代的风气之先，他们既是观念的思考者，也是承继者、引领者和行动者。在当下中国，技术和社会结构变迁两大逻辑影响着新闻传播业的变迁，新闻传播学也面临着"范式更迭"的命题。所以，当代中国新闻传播观念的变化更多体现在新媒体环境下观念的"系统性"重构，或者说观念体系在媒介实践中如何裂变、分化，如何冲突，如何协商整合的问题。

第三，现代中国新闻观念依托的主要媒介是报刊，当代中国新闻传播观念的依托则主要是互联网。如果按照德布雷的观点，报刊和互联网是两种完全不同的"媒介域"。他认为这是一个文明史的分期，"占统治地位的传媒系统是一个时代的社会组织的核心"，"每个时代的传媒方式的主旨就是对其时代进行定义或制造信任"，"传媒系统的技术特征是理解每个时代的象征系统的主要线索"[1]。互联网与报刊相比，是更具后现代气质的媒体，而现代性的象征系统体现在报刊的理性化、秩序化和组织化之中，与互联网的情绪化、个体化与多元化形成鲜明对比。所以，"媒介域"与传播观念紧密相连。本书正是从"媒介"这一观念的当代意义破题，后文将展开详述。

第四，现代中国新闻观念的研究对象往往是那个时代的杰出人物，比如思想者、报人、著名记者等，只有他们才在思想史中留下了痕迹。当代中国新闻观念研究既关注这些杰出人物成型的思想，更关注草根在互联网中留下的痕迹，因为互联网让所有人的自我表达成为可能。

第五，对现代新闻观念的研究更偏静态，更注重宏大叙事；而当代新闻

---

[1]〔法〕雷吉斯·德布雷，陈卫星、王杨译，《普通媒介学教程》，北京：清华大学出版社，2014年版，导读第18页。

传播观念的研究更偏动态，会更加重视对事件、个案等小叙事、小的切入点的观照。

关于已有研究，在学术专著方面，与当代中国新闻观念紧密相关的专题性著作有杨保军的《新闻观念论》。该书指出，中国的新闻改革改进，始终是在宣传新闻主义核心观念指导下进行的，专业新闻主义、商业新闻主义的观念和做法在这一进程中被不断批判性地接收和吸纳。就当前中国的实际情况而言，占主导地位的新闻主义或总体新闻价值观依然是宣传新闻主义观念。目前和今后相当长时期，中国应该坚持的是发展新闻主义观念，这样的观念有两大核心：一是把"发展"作为新闻活动特别是职业新闻活动的主要目标，包括新闻业自身的发展，以及新闻业要对社会的整体发展做出自身特有的贡献；二是在运用新闻手段的过程中，要遵循新闻专业主义的观念和原则。[1]杨保军教授围绕新闻学的重要观念已经出版了十部系列专著，分别是《新闻事实论》（2001）、《新闻价值论》（2003）、《新闻真实论》（2006）、《新闻活动论》（2006）、《新闻精神论》（2007）、《新闻本体论》（2008）、《新闻道德论》（2010）、《新闻观念论》（2014）、《新闻主体论》（2016）、《新闻规律论》（2019）。其中最有代表性的著作是他的博士学位论文《新闻事实论》，该书分为"作为客观事实的新闻事实——对新闻事实的静态分析""作为传受内容的新闻事实——对新闻事实的动态考察""作为说话手段的新闻事实——对新闻事实的功能研究"三大部分，形成了一个具有新意的理论框架，对新闻传播中最重要的概念——新闻事实，做了详尽深入的理论探讨。[2]《新闻价值论》分别从新闻价值的本质、构成、主体、客体、中介、创造、评价、实现等八个层面探讨了新闻价值的主题。[3]《新闻真实论》从对新闻真实之本质分析入手，考察新闻真实的构成及特点，探讨了新闻真实实现的途径、方法及假新闻防治问题，阐述了新闻真实实现过程中的各种问题，最后论述了新闻真实的社会意义。[4]《新闻主体论》将新闻传播活动的主体分为信源主体、传播主体、收受主体、控制主体、影响主体等，并对这些新闻主体及不同主体之间的

---

[1] 杨保军，《新闻观念论》，上海：复旦大学出版社，2014年版。
[2] 杨保军，《新闻事实论》，北京：新华出版社，2001年版。
[3] 杨保军，《新闻价值论》，北京：中国人民大学出版社，2003年版。
[4] 杨保军，《新闻真实论》，北京：中国人民大学出版社，2006年版。

关系，做了全面分析与阐释。[1]杨保军教授以他近20年的耕耘，成为中国新闻传播学基础理论研究之重要学者。

其他相关研究见于当代新闻学说史及学术史、当代理论新闻学等著作中。在学说史领域，《中国新闻传播学说史：1949—2005》[2]一书着眼于当代，"以学者为主体，以学术为根本，重点是阐述新闻传播学术思想的演变、学术研究的成就"。在新闻学术史研究中，《二十世纪中国社会科学·新闻学卷》[3]把改革开放以来的新闻学研究分为三个阶段，在"二十世纪中国新闻学重大论争"部分，概述"新闻定义""新闻商品性""新闻与宣传"等六大论争。《中国当代新闻学研究的演变——学术环境与思路的考察》[4]与《中国新时期新闻传播学术史研究》两部著作均多角度梳理了新时期新闻传播研究的特点和变化。《20世纪中国新闻学与传播学·应用新闻学卷》[5]一书努力寻求新闻传播观念演进的本体逻辑，在对百年中国新闻业与新闻观念变迁的审视中，描绘了当代新闻观念从曲折发展到全面演进的历程。《中西方新闻传播：冲突·交融·共存》[6]设有专篇论述当代中西方新闻传播观念中的冲突与存异。《对"新闻无学论"的辨析及反思》[7]以点带面，在新闻学科体系建构和学科发展中审视"新闻无学"之争论。《中国新闻理论体系研究》对新闻理论体系本身的结构问题进行了专门的探讨。[8]在当代理论新闻学的研究中，童兵的《理论新闻传播学导论》[9]、《20世纪中国新闻学与传播学·理论新闻学卷》[10]、李良荣的《新世纪的探索：李良荣新世纪新闻学研究文集》[11]、陈力丹的《新

---

[1] 杨保军，《新闻主体论》，北京：人民日报出版社，2016年版。
[2] 徐培汀，《中国新闻传播学说史：1949—2005》，重庆：重庆出版社，2006年版，第13页。
[3] 赵凯、丁法章、黄芝晓，《二十世纪中国社会科学·新闻学卷》，上海：上海人民出版社，2005年版。
[4] 谢鼎新，《中国当代新闻学研究的演变——学术环境与思路的考察》，北京：中国传媒大学出版社，2007年版。
[5] 单波，《20世纪中国新闻学与传播学·应用新闻学卷》，上海：复旦大学出版社，2001年版。
[6] 顾潜，《中西方新闻传播：冲突·交融·共存》，上海：复旦大学出版社，2003年版。
[7] 唐远清，《对"新闻无学论"的辨析及反思》，北京：中国广播电视出版社，2008年版。
[8] 丁柏铨，《中国新闻理论体系研究》，北京：新华出版社，2002年版。
[9] 童兵，《理论新闻传播学导论》，北京：中国人民大学出版社，2000年版。
[10] 童兵、林涵，《20世纪中国新闻学与传播学·理论新闻学卷》，上海：复旦大学出版社，2001年版。
[11] 李良荣，《新世纪的探索：李良荣新世纪新闻学研究文集》，广州：暨南大学出版社，2012年版。

闻理论十讲》①、郑保卫的《论新闻学学科地位及发展》②、丁柏铨的《中国当代理论新闻学》③、黄旦的《新闻传播学》④等学者的著作均对新闻学研究的相关概念及术语做出当代阐释，不同程度地体现了理论创新和观念创新。此外，学界专家的著作也聚焦于基本理论问题，新闻事实、新闻真实、新闻价值等方面的著作先后出版，如复旦大学黄旦教授的《传者图像：新闻专业主义的建构与消解》⑤，中国人民大学杨保军教授的"新闻三论"——《新闻事实论》⑥、《新闻价值论》⑦、《新闻真实论》⑧，皆为此中翘楚。

在学术论文方面，有关当代中国新闻观念的研究虽略显清冷，但质量较高。杨保军教授从"元理论"角度廓清了新闻观念研究的核心命题，其中《"新闻观念"论纲》⑨从本体论出发，确立新闻观念研究的整体框架，并认为，在新闻观念研究中，应该确立超学科的、整合的、历史性和问题导向性的方法论观念。在《多维视野中的新闻观念》⑩中，他提出全面、深入、准确地理解新闻观念的内涵，需要在认识论、价值论、方法论等多维视野中加以分析和阐释。他认为，建立在"发展新闻主义"与"专业新闻主义"统一基础上的"发展新闻专业主义"，是当代中国主导新闻观念的可能选择。⑪此外，杨保军教授从时代性、理论性质、观念结构三个层面总结了当代中国新闻观的基本特征，认为当代中国新闻观集中表现在党的主要领导人的新闻思想中，体现在当代中国新闻学的主要研究成果中，贯彻落实于广泛的中国新闻实践中。⑫秦志希教授则通过历时性的对媒介工具性、党性、舆论监督、真实性、信息等关键词的考察，透视新时期整个新闻理论乃至

---

① 陈力丹，《新闻理论十讲》，上海：复旦大学出版社，2008年版。
② 郑保卫，《论新闻学学科地位及发展》，北京：中国传媒大学出版社，2010年版。
③ 丁柏铨，《中国当代理论新闻学》，上海：复旦大学出版社，2002年版。
④ 黄旦，《新闻传播学》，杭州：杭州大学出版社，1995年版。
⑤ 黄旦，《传者图像：新闻专业主义的建构与消解》，上海：复旦大学出版社，2005年版。
⑥ 杨保军，《新闻事实论》，北京：新华出版社，2001年版。
⑦ 杨保军，《新闻价值论》，北京：中国人民大学出版社，2003年版。
⑧ 杨保军，《新闻真实论》，北京：中国人民大学出版社，2006年版。
⑨ 杨保军，《"新闻观念"论纲》，《国际新闻界》，2011年第3期，第6-13页。
⑩ 杨保军，《多维视野中的新闻观念》，《现代视听》，2012年第4期，第6-11页。
⑪ 杨保军，《当代中国主导新闻观念的可能选择：发展新闻专业主义》，《国际新闻界》，2013年第3期，第82-90页。
⑫ 杨保军，《论当代中国新闻观的基本特征》，《编辑之友》，2021年第7期，第5-12页。

社会文化思想的变迁。①黄旦教授对三个新闻定义的深描，勾勒出中国新闻传播学的建构历程。②李良荣教授对新时期中国新闻改革、新闻学术讨论的研究论文也隐现着新闻观念的变迁③。常江、王润泽等从历史和比较的视角出发，就新闻职业、新闻客观性、新闻真实性、新闻价值、数字新闻等新闻的基本观念进行中西比较。④杨奇光在数字新闻生态系统中重新辨析元概念"新闻真实"，指出作为观念集合的"新闻真实观"从本质主义中解放出来，转变为面向数字技术、专业实践以及协商共识的动态性、操作性观念系统。⑤此外，冉华、梅明丽的《中国传媒传播观念的演进与传播实践的发展》⑥，赵智敏的博士学位论文《改革开放30年中国新闻学之演进（1978—2008）》⑦等研究成果角度不同，特色各异。

近几年，不少学者开始关注新技术对于新闻观念的影响。这些研究视野开阔，观点新锐，对新传播时代的新闻观念研究做出了不少创新。

黄旦教授的《千手观音：数字革命与中国场景》以全新的视野探讨媒介技术和人、世界的关系，黄旦教授认为，新的传播形态下，传播研究需要新的思维、新的视角、新的范式进入，要从对内容、效果和文本的重视转移到对媒介自身特性的关注。"以手机为代表的移动数字媒介，与人合为一体，一人一机，流动观看，形成'千手观音'的宏伟场面和'复眼观看'的形态，人—世界形成知觉同构。由此，导致二者观看的位置、看到的景象以及观看的方式等都完全不同。以数字技术平台整合一起的'复眼观看'，成为一种新的生存方式，将对既有学科的知识和研究形成挑战。"⑧在另一篇文章《重造新闻学——网络化关系的视角》

---

① 秦志希，《新闻学关键词的兑演及文化内含》，《武汉大学学报（人文科学版）》，2001年第3期，第365-370页；秦志希，《由新闻学关键词看新时期新闻理论的变迁》，《新闻与传播研究》，2001年第3期，第49-54页。
② 黄旦，《中国新闻传播的历史建构——对三个新闻定义的解读》，《新闻与传播研究》，2003年第1期，第24-37，93页。
③ 李良荣，《当前中国新闻改革的基本特点——纪念新闻改革25周年》，《现代传播》，2004年第5期，第29-32页。
④ 常江等，《新闻的基本观念：历史缘起与中西比较》，《新闻记者》，2022年第8期，第3-14页。
⑤ 杨奇光，《新闻真实观的历史流变、数字面向及其研究进路》，《新闻与写作》，2022年第7期，第5-13页。
⑥ 冉华、梅明丽，《中国传媒传播观念的演进与传播实践的发展》，《中国媒体发展研究报告》，2004年第Z1期，第142-167页。
⑦ 赵智敏，《改革开放30年中国新闻学之演进(1978—2008)》，复旦大学博士学位论文，2009年。
⑧ 黄旦，《千手观音：数字革命与中国场景》，《探索与争鸣》，2016年第11期，第20-27页。

中，黄旦教授指出，在传播革命所导致的"网络化关系"之中，职业新闻传播由于"媒介逻辑"的渗透产生了巨大变革：①有位置不必然有效力；②媒介与社会的界限消解；③原有的职业理念将会重新遭到估量；④新闻传播机构成为网络关系中的一个节点。因此，当代的新闻学教育应该关注媒介化情境下的新闻机构现实，从而做出相应的制度性的重塑：从网络化关系这样一个传播平台重新理解新闻传播，否思原有的学科和理论前提，以网络化的思维思考人才培养的目标，改造新闻专业的设置、课程体系、教学方式和教学内容。①

骆正林认为，大数据时代技术酵素催生社会巨变，随着职业新闻传播活动的边界被打开，新闻学理论的问题域也发生了新的转向。②方师师以"Facebook 偏见门"为例，分析社交媒体新闻推送的算法机制对传统新闻价值观的冲击。她认为，Facebook（脸书）的动态新闻算法是一种基于用户社交使用的协同过滤，目的在于过滤出对用户有意义的信息；该机制的潜在后果是有可能在当下社会条件下产生算法审查、信息操纵和平台偏向，进而影响用户态度。③陆晔、周睿鸣以澎湃新闻关于"东方之星"长江沉船事故报道为个案进行考察，认为由于新传播技术的发展，新传播形态呈现的是新闻从业者和社会公众，每一个个体，在新闻信息生产和传递的网络节点上不断地相互介入、相互挤占、相互渗透，原有的框架被不断突破、变形甚至不复存在，新的意义不断溢出。④

谢静将人际交往中的新闻活动视为一种新闻生产，挑战了经典的新闻概念，带来了新闻定义本身的改变。作为产品的新闻的"作者"隐没，甚至作为消费环节对立面的生产本身也被消融，人们在各种媒介与交往网络中重新界定新闻，这是一个分散的、多元的新闻定义。原先代表着真实、权威的机构生产者在微信上变成和个体一样的普通节点，转发本身成为定义新闻的一种新的方式。是否转发、转发什么、何时转发、如何转发，镶嵌于好友交往之中，在某种程度上比新闻机

---

① 黄旦，《重造新闻学——网络化关系的视角》，《国际新闻界》，2015 年第 1 期，第 75-88 页。
② 骆正林，《问题域的转换：公共新闻崛起与新闻理论创新》，《现代传播》，2022 年第 6 期，第 1-10 页。
③ 方师师，《算法机制背后的新闻价值观——围绕"Facebook 偏见门"事件的研究》，《新闻记者》，2016 年第 9 期，第 39-50 页。
④ 陆晔、周睿鸣，《"液态"的新闻业：新传播形态与新闻专业主义再思考——以澎湃新闻"东方之星"长江沉船事故报道为个案》，《新闻与传播研究》，2016 年第 7 期，第 24-46，126-127 页。

构的生产和发布更为重要。①陈力丹等的研究也发现，分享比内容更加重要，分享提升了新闻价值，打破了传统的新闻价值理念。②潘忠党教授更进一步探讨，新闻变迁的核心问题不是新闻业会被打造成什么样或新闻会变成何种模样（虽然这是重要问题），而是我们希望建构什么样的公共生活及如何建构，即如何交往。③

陆晔、周睿鸣以"澎湃新闻"的编辑部生产为例，认为公众所接触的新闻，除媒介机构的报道内容外，还包括了用户提供、重组，甚至重构的新闻要点，以及观点各异的评论等，经由如此众多角色共同参与的新闻"策展"，由多重文本构成了一个集合体，形成多面向的新闻展陈，而非传统意义上职业记者生产的新闻文本。"策展"模式开启参与式新闻实践，打上了鲜明的互联网烙印。新闻实践从"把关"（gatekeeping）转向了"看门"（gatewatching）。④

蔡雯和凌昱从"新冠肺炎"热点传播研究中发现，新闻边界在多元主体介入后日益模糊，新闻成为多元主体协作竞争的产物，新闻内容泛化，事实与意见的界限模糊，新闻的对话性与个人视角作用增强，传统新闻基模面临社交媒体新叙事的颠覆，自媒体成为当下新闻传播生态中的重要组成部分。⑤平台作为一种基础设施，亦是新闻场域中非常重要的新入场者，白红义提出"平台逻辑"在媒体逻辑和社交媒体逻辑的基础上进行了更新和强化，具有技术、市场和关系三个关键特征。在中国语境下，数字平台的类型、演化、治理等实践都具有很强的中国特色，研究时尤其要考虑到这一问题的"地方性"。⑥

还有研究者就新技术条件下的信息透明和客观性原则之间的关系及其对新闻专业权威的影响进行了新的阐释。夏倩芳、王艳认为所谓信息透明是指"新闻采集、组织和传播对公众公开，新闻编辑室的内部和外部都有机会监测、检查、批评，甚至介入到新闻生产过程中"。她们认为，"在这样一种对话性、参与性的

---

① 谢静，《微信新闻：一个交往生成观的分析》，《新闻与传播研究》，2016年第4期，第10-28，126页。
② 陈力丹、何健、马骏，《社交新闻聚合网站的新闻价值运作路径——以嗡嗡喂为例》，《当代传播》，2016年第6期，第19-22页。
③ 潘忠党，《新闻变迁的核心问题》，《中国社会科学报》，2016年7月7日，第003版。
④ 陆晔、周睿鸣，《新闻生产转向"策展"模式》，《中国社会科学报》，2016年7月7日，第003版。
⑤ 蔡雯、凌昱，《从"新冠肺炎"热点传播看新闻边界的颠覆与重构》，《新闻与传播研究》，2020年第7期，第5-20页。
⑥ 白红义，《"平台逻辑"：一个理解平台-新闻业关系的敏感性概念》，《南京社会科学》，2022年第2期，第102-110页。

传播环境中，客观性仍然是新闻专业权威的来源，其重要性不仅不因多元主体的参与而消解，反而更加具有紧迫性。新闻客观性的内涵和目的不因技术的改变而削弱其价值，但须因应环境的变化而改进其实践方式"。信息透明原则的提出并不是对客观性原则的颠覆，其实质是新技术条件下新闻生产的方法论变革，是"新媒体对客观性的又一次有力推进"。换句话说，要求信息透明并未实质性地改变新闻专业权威的来源。[①]

在欧美媒介研究领域，一种"实践范式"的转向正在逐步显现和被建构。这种"实践范式"试图超越媒介研究内部繁杂的传播范式之间不协调的状态，并努力促使实践范式成为统一的学科领域。目的并非要抛弃先前媒介研究的兴趣点，而是要置换和扩展研究的焦点。库尔德利的"实践范式"将媒介理解成为一种实践行为而不是文本或生产结构，它研究的是以媒介为面向（media-oriented）的或与媒介有关的所有开放的实践行为类别以及媒介在组织其他社会实践行为中所发挥的作用。[②] "将媒介视为实践"的好处是"我们既发现需要探索的庞大阵容的事物，又找到了有用张力的源头，也就是那种对媒介进行理论抽象的本能"。[③]

顺着实践的范式，有学者把新闻观念和实践结合到了一起。黄旦认为，理解新闻一定不能离开新闻实践、媒介本身及其二者关系。比如新闻学理论中关于"真实""客观""新闻价值"的问题，其实都和报纸时代有关。我们需要讨论规范本身：这种规范是在哪种媒介实践中产生的，是如何形成的，其用意是什么，这样一种规范放在当下是否合适，哪些会受到冲击，哪些会保留，是不是有新的规范产生，等等。[④] "应当重构当前的研究焦点，从作为技术的媒介，转向作为实践的传播。"[⑤] 黄旦认为，新闻学必须自觉地转换视角，从人类传播实践的平台范畴来观照新闻业及其实践，把新闻实践与其他的传播并置，从而讨论其可能具有的特殊性及其实践规范，而不是像以往那样，将新闻传播作为一种职业，与其他的

---

① 夏倩芳、王艳，《从"客观性"到"透明性"：新闻专业权威演进的历史与逻辑》，《南京社会科学》，2016年第7期，第97-109页。

② Nick Couldry. Theorising media as practice. *Social Semiotics*, 2004, 14(2), pp. 115-132.

③〔英〕尼克·库尔德利，何道宽译，《媒介、社会与世界：社会理论与数字媒介实践》，上海：复旦大学出版社，2014年版，第38页。

④ 黄旦、王辰瑶，《如何重新理解新闻学——学术对话录》，《新闻记者》，2016年第7期，第4-11页。

⑤〔丹〕延森，刘君译，《媒介融合：网络传播、大众传播和人际传播的三重维度》，上海：复旦大学出版社，2012年版，第1页。

传播相剥离。由此出发，新闻学原来所坚信不疑的一些前提及其概念，同样需要改造，例如，"新闻真实"。"真实"和"真实性"理论分不开，后者作为一种理论视野，决定了对于真实的不同理解。新闻学如果仍然坚守"主客体"两分，把新闻当成现实的镜子，不仅远远落后于人文科学和社会科学的基本认识，在今天的网络化关系中更是处处捉襟见肘。[①]杨保军等认为，信息技术引发了新闻领域的互联网革命，基于新兴技术的新闻活动边界不断向外扩展，"新闻"呈现出从职业语境向社会生活层面泛化、复归的趋势，特别是新闻生产活动逐渐从职业性的活动转变为社会性的活动，新闻学也已处在一种可能的范式转换之中。[②]

潘忠党认为新闻承载并传递信息，它不仅传递所报道事件或现象的信息，而且意指生产、扩散和使用该信息及其承载文本的传播实践。借用美国人类学家贝特森的话说，新闻既是传播，也是"元传播"（meta-communication）。所谓元传播，即关于传播的传播，它符码化（codify）传播活动，规制和演绎其中的社会关系。也就是说，新闻不仅传递关于报道对象的信息、再现特定的社会现实，作为社会元传播的一部分，它同时还界定并表述新闻这一传播活动的构成要素：作为知识类型之一的新闻、新闻价值的标准、新闻实践中的角色及其相互关系、新闻在公共生活中的位置和角色。这些元传播内容既包括实然的描述，也交织应然的规范，即新闻实践者须遵循的伦理规范或社会期待。简而言之，新闻在传递信息的同时，还展现它作为一种知识、一类社会实践、一门职业和一个行业的内在逻辑。多位英美学者亦撰文认为，新闻业正在转换为开放、多声调和非正式的"谈话"；"事实性"新闻操作模式正在日益受到真相形成模式的冲击。[③]

王辰瑶曾指出，未来新闻可能超越对线性时间的追逐，更从容地提供这个时代所需要的事实性知识；未来新闻可能超越简单的事实性知识形态，有能力通过处理更多的事实，提供关于事实的全新理解；未来新闻有可能不再是职业媒体的垄断性知识，而变成一个更开放、竞争更强也更健康的领域。在这个领域里，职业新闻会变得更有活力；未来新闻还可能突破单一的新闻知识标准，面向不同公

---

① 黄旦，《重造新闻学——网络化关系的视角》，《国际新闻界》，2015年第1期，第75-88页。
② 杨保军、李泓江，《新闻学的范式转换：从职业性到社会性》，《新闻与传播研究》，2020年第8期，第5-25，126页。
③ 潘忠党，《新闻变迁的核心问题》，《中国社会科学报》，2016年7月7日，第003版。

众群体，更灵活地为社会提供服务。①目前，这些论述已然成为现实。当下数字化环境下新闻工作的时间性发生了显著的变化，具有加速的时间、提前的时间、拉长的时间、冲突的时间四个典型特征，这些特征影响着新闻的工作常规、编辑部文化及记者、编辑的工作状态，在导致新闻人异化的同时，使新闻业权威及其社会正当性遭遇挑战。②

从"实体"到"空间"也是一种重要的媒介认识论转型。海德格尔认为，构成物的"物性"并不在于制造它的材料，而在于物围绕其自身形成了一种具有容纳作用的"中空"。③认知媒介与人关系的新视角所引发的便是"媒介化"问题，它激活了学科新的想象力。

德布雷的"媒介域"概念诠释了在信息传播过程中，基于以技术平台、时空组合、游戏规则等为代表的媒体化配置所形成的、包含了社会制度和政治权力的一个文明史分期。④陈卫星认为这种从长时段历史经验入手来评价信息传播社会效果的方式，构成了一种有动力结构的历史叙事，将特定媒介置于以往所有其他类型媒介的积累之中加以理解，继而从信息的技术结构入手考察传播的社会关系如何产生。这将使对意识形态的考察从单纯的语义学讨论扩展到实践层面，实现了媒介"形式与内容的历时性同步"。⑤从德布雷的媒介学原理出发，媒介不仅仅是技术体系和文化体系，还是一种历史结构。在这样的理解框架中，新媒体也不仅仅是一种信息生产方式，更是围绕着它所依托的介质和载体所产生的组织性、结构性的活动，重新结构社会性的生产关系。探讨新媒体环境下的新闻应当将其纳入社会变迁的精神结构中，在对信息源和信息序列进行重新辨析的过程中去把握信息驱动的能量结构。⑥

孙玮借用存在现象学的技术论，针对微信这一具有典型意义的新媒体展开深入研究，打破了现有新媒体研究以技术为手段、以社交为功能的基本预设。她发

---

① 王辰瑶，《未来新闻的知识形态》，《南京社会科学》，2013年第10期，第105-110页。
② 王海燕，《加速的新闻：数字化环境下新闻工作的时间性变化及影响》，《新闻与传播研究》，2019年第10期，第36-54页。
③ 胡翼青、张婧妍，《重新发现"媒介"：学科视角的建构与知识型转变——2018年中国传播研究综述》，《编辑之友》，2019年第2期，第39-45页。
④〔法〕雷吉斯·德布雷，陈卫星、王杨译，《普通媒介学教程》，北京：清华大学出版社，2014年版，第18页。
⑤ 陈卫星，《媒介域的方法论意义》，《国际新闻界》，2018年第2期，第8-14页。
⑥ 陈卫星，《新媒体的媒介学问题》，《南京社会科学》，2016年第2期，第114-122页。

现微信不只是个体之间的连接，也不仅是为达致共识而进行交流的工具，而且是随身携带的"移动场景"，通过日常生活的惯习性使用，微信建构了一种新型主体——"节点主体"，一种全球化时代的"实践的地方"感，呈现了群体的共同在场，创造了人类社会一种崭新的"共在"感，在当前的中国社会状况中，构成了人们的"在世存有"。正如卡斯特所言，"我们必须认真看待技术，以之作为探究的起点；我们必须把革命性的技术变迁过程摆放在该变迁过程发生与形塑的社会脉络之中"①，"因为技术就是社会，而且若无技术工具，社会也无法被了解或再现"②。

对媒介的另类阐释也带来了对"媒介融合"的重新审视。卡斯特所看到的社会形态到延森这里则以"媒介融合"来命名。延森的三重媒介，不仅把平常所称的人、媒介、社会一网打尽融为一体，而且以数字化的元技术为逻辑，三层维度的媒介交融在一起，整合在一个一体化的平台上，我们就这样生活在（最新一代）媒介中。自此，媒介既不能与实在割裂，也并非受到实在的推动而发展，它们的交往实践构成我们感知现实世界和虚拟世界的方式，亦成为我们拥有"世界"的基础。③

过去我们理解"媒介融合"，大多都是站在媒介组织边界内来理解的：从最初的内容生产环节和资源的整合，逐渐延伸到媒介产业层面。"媒介融合"就是人如何利用不同媒介传输（或使用）不同内容，其思考路向，是以大众媒介机构为依据，是从媒介机构的门内往外看。然而，黄旦与卡斯特、延森等学者一样，在看待"媒介融合"的问题上，将讨论重点放在了"媒介"，而非"融合"之上。他认为，"媒介融合"应当遵循着社会形态变化的阐释途径，即以数字技术为元技术平台，将不同维度上的媒介重新整合为一体，形成一个全球化的、涌动的"网络社会"，而媒介组织就是这个网络中的一个节点。④这对于我们理解和把握新传

---

① 〔美〕曼纽尔·卡斯特，夏铸九、王志弘等译，《网络社会的崛起》，北京：社会科学文献出版社，2001年版，第5页。
② 〔美〕曼纽尔·卡斯特，夏铸九、王志弘等译，《网络社会的崛起》，北京：社会科学文献出版社，2001年版，第6页。
③ 黄旦、李暄，《从业态转向社会形态：媒介融合再理解》，《现代传播（中国传媒大学学报）》，2016年第1期，第13-20页。
④ 黄旦、李暄，《从业态转向社会形态：媒介融合再理解》，《现代传播（中国传媒大学学报）》，2016年第1期，第13-20页。

播技术变革下的新闻观念和传播实践，有着跳出"传统解释重新做出解释"[①]的极大推动力。

如果说，媒介化涉及媒介与其他社会领域之间关系的长期结构转型，而"中介化"（mediation）则关注交往活动中具体的传播实践所涉及的媒介使用。[②]在此基础上，杨保军提出了"中介事实"，即中介化的新闻事实表现形式，就是指称经过一定技术手段所呈现出来的新闻事实（信息）。传统新闻学界主要在两个维度上界定新闻事实：作为客观存在的事实（本体论）和作为文本中陈述的事实（认识论或新闻实践论）。作为报道对象的新闻事实，在新的技术环境中，有了新的技术中介化呈现方式（中介事实），对新闻报道方式产生了前所未有的影响。在新的媒介环境中，大众化新闻传播主体"三元类型结构"的形成，使得新闻事实的衡量与认定获得了多元化的标准，从而使新闻事实世界的呈现、新闻符号世界的形成具有新的时代特点。[③]

媒介与人的双向"驯化"也被越来越多的学者所关注。李彪在研究社交媒体使用与依赖对拖延行为的影响机制时发现，技术在被人们使用的过程中会带来技术异化的影响，人们在"驯化"媒介的同时也被媒介"反向驯化"着。[④]在此基础上，刘千才、张淑华也认为，智媒体时代，作为社会主体的人们在变革媒介技术的同时也被悬置于媒介技术营建的环境之中，其观念和行为不可避免地受到了其自身创造的媒介化环境的影响，在不自主的情况下持续地被动改变，被打上媒介技术的"烙印"，并受到来自媒介技术的"反向驯化"。强调媒介对人"反向驯化"的目的，并非站在技术悲观主义者立场对媒介技术做简单的否定，也不是要重回"技术还原论"的窠臼，而是通过"冷思考"来为智媒的发展厘清思路和扫清道路。[⑤]

[①]〔德〕尤尔根·哈贝马斯，李黎、郭官义译，《作为"意识形态"的技术与科学》，上海：学林出版社，1999年版，第72页。

[②]〔丹〕施蒂格·夏瓦，刘君、范伊馨译，《媒介化：社会变迁中媒介的角色》，《山西大学学报（哲学社会科学版）》，2015年第5期，第59-69页。

[③]杨保军，《再论"新闻事实"——技术中介化的新闻事实及其影响》，《新闻记者》，2017年第3期，第22-30页。

[④]李彪、杜显涵，《反向驯化：社交媒体使用与依赖对拖延行为影响机制研究——以北京地区高校大学生为例》，《国际新闻界》，2016年第3期，第20-33页。

[⑤]刘千才、张淑华，《从工具依赖到本能隐抑：智媒时代的"反向驯化"现象》，《新闻爱好者》，2018年第4期，第13-16页。

还有学者通过对中国报纸和博客关于日本"3·11"地震报道的内容分析发现，传媒在报道国际新闻时，为了拉近国际事件和本国受众的关系，往往会对国际事件进行"驯化"；而借助互联网从境内和境外媒体那里获取充足信息的网民，亦会因不满足于新闻媒体的"媒介驯化"，从而自发地对国际新闻进行"公民驯化"。"媒介驯化"和"公民驯化"在消息来源、报道主题、新闻主角和报道立场上具有显著的差异性。面对国际新闻事件，"媒介驯化"和"公民驯化"相互竞争又互为补充，共同促进了互联网时代信息的透明性和观点的多元性。[①]

近几年来，新闻业内部受到了来自"后真相"时代的强烈冲击，对新闻职业理念的自我审视也展现出当代中国新闻观念的嬗变。

在现实不断变幻的情境下。潘忠党借助文学理论中"副文本"这一学术概念及研究路径，反视新闻职业理念讨论所牵涉的一些周边话语：新闻业的管辖区垄断与开放、新闻真实性背后的事实观和真相观、"后真相"以及"后学"语境的批判逻辑。通过"凸显副文本"的思想之旅来重新阐发新闻的专业主义理念。他认为，"新闻专业主义的重构，针对的仍是现代性的问题，其核心是在新的历史条件下，我们如何重构交往的伦理规范，以求在"明亮的对话"中，展开提升人类心智成熟的新一轮历史实践[②]。在人人生产并通过社交媒体分享信息的"技术民主"当中，新闻专业主义需要以理性交往模式为"元传播范本"展开重新阐释，并以之与现实条件相勾连。[③]

白红义试图通过对新闻职业话语的考察来讨论新媒体环境下中国新闻业如何建构自身的权威性和合法性，并在此基础上提炼出新的新闻职业话语内涵。他认为，新媒体环境下的新闻职业话语是新闻从业者群体在与其他社会实体的互动中共同建构出来的，还将因为中国社会脉络中各种权力关系的改变而产生变化，不断处于一个动态的协商过程中。[④]

吴飞在哈贝马斯交往理性的基础上提出了新闻专业主义2.0的概念，他认为，

[①] 张伟伟，《国际新闻的"媒介驯化"和"公民驯化"：以中国报纸和博客关于日本311大地震的报道为例》，《国际新闻界》，2015年第4期，第39-54页。

[②] 潘忠党，《在"后真相"喧嚣下新闻业的坚持——一个以"副文本"为修辞的视角》，《新闻记者》，2018年第5期，第4-16页。

[③] 潘忠党、陆晔，《走向公共：新闻专业主义再出发》，《国际新闻界》，2017年第10期，第91-124页。

[④] 白红义，《边界、权威与合法性：中国语境下的新闻职业话语研究》，《新闻与传播研究》，2018年第8期，第25-48，126页。

未来的新闻专业主义，将不再是一种行业性的专业精神，而是所有参与新闻传播活动中的个体普遍需要遵守的交往信条和基本精神，换言之，新闻专业主义远不会消失，只不过"新闻专业主义2.0"时代，新闻专业主义将会内化成个体交往的基本规则，每一个个体都是这一规则的立法参与者，也同时是阐释者和监督者。[①]或者，它也可能以一种转换的形式，成为自由人（各种自媒体人）的自由联合体的内在机制而起作用。我们应该以流动和发展的观点来看待新闻专业主义，要看到它的不足与乌托邦的意味，也要看到它的坚守，这才是马克思主义的科学观——不是简单的拒绝，而是扬弃与再造。[②]

　　胡翼青也认为，专业新闻业正面临着一场前所未有的危机，后真相时代正在成为学界关注的热点。其特征表现为：一方面，被原有社会秩序规定的真相界定者和界定方式正在受到公众前所未有的质疑；另一方面，公众与真相提供者之间原本较为稳定的契约关系变得飘忽不定。公众只需要那些符合其推测的"真相"；公众对于传播者的诚意看得比真相更重要。究其原因，"从时间维度来看，社交媒体以更为迅捷的速度终结了大众传媒在真相上的垄断性，但又无法因碎片化的信息而成为真相的代言人；从空间维度来看，社交媒体的社区传播方式培育了更加多元的立场与标准，使共识变得既不可能也不重要。"[③]中国新闻业受到公众新闻挑战的现象只是行业结构性和制度性缺陷的折射。新旧媒体竞合关系之辩，不是个技术问题，也不是一个专业意识形态问题，而是一个社会问题。解决这一问题的唯一办法，仍然是结构调整和制度改革，是新闻业社会角色的重新调整，我们需要被新制度重塑的行动者。[④]当代公众新闻对新闻专业主义的挑战实际是对传统的新闻管理模式的挑战。[⑤]

　　杨保军和李泓江认为信息技术引发了新闻领域的互联网革命，新闻活动特别是新闻生产活动逐渐从职业性的活动转变为社会性的活动。这种变化开启了学术

---

① 吴飞、田野，《新闻专业主义2.0：理念重构》，《国际新闻界》，2015年第7期，第6-25页。
② 吴飞、龙强，《新闻专业主义是媒体精英建构的乌托邦》，《新闻与传播研究》，2017年第9期，第5-25，126页。
③ 胡翼青，《后真相时代的传播——兼论专业新闻业的当下危机》，《西北师大学报（社会科学版）》，2017年第6期，第28-35页。
④ 胡翼青，《自媒体力量的想象：基于新闻专业主义的质疑》，《新闻记者》，2013年第3期，第6-11页。
⑤ 胡翼青、汪睿，《新闻专业主义批判：一种传播政治经济学的视角》，《现代传播（中国传媒大学学报）》，2013第10期，第46-51页。

研究范式在对象意义上从职业范式向社会范式的转换历程。不同于职业研究范式以职业新闻现象和职业新闻活动为主要研究对象、以职业新闻工作的精神内核为自身价值理念、以专业新闻观念为理论体系的内在核心，社会范式以网络化、关系化为基本视野，将新闻活动放置在人和社会等更为根本的层面进行审视。[①]

上述成果为本书的研究提供了视野和思路上的极大启发，在这些学者已有贡献的基础之上，本书的研究如果能有一点点创新，也就是对旧"体系"的打散，对"碎片"的拼合，对旧概念的"重构"。

福柯在《知识考古学》中对观念史进行批判，"某种概念的历史并不总是，也不全是这个观念的逐步完善的历史以及它的合理性不断增加、它的抽象化渐进的历史，而是这个概念的多种多样的构成和有效范围的历史，这个概念的逐渐演变成为使用规律的历史"[②]。

跳出纯工具性的"定量""定性"分类，本书中的方法很多时候既是显微镜，又是手术刀，既是研究取向，又是研究工具。在宏观层面，本书借鉴思想史的研究方法。学者李欧梵说过，做思想史研究是要背"十字架"的[③]，也有学者形象地称之为"上下左右"。做当代中国新闻观念研究亦然，"上""下"分别来自传统中国与当下中国，"左右"则来自东西方思想的互动。对于本书而言，"左右"还包括其他学科的思想和现实情境的互动。既要考察观念的内涵在不同时期、不同情境下的表现，也要考察在不同情境下不同思想者是如何令那个观念有了不同内涵。这种"上下左右""纵横交错"的研究方法与现象学方法有异曲同工之处。

法国身体现象学的代表梅洛-庞蒂在其代表作《知觉现象学》的开篇这样定义现象学："什么是现象学？在胡塞尔的最初著作出版后的半个世纪，还要提出这个问题，似乎是离奇的。然而，这个问题远没有解决。现象学是关于本质的研究，在现象学看来，一切问题都在于确定本质：比如，知觉的本质，意识的本质。但现象学也是一种将本质重新放回存在，不认为人们仅根据'人为性'就能理解人和世界的哲学。它是一种先验的哲学，它悬置自然态度的肯定，以便能理解它们，

[①] 杨保军、李泓江，《新闻学的范式转换：从职业性到社会性》，《新闻与传播研究》，2020年第8期，第5-25、126页。

[②]〔法〕福柯，谢强、马月译，《知识考古学》，2版，北京：生活·读书·新知三联书店，2003年版，第3页。

[③] 李欧梵，《徘徊在现代和后现代之间》，上海：上海三联书店，2000年版，第92页。

但它也是这样一种哲学：在它看来，在进行反省之前，世界作为一种不可剥夺的呈现始终'已经存在'，所有的反省努力都在于重新找回这种与世界自然的联系，以便最后给予世界一个哲学地位。"①

关于现象学的研究方法，吴国盛说，"从胡塞尔出发的，比较重视逻辑；从海德格尔出发的，比较重视历史"②。意向构成分析是现象学研究的基本进路。那些表面上独立的现象背后，充满了互相牵引的"势场"。那些引人注目的观念的背后，同样有着各种"预先被给定"的情境。

> 对于现象学家来说，成为分析对象的并不仅仅是映入眼帘的这些事物，始终有更多的东西与之关联纠结。如果你的分析对象是意识，那么意识的意向性就把意向行为、意向对象、意向内容等一并带了出来。如果你的分析对象是一个物体，那么这个物体之为这个物体，依赖于它的在场方式、它的场域、它的世界，一言以蔽之，依赖那些不在场的东西。该物体的在场与不在场处在动态的关联之中，而且让这个物体显现的世界始终先行。如果你的分析对象是人的存在，那么人的"在世界之中"始终是第一位的现象。由于"在世"就不能不"牵挂"、"操心"，因此对人的研究就绝无可能把"人"当成一个现成的东西、独立不依的东西。……敖德嘉说"我就是我加上我的环境"，表达的就是这样的意思。在现象学家的眼中，充满了"相互牵引"的势场。那些表面看来独立不依的对象，实际上处在一个隐蔽的势场之中，唯有把握住这个势场，这个"预先被给予者"，才有可能理解这个对象（被给予者）的所是。

正因为一切被给予者始终携带着一个"预先被给予者"，现象学的使命就是去寻找这个预先被给予者，从而发掘事情的真相或曰事实本身。由于现象学思想的路径是对"预先"的发掘，因而是一种逆向运思，故似可称之为"逆思"。但凡本质直观、知识考古、追溯先定结构和意义构成，研究"可能性条件"，都属此种"逆思"。由于意向构成的无所不在，预先的结构（比如背景、动机、语境等）也无所不在，是故"逆

---

① 〔法〕莫里斯·梅洛-庞蒂，姜志辉译，《知觉现象学》，北京：商务印书馆，2001年版，第1页。
② 吴国盛，《技术哲学经典读本》，上海：上海交通大学出版社，2008年版，第8页。

思"的任务无穷无尽。……现象学所提供的新知严格意义上并非"新"知,相反倒是"旧"知,但这个内在固有的"旧"知始终处于隐蔽状态,发现它并非易事。柏拉图早就认识到,一切真知识都只能是通过"回忆"才能得到。所谓"回忆",无非指知识事先以某种方式为我们所知但我们又不自知(即遗忘)。所谓回忆,也就是把预先给予的但又处在隐蔽状态的东西,明示出来。①

现象学研究首先要突破自然主义思维、现成性思维,这也常常是大多数研究者不自觉的思维定式。"自然主义思维、现成性思维把许多东西视为'理所当然',不予置评。现象学却要通过'悬搁'的方式,打破这种'理所当然',对原本视为理所当然的东西进行本质还原,找出它之中预先被给予的东西、意义结构、世界构成、不在场者的牵引等等。"所以,"现象学就好比是一种寻根工作:也是从经验这个地平出发,往地下深处开掘,追寻这棵大树的扎根过程"②。

以上在技术哲学层面的现象学研究方法,既是显微镜又是手术刀,既是研究视角,又是研究方法,对于新闻观念的研究非常有借鉴价值。实质上,所谓的观念研究,不就是对那些出现在当代人类生活中的闪闪发光的思想碎片进行分析,进行某种"还原",发现它的形成过程吗?这本身就是"知识考古"的过程。

在这样的现象学方法论视野中,本书所选取的"上下左右""经纬交织"的研究进路实质上是新闻传播学的当代问题与社会科学前沿理论的一次相遇。在网络化和信息技术全面发展的今天,以开放的姿态借鉴这些"早发现代性"国家的学者们对现代性、后现代性以及网络社会、信息化、媒介化、全球复杂性等问题的思考,引入一些相对成型的理论和概念,在"跨语际对话"中碰撞出新的火花,对于构建中国新闻传播学的话语体系,为互联网环境中的全球普遍性问题提供中国经验、中国范式,都有较大的意义和价值。

本书以后现代情境为基本研究视界,贯穿始终的基本理路是这样几个关键词——跨界、技术、实践、连接、个体化、流动性、媒介化。

---

① 吴国盛,《技术哲学经典读本》,上海:上海交通大学出版社,2008年版,第8页。
② 吴国盛,《技术哲学经典读本》,上海:上海交通大学出版社,2008年版,第9页。

1. 跨界

从现代性到后现代性，从固态到液态，一个重要的变化是，传统意义上的"边界"没有过去那么清晰了，由于事物处于不断变化和流动的过程中，过去那种严整的学科区隔、学科界限变得模糊，且越来越处于动态化的过程之中。新闻传播学的话语重构，首先需要调整研究视野，从传统相对封闭的视野转向开放的视野。这种视野的开放包括三个层面的含义：跨学科、本土化和创新。开放社会科学带来学科的多元化和包容性，并没有画地为牢的"新闻学""传播学"，新闻传播学科必须与其他学科交融互动。另外，学科也要有一定的领域和边界，只不过这个边界是流动的、动态发展的。

2. 技术

研究当下的新闻传播观念，离不开技术这个"幽灵"般的存在。事实上，如果不能理解技术，就不能理解当代的传媒现象与传播形态。马克思在《资本论》中说过，"手推磨产生的是封建主为首的社会，蒸汽磨产生的是工业资本家为首的社会"[1]，表达的是技术自主性的思想，显示了技术推动社会制度变革的伟大力量。今天，技术正在改变时代和社会。互联网技术对当代社会，特别是对传媒业的影响就如同曾经影响了时代进程的手推磨和蒸汽磨一样，已经成为一种足以变革时代的结构性力量。作为一场改变世界的哥白尼革命、一场媒介范式的革命，互联网这种技术本身是有自身逻辑的，从报纸到互联网，技术背后的逻辑不同，带来的社会形态也不同。

3. 实践

当代社会科学正在悄悄发生着一场"实践转向"。美国社会学家夏兹金认为："当命名最为一般的社会事物时，思想家过去所谈论的就是'结构'、'系统'、'意义'、'生活世界'、'事件'和'行动'。如今，许多理论家给予'实践'以可相提并论的荣耀。实践的不同所指有待于当代不同学科（从哲学、文化理论和历史学到社会学、人类学及科学技术论）的学者去研究。"[2] "实践领域是一个

---

[1] 中共中央马克思恩格斯列宁斯大林著作编译局编，《马克思恩格斯选集(第一卷)》，北京：人民出版社，1972年版，第108页。

[2] 〔美〕西奥多·夏兹金、〔美〕卡琳·诺尔·塞蒂纳、〔德〕埃克·冯·萨维尼，柯文、石诚译，《当代理论的实践转向》，苏州：苏州大学出版社，2010年版，第1页。

研究诸如力量、知识、语言、伦理、权力和科学这类现象的场所"①。从马克思的实践观，到布尔迪厄的社会实践理论，到吉登斯的"结构化"理论，再到当下的"实践社会学"，实践进路是一个打破主客两分二元对立的思维方式，以及超越静态的结构功能主义等各种分析范式的重要途径。马克思早在《路易·波拿巴的雾月十八日》中就阐释了社会行动者和既定的历史条件、现实条件之间的多元建构关系，"人们自己创造自己的历史，但是他们并不是随心所欲地创造，并不是在他们自己选定的条件下创造，而是在直接碰到的、既定的、从过去承继下来的条件下创造"②。这种多元建构关系对于研究当代媒介观念有着重要的意义。

4. 连接

在《资本主义与精神分裂（卷2）：千高原》一书中，德勒兹阐释了"根茎"的概念，"根茎自身具有异常多样的形态，从在各个方向上分叉的表面延展，到凝聚成球茎和块茎的形态"。根茎的大致特征是："连接和异质性的原则：在根茎之中，任意两点之间皆可连接，而且必须被连接。""多元体的原则"，以及"非示意的断裂的原则"。③根茎理论的重要之处在于，"它描绘了一个由联结而非边界或界限构成的系统"④。拉什认为，科技文化是一个网络社会，网络联结是如此之细，"它们不是凭借社会纽带本身而是社会—科技纽带来联结的——把它们接合起来的联结既是社会性的也是科技性的，网络从某种角度来说既是无机的同时也是有机的。网络有某种人工的、一点也不像生命的性质，它是一种距离更加遥远的文化"⑤。卡斯特提出，节点与节点之间的连接，是网络中联系的重要方式。卡斯特认为："网络是一组相互连接的节点（nodes），节点是曲线与己身相

---

① 〔美〕西奥多·夏兹金、〔美〕卡琳·诺尔·塞蒂纳、〔德〕埃克·冯·萨维尼，柯文、石诚译，《当代理论的实践转向》，苏州：苏州大学出版社，2010年版，第16页。

② 中共中央马克思恩格斯列宁斯大林著作编译局编，《马克思恩格斯选集(第一卷)》，北京：人民出版社，1972年版，第603页。

③ 〔法〕德勒兹、加塔利，姜宇辉译，《资本主义与精神分裂(卷2)：千高原》，上海：上海书店出版社，2010年版，第7-14页。

④ 〔美〕尼古拉斯·盖恩、〔英〕戴维·比尔，刘君、周竞男译，《新媒介：关键概念》，上海：复旦大学出版社，2015年版，第29页。

⑤ 〔英〕斯各特·拉什，杨德睿译，《信息批判》，北京：北京大学出版社，2009年版，第38页。

交之处。具体地说，什么是节点根据我们所谈的具体网络种类而定。"①

新闻传播学，在过去的结构功能主义范式中，也有一个对象化的、实体化的新闻业媒体作为研究对象，与社会学的"新社会学派"一样。在今天的网络传播时代，网络媒介本身并非像过去的报纸媒介、电视媒介那样对象化，具有确定性。网络的"节点"，网络所连接起来的"行动者"等，才是对新闻传播学学科边界的拓展。

5. 个体化

马克思将社会形态的演进即人的解放进程，概括为从"人的依赖关系"到"以物的依赖性为基础的人的独立性"、再达至"自由个性"的辩证历史过程。②传统的新闻传播学的话语体系，是以"事"（信息）为中心的，而非以"人"为核心的。在这个"事学"系统中出现的"人"，往往只见组织不见个人，只见共性不见个性。喻国明教授认为，对于"个人"为基本社会传播单位的赋权与"激活"是互联网对于我们这个社会的最大改变。③互联网将个性化的人的自由表达空间充分展现，人的身份认同、自我展演等都成为可能。从组织化机构化的专业媒体在传播场域中的一家独大，转向个体化和组织化并存的传媒格局。出现在传统的新闻传播话语体系中的人，要么是组织化的人、职业的人，由此而生成的研究是有关记者的研究、新闻专业主义研究、职业伦理研究等；要么是被动的人，比如受众的研究，离不开一个"受"字；要么是理性的人，有关"公众""公共领域"的研究常常言必称哈贝马斯……可是，在网络空间里出现的人，却可能是非职业化、非组织化、非理性化的个人。在网络中"可见"的不仅可以是大多数人的理性观点，也可以是每个人的"自由言说"和情感表达；不仅可以是触及社会群体利益的"公共事务"，也可以是基于个体利益诉求的"个人事务"；不仅可以是大众媒介的"专业表演"，也可以是个人充分设计的"自我展演"；不仅可以是某种明确的话语表达，也可以是难以名状的社会情绪和态度。

---

① 〔美〕曼纽尔·卡斯特，夏铸九、王志弘等译，《网络社会的崛起》，北京：社会科学文献出版社，2001年版，第570页。

② 〔德〕马克思，《经济学手稿》，载〔德〕马克思、〔德〕恩格斯，中共中央马克思恩格斯列宁斯大林著作编译局译，《马克思恩格斯全集(第四十六卷上册)》，北京：人民出版社，1979年版，104页。

③ 喻国明，《互联网是高维媒介：一种社会传播构造的全新范式——关于现阶段传媒发展若干理论与实践问题的辨正》，《编辑学刊》，2015年第4期，第6-12页。

6. 流动性

鲍曼在《流动的现代性》中已经对后工业时代的现代性状态做了富有洞见的描述，厄里则在《全球复杂性》中对"流动"的复杂性展开了更加细致复杂的阐释，并提出"流动社会学"的隐喻。"流动"这一概念给社会科学研究带来崭新的启示。厄里这样阐释空间、网络和流动之间的关系："有时候，社会空间（关系）会像一种'液体'一样在本地以及各地间到处'流动'，它们[社会空间（关系）]在'流动'过程中，会缓慢地改变自身的形状。"[①]液态化的流动和传统固体的移动不同，如果说后者是线性的、机械化的、固定通道的位置移动，那么，流动则带来更加复杂的去线性化运动，充满了各种不确定性。在移动互联网和智能媒体兴盛的今天，传媒业的流动化和液态化也越来越加速。传与受的边界被打破，用户生成内容（User Generated Content，UGC）、用户生成新闻成为常态；媒体本身与媒体人的专业主义受到挑战，越来越多具有媒体属性的互联网企业加入媒体的阵营，自媒体的快速发展也"抢占"了传统媒体的地盘，媒体不再是边界清晰的机构。新闻本身也不再是传统固化的样态，动态的、过程的、交互的直播等形式也在改变着新闻，改变着今天接收新闻的方式。兴盛一时的"媒介融合"概念，本身就代表了媒介的流体状态、去边界状态、重新黏合状态。不同于固态化的"聚合"和外力作用下的"整合"，融合本身应该是一种环境作用下的自组织、自交融。

7. 媒介化

当下，欧陆传播与文化研究学界正经历一轮"媒介化转向"，媒介已然"穿透"社会组织生活的方方面面，甚至可以说，我们正进入一个"所有事物媒介化的时代"。媒介化正在成为传播与社会研究的前沿话题。对于媒介化最基础的理解就是它是媒介逻辑在其他机构、社会领域或者社会系统中的渗透。媒介的效力开始渗透到曾经与之相分离的领域，并且以自身的逻辑改变这一领域既有的系统规则，使之不得不适应"媒介逻辑"的过程。赫普和库尔德利认为，媒介化不仅仅是媒介逻辑不断进行的渗透，它还是社会特殊的全景，是与个体化、全球化和商业化并行的"元过程"（meta-process）。他们认同把"媒介化"视为一个"元

[①]〔英〕约翰·厄里，李冠福译，《全球复杂性》，北京：北京师范大学出版社，2009年版，第50页。

过程"的观点，认为"媒介化"是一个"大屋顶"概念，不能和在具体层次上起作用的任何单一的媒介逻辑画等号。[1]媒介化研究与现有范式的最大区别在于媒介化研究将关注的焦点从媒介参与传播（mediated communication）的特殊实例转移到媒介在当代文化和社会中的结构变迁，其影响扩及媒介和其他社会文化领域间不断变化的关系之中。[2]媒介化理论对于今天研究媒介与社会的关系，是一个重要的研究路径和研究视域。

这七个关键词和本书的对象——媒介、新闻、舆论、文本、传者、受者等，构成了经纬交织的关系，编织成一套新的新闻传播观念之网，或者说，建构了一套新的话语体系。对研究对象的观照和切入，将循着这几个基本理路进行。不同的研究对象可能适用的方法论不同，其"传播的偏向"也不尽相同，但本书希望以更开放的研究视野、更前沿的研究姿态来分析当下的新闻传播观念。

香港中文大学的李立峰教授在为《什么在决定新闻》一书作序时，讨论了什么是"最好的研究"，他认为，有这样一类研究，"旨在建立或发展一个结构完整而清晰、相对简单但有力的理论。所谓结构完整，并不是指它覆盖了眼前现象的所有层面。相反，它可能只从某个层面出发，代表着一个非常清晰的理论视角或取向。但它可以将那个观点或视角阐释得很透彻，并从而发展出一个内部逻辑性强的理论，以及用来建构该理论的一堆或具有高度启发性或具有高度描述功能的概念。很多时候，这种研究强调的是我们可以怎样用最简单的方法了解表面上非常复杂的事物"[3]。本书力图建构一个结构相对完整、逻辑清晰的系统，能较好地解释当下中国的媒介实践。

研究框架沿着"当代中国新闻传播观念重构"和"当代中国新闻传播观念实践"这两个总体思路展开，分为"上篇"和"下篇"。"上篇"是理论部分，注重对观念进行分析。"下篇"是基于个案、事件等的经验分析，或者说是理论视野中的经验研究。"下篇"是对"上篇"的具体展开、细化和经验补充。

"上篇"的理论部分分为"重构媒介""重构新闻""重构传者""重构受

---

[1]〔英〕尼克·库尔德利，何道宽译，《媒介、社会与世界：社会理论与数字媒介实践》，上海：复旦大学出版社，2014年版，第143页。

[2]〔丹〕施蒂格·夏瓦，刘君等译，《文化与社会的媒介化》，上海：复旦大学出版社，2018年版，第4页。

[3] 李立峰，《〈什么在决定新闻〉：新闻室观察研究的经典之作》，选自〔美〕赫伯特·甘斯，石琳、李红涛译，《什么在决定新闻》，北京：北京大学出版社，2009年版，第9-10页。

众""重构文本""重构舆论"六大部分，具体内容如下。

重构媒介：当下媒介范式的转型主要体现在作为"线"的媒介到作为"网"的媒介的变化。"线"是一种单向的、更倾向于控制的、严整有序的、稳定的传播媒介，它与现代性的生活方式密切相关，传统的大众传媒都是线性媒介。网络的出现，尤其是移动互联网的普及，带来了革命性的变化。移动互联网的信息方式是碎片化的、即时性的、充分交互的，没有报纸那般严整的集纳性。这是典型的后现代生活方式，多元、小社区、互动。"网"的话语系统和"线"的话语系统的重要区别在于：线性模式是相对中心化的叙事，媒介与受众并非平等的关系。网状模式则在某种程度上颠覆了"传"和"受"的关系，强调的是沟通、互动、协商、共享，话语结构日益多元化。

重构新闻：传统新闻观念对于新闻的定义是"新近发生的事实的报道"，而当下的现实情境中，对于新闻事实需要做多元和多维的考察，与其说新闻是静态的事实呈现，不如说是动态的事实流动。或者说，新闻是"事件"而不只是"事实"。更进一步，在新闻生产的层面，与其说新闻是"报道"，不如说新闻是"实践"。"实践"概念连接了哲学社会科学的"实践转向"，打破报道者与报道对象之间主体与客体的二元对立，打破报道者和接受者之间的二元对立，是一个不断行动的过程，对当下的新闻生产更富有解释力。此外，新闻这个概念在纸媒环境中与信息有着更加密切的联系，而在互联网环境中则和人的生活方式有了更丰富的勾连。所以，从作为信息的新闻，到作为仪式的新闻，也是新闻观念的一种重构。

重构传者：新闻传播者在传统的新闻机构中是"组织化的个人"，是专业人士，是鲍曼所谓的"立法者"。但在互联网时代，机构不再独大，个人被激活，专业处于流动状态，专业的边界开始模糊。新闻传播者由现代社会的"立法者"向"流动现代性"环境下的"阐释者"转型。随着传统媒体人的"离职潮"不断涌现，机构化、组织化、专业化的"媒体人"向个体化、去组织化、泛专业化的"自媒体人"身份转型。新闻传播者在扮演"宣传者""记录者""参与者"等角色的同时，又增加了一个新角色——"连接者"。

重构受众：在传统的新闻传播观念中，尤其是在大众传播的时代，"受众"是信息的接受者，是客体，是新闻传播的对象。今天，互联网的网状传播方式已经打破了传统的"传"与"受"的二元对立，"受众"在今天不再是被动的"客体",而是主动的"用户"。从"受"到"用"的变化对于传统的受众观是一个颠覆。用户主动生成新闻,传受合一;用户成为"产消者"(prosumer),生产与消费合一;用户成为"玩工"(playbour),娱乐与工作合一。

重构文本:在当下社会,新闻文本是基于社会现实与社会结构而建构的文本实践。一方面新闻文本受制于社会结构与社会过程,另一方面,新闻文本也在参与生产着社会结构和社会过程。所以,文本不是静态的、封闭的,是动态的、开放的;文本不是孤立的、单一的,是复杂的、多元的;文本不是客观的、理性的,而是杂糅了情感、理性和各种价值观的社会全景图。所以,互联网时代,在"反转新闻""非虚构写作""讲好中国故事"等各类巨型文本的叙事中,新闻文本成为"行动"与"关系"的叙事。

重构舆论:长久以来,围绕着"舆论是否可能"这个问题,学术界一直存在广泛的争议。其实,与其争执不休"舆论是否可能",不如换个维度重新审度"何为舆论"。在"可见性"的维度中去理解舆论,"可见"的不仅是大多数人的理性观点,也可以是每个人的"自由言说"和情感表达;不仅是触及社会群体利益的"公共事务",也可以是基于个体利益诉求的"个人事务";不仅是大众媒介的"专业表演",也可以是个人充分设计的"自我展演";不仅是某种明确的话语表达,也可以是难以名状的社会情绪和态度;不仅是有共同倾向的意见整合,也可以是动态而多元化的观点碎片。

本书的最大理想是建立当代中国新闻传播观念的谱系。虽然研究的对象是一个个看似碎片化的概念,但每一个概念并非单独存在,概念和概念之间纵横交错,形成一张观念之网。笔者希望这张观念之网对前人的研究不仅在角度和局部观点上有所突破,更希望在研究范式上有所创新,从而初步构建更契合当下中国话语环境的新闻传播话语系统。这个宏愿,虽不能至,心向往之。

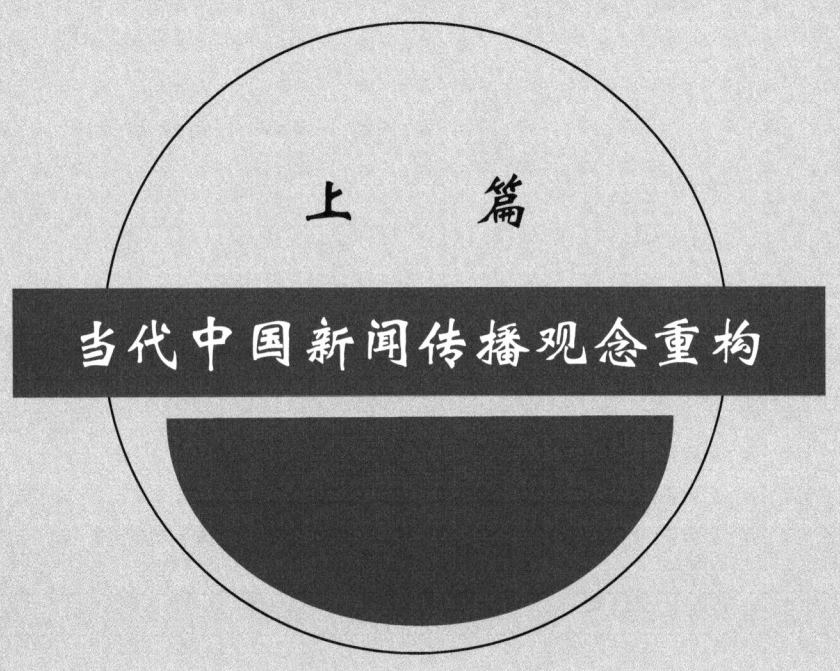

上 篇
当代中国新闻传播观念重构

第一章 重构媒介：从"线"到"网"

自有人类生活以来，就有媒介的存在。媒介在现代社会出现之前，一直作为与世界联系的方式广泛存在，遍布时空，反而处于不引人注目的状态。媒介真正受到关注，并且成为研究的对象，是在大众传媒崛起之后。所以，在传统新闻传播领域，当我们说媒介的时候，我们其实说的是大众传媒，特别是以报纸、广播、电视为代表的三大传媒。随着互联网技术的发展，研究者对作为媒介的互联网的认识有一个变化过程。在 Web1.0 的门户网站时代，网络是被当作"第四媒介"看待的，我们心安理得地在传统三大媒介之外加上一个互联网，似乎就保证了认知体系的完整，并解释了世界。可是，现代技术的发展使得互联网不仅越来越无法以"第四媒介"来命名，而且，它自身还在不断改变，不断迭代重生。对于移动互联网来说，传统的门户网站很快成为"旧媒介"。对于未来的智能媒介来说，今天的新媒介也许不久就成为明日黄花。如何理解媒介，特别是，如何理解今天以互联网技术为代表的网络媒介？需要革新的首先是我们自己的知识体系和观察视野，需要打破以现代性、工业化背景中的大众传媒作为媒介研究重心的基本范式，重新在更加宽广和前沿的视野中审视媒介——这一新闻传播观念中最重要的概念。

第一节 媒介是什么？——两种媒介观

关于媒介是什么，不同研究者给出了不同的界定。

一、延森：传播性媒介与表达性媒介

根据丹麦学者延森的考察，古典拉丁文中，medium 指的是"某种中间的实体或状态"，在古典时期之后的拉丁文和 12 世纪以后的不列颠资料中，媒介则指"从

事某事的方式"①。从词源和历史的角度分析，隐约可见两种媒介观，一种将媒介视为存在联系的状态，另一种将媒介视为工具和资源。媒介一方面可以视为一种偶然性的存在，"它使得现实世界中的诸多现象相互关联，或将现实世界与可能性世界相互联系"，"在诸如亚里士多德、康德和皮尔士所叙述的固有意义宇宙之中，整个世界就是媒介"。另一方面，在现代意义上，"媒介是一类特殊资源"，人们使用媒介是"用以服务于人类行动的目的"。②延森认为，"媒介作为一种艺术的形式、物质、技术与媒介作为大众传播的渠道——这两者均源于17世纪中叶，当交流的总体观念才刚刚开始形成之时。媒介作为表达或仪式，以及媒介作为传输的双重意涵成为了这一领域的历史遗产。然而，直到1960年，'媒介'才成为一个术语，用于描述实现跨时空社会交往的不同技术与机构，并进而受到特定学术领域的关注与研究"③。

二、凯瑞：传递观与仪式观

实际上存在两种媒介观，如同凯瑞的传递观和仪式观之区分，媒介也有"作为传输的媒介"和"作为仪式的媒介"之别。

凯瑞这样表述两种传播观或媒介观的区别。

> 当我们以传播的传递观审视报纸时，发现媒介是一个发布新闻与知识，有时也提供娱乐的工具，它以越来越多的版面报道着空间上越来越遥远的事件。问题产生于它对受众的影响：新闻到底是洞启了现实还是遮蔽了现实？是改变了态度还是强化了态度？是带来了可信还是产生了怀疑？问题也来自新闻与报纸的功能：它维护了社会的整合还是反而使人产生对社会的不适应感？它在维护稳定或造成个性不稳定方面究竟起正面功能还是负面功能？这种机械的分析通常与传播的传递观有关。

---

① 〔丹〕延森，刘君译，《媒介融合：网络传播、大众传播和人际传播的三重维度》，上海：复旦大学出版社，2012年版，第59页。

② 〔丹〕延森，刘君译，《媒介融合：网络传播、大众传播和人际传播的三重维度》，上海：复旦大学出版社，2012年版，第59-60页。

③ 〔丹〕延森，刘君译，《媒介融合：网络传播、大众传播和人际传播的三重维度》，上海：复旦大学出版社，2012年版，第60页。

> 当我们审视报纸时，传播的仪式观着眼于完全不同的范畴。例如，它更多地不是把读报视为发送或获取信息，而是将其视为好比参加一次弥撒仪式，在那种场合下，虽然人们没有学到什么新的东西，但是特定的世界观得到了描述和强化。新闻阅读与写作，是一个仪式化的行为，更是一种戏剧化的行为，呈现在读者眼前的并不是单纯的信息，而是对这个尔虞我诈的世界的描述。……传播的仪式观并不在于信息的获取（虽然从中也获取了信息），而在于某种戏剧性的行为，在这种戏剧性行为中，读者作为戏剧演出的旁观者加入了这一权力纷争的世界。这时，我们面对的不是讯息的效果或功能问题，而是（报纸）的呈现（presentation）和介入（involvement）在建构读者的生活与时间中所扮演的角色。①

与延森的观点近似，凯瑞眼中的传播与传递所依托的媒介是工具化的，而仪式与共享则更强调表现和连接。

三、德布雷：传播与传承

作为一个力主将"媒介学"作为一门学科的学者，德布雷否认媒介学是研究媒体的学科，他认为，媒介学不仅包括所谓的"传播"，还包括"传承"。德布雷认为在媒介学中，"媒介"这个词"首先近似地指在特定技术和社会条件下，象征传递和流通的手段的集合。这个集合先于并大于当代媒体领域，即被视为大规模扩散手段的印刷和电子媒介（报刊、广播、电视、电影、广告等）。但是这些依然还是单向的信息手段，被错误地称为'传播'（它以返回、汇合、'反馈'为前提）"②。

> 一张餐桌、一个教育系统、一杯咖啡、一个教堂里的讲道台、一个图书馆的阅览室、一个油墨盒、一台打字机、一套集成电路、一间歌舞剧场、一个议会都不是为"散播信息"而造的。它们不是"媒体"，但

---

① 〔美〕詹姆斯·W. 凯瑞，丁未译，《作为文化的传播》，北京：华夏出版社，2005 年版，第 9 页。
② 〔法〕雷吉斯·德布雷，陈卫星、王杨译，《普通媒介学教程》，北京：清华大学出版社，2014 年版，第 4 页。

是它们作为散播的场地和关键因素，作为感觉的介质和社交的模具而进入媒介学的领域。①

德布雷认为，传播是传承的片断，是传承的瞬间，传承通过媒介的使用，"一方面，将这里和那里连接起来，形成网络（也就是社会）；另一方面，将以前的和现在的连接起来，形成延续性（也就是说文化的延续性）"②。以人类语言这种媒介为例，在他看来，语言不仅是一种沟通理解的交流工具，语言还有传承功能。"当我们把语言当作一种传播工具来研究的时候，其实就是以一种同步的方式来研究个体间的相互作用；当我们把语言当作一种具有传承功能的工具来研究的时候，那是从历时性的角度来看，来研究代与代之间的相互作用。"③

如果说传播是即时的、直接的，传承则是一个过程。"传播同大众媒体形成一种矩阵形的关系，因而，它首先遵循的是语言符号或者相关领域（音乐语言、电影语言）的规则。然而，传承除了包括这些文字语言以外，还包括其他的意义载体：如行为、场所、文字、图像、文本、仪式、有形的、建筑物的、精神的、智力的等等。"④

因此，德布雷通过传播与传承的分类，扩展了媒介这个概念的内涵，从作为传播工具的媒介到更具历史感、更有连接价值和人类学意义的传承的媒介。

四、拉什：工具性媒介与终极性媒介

如果说德布雷从历史学和人类学视野中扩大了媒介的意涵，那么英国学者拉什则在哲学层面进一步界定了媒介。拉什认为，存在两种迥然相异的对媒介的判定。一种论点把媒介当作手段，"经常可以在关于媒介的社会学和批判理论中看到，媒介在此经常被看作是商品化的、看作交换价值，并且就此而言是为资本积

---

① 〔法〕雷吉斯·德布雷，陈卫星、王杨译，《普通媒介学教程》，北京：清华大学出版社，2014年版，第4页。
② 〔法〕雷吉斯·德布雷，刘文玲译，《媒介学引论》，北京：中国传媒大学出版社，2014年版，第5页。
③ 〔法〕雷吉斯·德布雷，刘文玲译，《媒介学引论》，北京：中国传媒大学出版社，2014年版，第4页。
④ 〔法〕雷吉斯·德布雷，刘文玲译，《媒介学引论》，北京：中国传媒大学出版社，2014年版，第11页。

累利益服务的'手段'或'工具'"①。这种对媒介的理解接近康德的"断定性判断",判断的对象是"被决定的"。康德提出的另一种判断是"反思性判断","判断在此并不是由一种给定的规则所决定,而是必须找到它自己的规则"。如果从这个角度来考察媒介,它也是不确定的,"因为它是不确定的,所以它不能被当做一种手段或工具来使用,而且正因为它的这种不确定性,它本身在很大程度上变成了目的",变成了康德所说的"终极性"。所以,"客体或媒介也许一方面是工具性,是达至某种目的的手段,另一方面却又是一种终极性"②。换言之,"媒介理论"对这种康德式的二元并置提出了质疑,"信息与通信既不是工具性也不是终极性:信息与通信建立网络、创造联结。如今信息与通信——在一个不再是工业社会而主要是媒介社会里——既优于工具性也优于终极性。信息与通信是全球信息社会的构成质料、新的第三性质"③。

五、麦克卢汉与梅罗维茨:媒介环境学派的媒介观

"媒介"作为一个理论主体,最初引起了加拿大学者伊尼斯和麦克卢汉的关注,他们被认为是第一代媒介理论的主要代表人物。20世纪80年代,梅罗维茨在继承麦克卢汉"媒介即讯息"(the medium is message)观点的基础上,提出了"媒介理论"(medium theory)的概念。该理论是梅罗维茨对一种研究范式的概括,他试图把媒介理论看作是不同于经验研究和文化/批判研究的第三种叙事。媒介理论从单个媒介或某一类媒介的特性出发,强调某个媒介或者某一类媒介的特性所产生的可供性,及其对社会、个人发展的影响。

媒介理论继承了麦克卢汉的"媒介即讯息"。在这一隐喻中,麦克卢汉使用的是medium而非media。梅罗维茨跟随的是麦克卢汉的观点,在梅罗维茨的"媒介理论"中,"媒介是medium而非media",其指向某一种具体的媒介,如书籍、广播、电视等,也指向某一类别的媒介,如印刷媒介、电子媒介等。

梅罗维茨虽然承袭了麦克卢汉对于媒介的理解,但二者对于媒介的定义,或者说二者的媒介的外延并不是完全重合的。麦克卢汉意义上的媒介,不仅仅局限于广播、电视等与大众传播相关的媒介,他认为"媒介是人的延伸",媒介可以

---

① 〔英〕斯各特·拉什,杨德睿译,《信息批判》,北京:北京大学出版社,2009年版,第110页。
② 〔英〕斯各特·拉什,杨德睿译,《信息批判》,北京:北京大学出版社,2009年版,第111页。
③ 〔英〕斯各特·拉什,杨德睿译,《信息批判》,北京:北京大学出版社,2009年版,第112页。

是延伸了腿脚的汽车轮子,也可以是延展神经系统的电脑,也可以是语言、道路、货币等社会互动的形式。麦克卢汉所谓的媒介泛指一切技术,是一种人造物,而并不仅仅局限于信息传输的媒介形式。但是,梅罗维茨的媒介理论中的媒介,基本上是指一种信息传播的媒介,而非所有的人造物的技术形式都可以纳入其中。梅罗维茨在《消失的地域》的附录中说道,传播媒介包含两方面的含义,一方面指的是直接的面对面的互动与传播模式,另一方面指信息传播时的所有渠道和手段。梅罗维茨在实际进行研究时,把收音机、电话、电报和书信都看作是媒介的存在,但是语言和非语言行为没有包括在内。[1]我们也可以看出,梅罗维茨的关注点还是在信息的传播媒介,而非麦克卢汉的作为一种技术的媒介。

梅罗维茨的媒介是与信息传播相关的通信传播媒介,伊尼斯的媒介则是具有信息传递功能的事物,麦克卢汉将前二者内涵扩大,泛指一切技术。

综上可见,不同的研究者虽然对媒介的分类命名不同,但仍然有依稀可辨的共通之处,即存在两种媒介观:一种把媒介当作工具和手段,更强调其运输、传递信息的功能,更加即时性、片断化,往往针对的是现代大众传媒;另一种则把媒介当作仪式、传承、终极性目的,媒介的形式也不限于传媒本身,而是包括了更广泛的领域,从时间到空间,从物质的到精神的。到了拉什这里,试图通过现代信息和通信技术将两种媒介观结合起来,不做康德式的二元并置,而是产生新的"第三性质"。当我们处于现代大众传媒的笼罩之中,我们以为工具化的现代传媒就是"媒介"的全部意涵,互联网和信息技术的发展反而让我们重新思考什么是"媒介",进而通过"回忆"找到媒介的另一种几乎被遗忘的意义。德布雷不断地把他的媒介学与大众媒体学做出区分,他说,"让我们来消除误会:媒介学与20世纪六七十年代市场上兴起的'大众媒体学'没有任何关系。媒介学与媒体的关系,差不多类同于精神分析学当中笔误和梦的关系"[2]。也许,打通作为工具与手段的媒介观和作为仪式、传承的媒介观,才是观念层面"媒介融合"的意义所在。如何打通,或许要从媒介联结了什么,而不是传播了什么入手。

---

[1] Meyrowitz, Joshua. *No sense of place: The impact of electronic media on social behavior*. Oxford: Oxford University Press, 2002, 43, p. 331.

[2] 〔法〕雷吉斯·德布雷,陈卫星、王杨译,《普通媒介学教程》,北京:清华大学出版社,2014年版,第3页。

第二节 连接什么？——从媒介到中介

近年来，一些欧洲的学者试图重构媒介在传播理论中扮演的角色，他们关注媒介与政治及其他社会场域之间的重合，探讨媒介逻辑及技术逻辑对于社会实践的影响。[①]"中介"、"中介化"与"媒介化"这些关键词，代表了媒介理论试图重新定位媒介与社会关系的尝试。不同于传统的媒介理论将媒介看作是一种环境，这些学者将媒介看作"促进者"（facilitator）。

一、中介

德布雷指出，"媒介（médio）这个词，它的重点是中介行为（médiation，法语中的后缀-ion 表示动作行为），这同它是一个操作设备分不开的"[②]。这句话至少表明：德布雷的"媒介"不能和"传媒"或"媒体"画上等号，德布雷的媒介既然落到了"行为"上，也即存在一个媒介化的动态过程，而这过程是在大众传播媒体出现之前，当今被欧洲学者术语化的"媒介化"概念。

德布雷认为麦克卢汉意义上的媒介不过是底楼，我们还得往上爬。[③]因为"媒介"（medium）实际上代表了许多性质不同的事实。"这些事实之间并不互相矛盾，它们往往相互叠加，但却不相互混淆。中介可以指：（1）符号表示的整体过程（清晰连贯的话语、书写符号、类似的图像等）；（2）社会交流规范（说话者或者作家使用的语言）；（3）记录和储存的物理载体（石块、羊皮纸、磁带、胶卷、光盘）；（4）同流通方式相对应的传播设备（手抄本、影印本、数字版）。"[④]这业已极大地开拓了媒介研究的领域。传承除了包括文字语言以外，还包括其他意义载体，如行为、场所、图像、文本、仪式，有形的、建筑物的、精神的、智力的，等等。

[①] 唐士哲，《重构媒介？"中介"与"媒介化"概念爬梳》，《新闻学研究》，2014年第121期，第1-39页。
[②] 〔法〕雷吉斯·德布雷，刘文玲译，《媒介学引论》，北京：中国传媒大学出版社，2014年版，第10页。
[③] 〔法〕雷吉斯·德布雷，黄春柳译，《媒介学宣言》，南京：南京大学出版社，2016年版，第12页。
[④] 〔法〕雷吉斯·德布雷，刘文玲译，《媒介学引论》，北京：中国传媒大学出版社，2014年版，第37-38页。

威廉斯在《关键词：文化与社会的词汇》中认为 mediation 在英文中一直是一个复杂的词。在 14 世纪时，这个词在英文里开始出现，词源为 mediare，意思是"分成两半、占据中间的位置、作为一个中介"。mediation 的用法，最早出现在乔叟的作品中。第一种是在两个对手之间做调解，带有强烈的和解意涵："经由教皇的调解（mediation）……他们已经变得和谐了"；第二种是一种传递的方式或是作为中间的媒介："经由这个小论文的媒介，我打算要教……"；第三种是分割或二等分，从公元 1425 年起，第三种早期的意涵现在已经不使用了。在一般的用法里，第一种被反复地用作基督介入人与上帝之间的调解，在政治上是用在与对手和解或试图与对手和解的行动上。它的意义涵盖了中间的媒介，从物质性的东西——"不会被触摸到的，除了通过一枝棍棒的媒介（mediation）外"，到心智上的行为——"理解力接收事物，首先是经由外部感官的媒介，后来是经由想象力的媒介"。① 在现今的用法里，mediation 的复杂性非常明显。主要涉及的用法有以下几种：第一种是达成和解的仲裁和调解行动，威廉斯称之为 conciliation；第二种指的是二元论的行动意涵，表达与其他行动之间的关系，威廉斯用 ideology 来表示；第三种是威廉斯用 form 形式来表示没有表达的关系。②

利文斯通将其归纳为三种核心意涵：①扮演调和者的角色（即调和对立的政治举动），②扮演连合原本分立的各方并使其产生关系的角色，③将一种原本无以名状的关系（unexpressed relation）以正式的方式直接表达之。③

这种中介并不扬举中立，而是强调传播或沟通过程中，致使主体与其他主体或者环境产生关系的刻意举动。

二、关系及实践

德布雷提出"中介即信息"，这是对麦克卢汉的"媒介即讯息"的进一步延伸。由此可见，没有中介的信息是不存在的，凡是建构两者关系的都是中介，大

---

① 〔英〕雷蒙·威廉斯，刘建基译，《关键词：文化与社会的词汇》，北京：生活·读书·新知三联书店，2005 年版，第 301-302 页。
② 〔英〕雷蒙·威廉斯，刘建基译，《关键词：文化与社会的词汇》，北京：生活·读书·新知三联书店，2005 年版，第 304-305 页。
③ 唐士哲，《重构媒介？"中介"与"媒介化"概念爬梳》，《新闻学研究》，2014 年第 121 期，第 1-39 页。

众媒介当然也是中介。①阿多诺也认为，中介是一个直接必然的活动，"mediation 是存在物体本身，并不是介于物体与其他外在物体间的东西。然而，包含在传播（communications）里的关系仅仅是生产者与消费者的关系"②。

德布雷也援引了拉丁词根 mediare 的意思，即"分成两半、占据中间的位置、作为一个中介"，而法语-ion 表示的是过程，即媒体或中介介入两个或多个事物的过程。德布雷指出，最初是黑格尔进行了使用，黑格尔用中介作用来表示思想发展的基本规律。中介作用来自黑格尔的古典哲学，他用这个词来指思想发展的基本规律，比如说，为达到一个真理，就要经过一系列的认识错误、修改错误才能实现。在这种情况下，我们说，错误将真理中介化了，所以真理是结果，而不是一触即发的。思想的发展是对自己不断否定的过程。另外，个人内在的思想只有通过话语的声音外在化才能够被自己以及其他人所认识和掌握。发音的声响将思想中介化。③这也就是为什么要通过中介作用我们才能成为现在的自我，因为没有任何事物是即刻出现而存在的，人类更是如此。世间的一切总是要经过其他事物而达到最终目的，而这个过程需要通过内在转化的经历实现，而不仅是像汽车通过隧道那样，只是个突然出现的过程。④德布雷认为"中介即信息"必须要放到关系的发生中来考察，关系是经由中介而来的，既有这里和那里的中介（空间关系），也有过去和当前的中介（时间关系），既有人与物的中介，也有观念与技术物的中介，等等。这个中介，或者说"使两者发生关系的第三者，如果没有这个作为第三者的中介，这种关系就不会存在"⑤。

利文斯通也认为中介化可以进入和塑造个人之间以及个人与社会之间普遍但无处不在的关系。因此要认识到它们之间的相互关系和相互依赖。⑥

---

① 复旦大学信息与传播研究中心课题组，《可沟通城市指标体系建构：基于上海的研究（上）》，《新闻与传播研究》，2015 年第 7 期，第 5, 126 页。
② 〔英〕雷蒙·威廉斯，刘建基译，《关键词：文化与社会的词汇》，北京：生活·读书·新知三联书店，2005 年版，第 304 页。
③ 〔法〕雷吉斯·德布雷，刘文玲译，《媒介学引论》，北京：中国传媒大学出版社，2014 年版，第 122 页。
④ 〔法〕雷吉斯·德布雷，刘文玲译，《媒介学引论》，北京：中国传媒大学出版社，2014 年版，第 122 页。
⑤ 复旦大学信息与传播研究中心课题组，《可沟通城市指标体系建构：基于上海的研究（上）》，《新闻与传播研究》，2015 年第 7 期，第 5, 126 页。
⑥ Sonia Livingstone. On the mediation of everything: ICA presidential address 2008. *Journal of Communication*, 2009, 59(1), pp.1-18.

如前所述，德布雷强调媒介是动态的，是中介行为，行为是德布雷立足于中介的双重身份，尤其关注作为一种实践的中介。所谓的双重身份即"组织性的物质层面"和"物质性的组织层面"。这里的物质和组织都要作为动词使用。物质层面的工作具有传承的逻辑特征，一个观念要寻找物质承载，一个宗教需要物质凭借，一个指示需要物质运载，等等。组织层面的工作具有传承的战略特性，例如舆论机构的组建。这样一种视野首先是被诉诸实践当中的。①

利文斯通也主张中介化是一个辩证的过程，是检视制度化的传播媒介（如报纸、广播、电视、互联网）所涉及的符号在社会生活中流通的过程。如此强调，显然是想避免单向的科技决定论的说法。他强调科技与社会中介过程的辩证性，因为传播技术即便可以影响传播或沟通发生的社会环境，甚至有改变传播或沟通的能力，但这个过程无法不考量其他因素，如人的因素。②

三、传承

如前所述，德布雷强调传承的视野。"为了超越空间，一部大型机器足矣。然而，为了超越时间，却需要移动机器和一部发动机，或者是一部具体的机器和一个社会机构。"③由此可见，德布雷所诉诸的实乃一种研究在不同时空范围内进行"传承"的视野。传承意义上的媒介"总体上意指那些组织我们并使我们长久以来能够言说'我们'的下面的东西"④。德布雷认为"媒介分析就是授予交流载体一定的职能，使其从属于其功能，比如学校与教育的关系；博物馆与展览的关系；图书馆与阅读的关系；工作室与学徒的关系；研究室与研究的关系；教堂与信仰的关系，等等。增强上述'记忆场所'的活力，但不依靠具有这些记忆的群体，换句话说，就是将居住的人同居住地相分离，将体与魂相分离，这种做法反过来会将建筑物偶像化。记忆不是非物质的空洞的思想，它是物质化的组织体系

---

① 〔法〕雷吉斯·德布雷，刘文玲译，《媒介学引论》，北京：中国传媒大学出版社，2014年版，第129页。

② Sonia Livingstone. On the mediation of everything: ICA presidential address 2008. *Journal of Communication*, 2009, 59(1), pp.1-18.

③ 〔法〕雷吉斯·德布雷，刘文玲译，《媒介学引论》，北京：中国传媒大学出版社，2014年版，第8页。

④ 骆世查，《作为中介行为的媒介：德布雷的媒介理论初探》，载黄旦，《中国传播学评论（第八辑）》，北京：中国传媒大学出版社，2019年版，第87-106页。

（我们说，它就是圣教堂），它可以在其最原始的传播中介人（口头传教人）死亡之后继续生存下来，借用所有的资源，即典籍、印刷、广播和屏幕进行宣传，总之，同时代步步相随"[1]。

黄旦认为"中介行为"包括以下几层意思：连接、传播、联结（意义的中介）、转化（再组织）。[2]

第三节　物质的媒介——多种分类

如果说现代网络和通信技术真的能成为"第三性质"的媒介，那么，它们与之前的媒介有何种区别？不同的研究者也做了不同的区分。

一、延森：三重维度

延森将作为物质的媒介分为三种类型或三重维度："作为人际交流媒介的人的身体、经典的大众媒介以及数字化的信息传播技术"[3]。

延森认为，"第一维度的媒介（media of the first degree）——人的身体以及它们在工具中的延伸——不仅将现实与可能的世界具象化（externalize），而且赋予我们每个人彼此交流与传播的能力，以实现思考和工具性目的"[4]。"最经常与演讲以及口头交流活动联系在一起的是具身化传播（embodied communication）。"[5]在延森看来，日常的口语交流、歌唱、书写以及乐器等都属于第一维度的媒介，其复制与扩散的低效率决定了这种媒介不具有大众传播的潜力。

第二维度的媒介被延森概括为"技术"，但主要是模拟信号传输的技术，如书籍、报纸、电影、广播、电视。这类"一对多"传播的媒介具有两个特征："第

---

[1]〔法〕雷吉斯·德布雷，刘文玲译，《媒介学引论》，北京：中国传媒大学出版社，2014年版，第10页。

[2] 本句话引自复旦大学"中外新闻传播理论研究与方法"暑期学校课程上黄旦老师的讲话。

[3]〔丹〕延森，刘君译，《媒介融合：网络传播、大众传播和人际传播的三重维度》，上海：复旦大学出版社，2012年版，第67页。

[4]〔丹〕延森，刘君译，《媒介融合：网络传播、大众传播和人际传播的三重维度》，上海：复旦大学出版社，2012年版，第69页。

[5]〔丹〕延森，刘君译，《媒介融合：网络传播、大众传播和人际传播的三重维度》，上海：复旦大学出版社，2012年版，第69页。

一，它们实现了对于特定文本的一对一的复制、存储和呈现；第二，它们从根本上拓展了信息的扩散潜能，使得人类能够跨越时空获取信息；同时，它不受参与者在场与否以及数量多寡的影响。"①

第三维度的媒介是建立在数字信息与传播技术基础上的"元技术"，主要是网络化的计算机和手机。"数字媒介将文本、图像和声音整合于许多既有的表达类型之中，同时，也产生了一些新的表达类型。这些既有类型大多源自大众传媒与面对面的交流，如叙述、争论、游戏等。同时，数字媒介整合了一对一、一对多以及多对多的传播形态。""在元技术的影响下，传播再次拥有了人际传播中的互动与多元化的交流模式的特征。"②

媒介不是工具，或者说不仅仅是工具。媒介是人和人、人和世界发生关联的方式。

二、莱文森：从旧媒介到新新媒介

莱文森区分了旧媒介、新媒介与新新媒介。

"互联网诞生之前的一切媒介都是旧媒介（old media），它们是空间和时间定位不变的媒介，比如书籍、报刊、广播、电视、电话、电影等。……旧媒介的突出特征是自上而下的控制、专业人士的生产。"

"新媒介（new media）指互联网上的第一代媒介，滥觞于20世纪90年代中期。其界定性特征是：一旦上传到互联网上，人们就可以使用、欣赏，并从中获益，而且是按照使用者方便的时间去使用，而不是按照媒介确定的时间表去使用。新媒介的例子有电子邮件、亚马逊网上书店、iTunes播放器、报刊的网络版、留言板、聊天室等。"

"新新媒介指互联网上的第二代媒介，滥觞于20世纪末，兴盛于21世纪，例子有博客网、维基网、'第二人生'、聚友网、脸谱网、播客网、掘客网、优视网、推特网等。其界定性特征和原理是：①其消费者即生产者；②其生产者多半是非专业人士；③个人能选择适合自己才能和兴趣的新新媒介去表达和出版；

---

① 〔丹〕延森，刘君译，《媒介融合：网络传播、大众传播和人际传播的三重维度》，上海：复旦大学出版社，2012年版，第72页。
② 〔丹〕延森，刘君译，《媒介融合：网络传播、大众传播和人际传播的三重维度》，上海：复旦大学出版社，2012年版，第74页。

④新新媒介一般免费，付钱不是必需的；⑤新新媒介之间的关系既互相竞争，又互相促进；⑥新新媒介的服务功能胜过搜索引擎和电子邮件；⑦新新媒介没有自上而下的控制；⑧新新媒介使人人成为出版人、制作人和促销人。"①

三、伊尼斯：时间偏向与空间偏向

伊尼斯在《传播的偏向》中提出具有"时间偏向"与"空间偏向"的两种媒介类型："根据传播媒介的特征，某种媒介可能更加适合知识在时间上的纵向传播，而不是适合知识在空间上的横向传播，尤其是该媒介笨重而耐久，不适合运输的时候；它也可能更加适合知识在空间中的横向传播，而不是适合知识在时间上的纵向传播，尤其是该媒介轻巧而便于运输的时候。所谓媒介或倚重时间或倚重空间，其含义是：对于它所在的文化，它的重要性有这样或那样的偏向。"② "也许可以假定，一种媒介经过长期使用之后，可能会在一定程度上决定它传播的知识的特征。也许可以说，它无孔不入的影响创造出来的文明，最终难以保存其活力和灵活性。也许还可以说，一种新媒介的长处，将导致一种新文明的产生。"③

通过这种分类，伊尼斯其实是想探讨媒介与文明之间的关系，虽未明言，但"媒介决定论"呼之欲出。在伊尼斯看来，黏土和石头等由于笨重且具有耐久性，不方便运输，更适合在时间中纵向传播。埃及文明的君主制通过木乃伊的制作、金字塔的修建和象形文字加强其地位，这些成为强调时间控制的手段。莎草纸、木浆纸等轻便和方便运输，更适合在空间中的横向传播。与古埃及文明相比，两河流域的文明缺乏团结的必然要求，出现了若干神权政治的城邦。日益普及的莎草纸和软管笔造就了读书写字的媒介，这种媒介易于携带和传播，成为"一种驾驭人的桀骜不驯的最有力的工具"④。在《传播的偏向》中，伊尼斯对口语颇为推崇，认为口语将人的主体性与语言的工具性相融合，也从一个侧面表明了其对媒介的理解。

---

① 〔美〕莱文森，何道宽译，《新新媒介》，上海：复旦大学出版社，2011年版，第3-4页。
② 〔加〕哈罗德·伊尼斯，何道宽译，《传播的偏向》，北京：中国人民大学出版社，2003年版，第27页。
③ 〔加〕哈罗德·伊尼斯，何道宽译，《传播的偏向》，北京：中国人民大学出版社，2003年版，第27页。
④ 〔加〕哈罗德·伊尼斯，何道宽译，《传播的偏向》，北京：中国人民大学出版社，2003年版，第28-29页。

与麦克卢汉并称为"多伦多传播学双星"的伊尼斯,是麦克卢汉的史前史。研究者指出,"伊尼斯使用传播的偏向这个术语的方式,可以被认为是麦克卢汉传奇式的断语'媒介即讯息'的先驱"[①]。虽然伊尼斯在探讨20世纪的空间偏向时,对电子媒介并未过多涉及,但伊尼斯的思想对于今天理解技术、媒介与文明的关系,仍有不可磨灭的贡献。

四、德布雷:媒介域

德布雷按照媒介学的历史观,将人类文明史分为三个媒介域:文字(逻各斯域)、印刷(书写域)、视听(图像域)。他认为,理解媒介域这个概念有以下几点可以作为"路标"。

1. 不管在哪个时代,我们都不能将一个思想活动同那些使这个思想活动成为可能的记录、传递和存储的技术条件分开(字母文字,技术意义上的阅读)。

2. 记忆工具是这些条件中的第一个。它由每个时代的痕迹记忆的载体和程序定义。

3. 占统治地位的痕迹保存系统(输入、存储和流通)是一个特定时代、特定社会中媒介域的组织核心。媒介域这个字眼指的是一个信息和人的传递和运输环境,包括与其相对应的知识加工方法和扩散方法。

4. 在历史现实中,纯粹状态的媒介域不存在。每个媒介域都是已有做法和新工具相互妥协的结果,并嵌入不同时代的技术网络。

5. 每个媒介域都会产生一个特有的空间-时间组合,也就是一个不同的现实主义。黑格尔说:"日出时阅读报纸是一种现实主义的清晨祈祷。人们从上帝出发,或者从世界的含义出发,定位自己对于世界的态度。不管是从上帝出发还是从世界的含义出发,人们都获得了同样的确信,即知道自己在哪里。"但是就像贝尔纳·斯蒂格勒提醒我们的,世界是不一样的,理由在于它使用什么载体,如纸、赛璐珞、磁带、赫

[①] 〔美〕林文刚,何道宽译,《媒介环境学:思想沿革与多维视野》,北京:北京大学出版社,2007年版,第113页。

兹波或是数据模块。每次产生的都是另一种确信和另一种定位的含义。

6. 物质传递手段的技术演化为历史接续。[①]

顺着"路标"的指引,我们对德布雷的"媒介域"做一个阐释:德布雷强调,物质与精神的关系不可以做二元对立的分割,一个时代的媒介的技术条件与这个时代的思想密不可分;与时代的精神状况相关的占主流的信息的生产方式、保存方式、传播方式等就是这个时代的"媒介域";每一种媒介域"敞开"的都是一个不同的世界,不同的对人与世界的定位;媒介域是一种历史的存在,随着媒介技术手段和世界现状的变化而传承和流变。从文字为中心的逻各斯域,到印刷术带来的书写域,再到视听媒介席卷全球的图像域,三种媒介域所展现的是不同的文明,既有历史的传承,也有技术演变的现实情境。德布雷并未与当下的信息与网络社会迎面相遇,值得思考的是,信息社会(拉什)或网络社会(卡斯特)是否属于新的媒介域?如果是,它敞开的是一个什么样的世界?

第四节 线与网:媒介的现代性与后现代性

波斯特早在20世纪90年代就敏锐地发现,"现代的分析范畴限制了人们对这些交流手段的理解"[②]。"现在正在形成一种探讨新传播技术的话语,这种话语在很大程度上受到现代性视野的限制。"[③]为了避开现代性的分析范畴和话语方式,我们借用"线"和"网"的隐喻来展开对现代性和后现代性两种媒介范式的探讨。

一、"线"

"线"是一种单向的、更倾向于控制的、严整有序的、稳定的传播媒介,它与现代性的生活方式密切相关。

报纸是现代性背景下的典型产物,作为一种经典的大众传播媒介,办报纸的人拥有对信息的独占性和垄断性,不断地进行一点向多点、组织向个人的信息撒

[①]〔法〕雷吉斯·德布雷,陈卫星、王杨译,《普通媒介学教程》,北京:清华大学出版社,2014年版,第261-262页。
[②]〔美〕马克·波斯特,范静哗译,《第二媒介时代》,南京:南京大学出版社,2001年版,第46页。
[③]〔美〕马克·波斯特,范静哗译,《第二媒介时代》,南京:南京大学出版社,2001年版,第37页。

播。此后的广播和电视虽然分别诉诸听觉和视觉，但并没有改变这种一点传向多点、组织传向个人的传播格局。这种格局与现代性的高度理性化、制度化的时代特征是联系在一起的，线性传播的大众传媒正是现代性的标配。当然，这里所说的报纸是现代报纸，不是中国传统的邸报。传统邸报是上级组织传向下级组织的文件，并非现代意义上的报纸，没有大规模流通。既然是组织向个体的传播，报纸就是特别适合启蒙的媒体，通过集纳式的编排，通过一层层的把关，报纸向受众解释和呈现的世界是井然有序的、条分缕析的、主次分明的、有轻重缓急的。于是，信息成了稀缺的产品。握有报纸就是握有对认识世界的选择权和解释权。

首先，报纸是一种理性化的存在。现代经典的新闻观念"事实和意见分开""客观性原则"等无不显示了理性对情感的警惕和切割。如果没有了真实、客观、公正、准确、全面、平衡等专业主义的报道原则，就没有现代新闻业。所以，客观性是新闻业的"不死之神"，理性也是现代新闻业的"不死之神"。"倒金字塔"这种新闻书写方式，和新闻的编辑方式无不体现了向理性的致敬。倒金字塔强调了最重要的事实放在前面，次重要的事实放在后面，其潜在的自信就是，新闻生产者能够运用理性，判定什么是重要的、什么是不重要的，并且需要把这样一种对事实的排序原则灌输给公众，而"议程设置"和"把关"更是报纸新闻的生产者对事实和事件的理性筛选。这些经过精心选择、重组、排序的信息与其说反映了现实世界，不如说反映了报纸生产者眼中的世界。

其次，报纸是一种制度化的存在。报纸不是以一种个体化的面目进行信息传播，它是一个庞大的组织化的机构，现代性背景下的机构传播遵循着线性的制度和规则。采、写、编、评、制、录、播的分工和流程，既是职业细分的结果，也是制度化的结果。媒体人成为巨大媒体机器中的齿轮和螺丝钉，媒体人的每一次发声，代表的都是机构和组织。

最后，在传统的大众传媒中，报纸本身的气质和定位更契合现代性的特征，严整、理性、规范，因而也更加"固态化""单维化"。当信息成为稀缺资源，掌握信息就能把控世界。由于技术手段的限制，报纸对于其线性传播的信息很难收到反馈，更难产生互动，这种"我传你受"的单向的传播模式更加剧了报纸对知识和信息的垄断。

如果从"媒介域"的视角来考察现代报业，它的理性化新闻生产方式和呈现方式，它所培养的中产阶级的读者，它对人的读报习惯的养成，比如晚报对应的休闲娱乐的生活方式，日报体现的严肃、规范、负责任的风范，构建了现代社会中人的信息方式和生活方式。报纸不仅仅在我们面前展现了现代社会，更建构着现代社会，并把现代观念"嵌入"我们的生存之中。

这种严整有序的线性传播体系为新闻传播研究展开的问题域就是：如何传播信息以让受众接受。切特罗姆发现，20世纪40年代，不同研究团体所做的"大众传播研究"备忘录提出的"四个询问性的题目——谁，说了什么，对谁说，产生什么效果——变成界定美国传播研究的范围和问题的主导范畴。传播的行为科学限制在一个相当狭窄的模式里，它把传播解释为基本上是个说服的过程"[1]。在此种问题域中，新闻传播学最典型的研究范式就是拉斯韦尔的"5W"模式：谁、传什么、对谁、通过什么媒介、取得什么效果。"传者""信息""受众""效果"等这些关键词基本上构成了新闻传播学教科书的经典模式。所以，以报纸为代表的现代大众传媒，是一个以线性的传递和传播为目的的媒介，媒介的工具意义强于其表现的意义。最大限度地追求传播效果，使得传播研究的道路越走越窄。

在移动互联网出现之前，报纸所生存的环境已经发生了变化，全球化、后工业化、商业化带来的后现代情境已经出现在21世纪初的中国人生活中，一些改革也席卷了中国报业。报纸的转型之一是社区报的出现，社区报在国外的成功使得它的中国引进者也雄心勃勃地进行复制。都市报的确适应了后现代的小型社区、碎片化生存，更符合生活方式属性而不是更符合信息属性。可是，移动互联网出现后，手机APP等出现了，它们比社区报更便捷，更亲和，成本更低。

二、"网"

在盖恩看来，"网络并不是一个整合类型学的概念，也不是一个跨学科，或者说学科之间的联系点。相反，它是一个富有争议性的、携带着'神秘色彩的'概念"，"对于网络这个词，至少就其当代的用法而言，是一种修辞"。他认为，当这个概念从计算机科学迁移到社会科学的过程中时，意义已经发生了改变。"这个词变为描述一种新的社会化现象，这种现象具有的文化特征包含了个体主义文

---

[1] 〔美〕丹尼尔·杰·切特罗姆，曹静生、黄艾禾译，《传播媒介与美国人的思想——从莫尔斯到麦克卢汉》，北京：中国广播电视出版社，1991年版，第142页。

化,以及人群、商品、资本、符号和信息在全球的加速流动。"①从计算机科学到社会科学,"网络"一词已经成为一种隐喻,"能够捕捉当代社会关系的技术性与临时性基础",使这一概念发生意义折变的代表人物是卡斯特。"当卡斯特暗示网络也许有着多元拓扑时,实际上他倾向于使用网络这个概念作为一个日渐去中心化、灵活和个体化的社会的象征。这相应意味着网络的观念由技术网络文献中所描述的逐层控制的操作过程,变成为网络作为'开放的'和'具有活力的'系统的概念。"②

卡斯特认为:"网络是一组相互连接的节点(nodes),节点是曲线与己身相交之处。具体地说,什么是节点根据我们所谈的具体网络种类而定。""网络是开放的结构,能够无限扩展,只要能够在网络中沟通,亦即只要能够分享相同的沟通符码(例如价值或执行的目标),就能整合入新的节点。一个以网络为基础的社会结构是具有高度活力的开放系统,能够创新而不至于威胁其平衡。"③

对"网络"这个概念影响较大的还有一位思想家德勒兹,德勒兹和加塔利在《资本主义与精神分裂(卷2):千高原》中提出"根茎"的概念,与传统的"树"的概念作对比。他认为,"树"的隐喻仍然是一元化的、中心主义的、连续性的和线性的,而"根茎"的隐喻则打破了这种原则。

> 让我们概括一下根茎的主要特征:与树及其根不同,根茎连接任意两点,它的线条(trait)并不必然与相同本性的线条相连接,它动用了极为差异的符号机制,甚至是非—符号(non-signe)的状态。根茎不可被还原为"一"或"多"。它不是生成为"二"(甚至是直接生成为三、四、五,等等)之"一"。它不是源自"一"之"多",也不是"一"被增加于其上之"多"(n+1)。它不是由单位,而是由维度(或确切地说是变动的方向)所构成。它没有开端也没有终结,而是始终处于中间,由此它生长并漫溢。它形成了n维的、线性的多元体,既没有主体也没有客体,

---

① 〔美〕尼古拉斯·盖恩、〔英〕戴维·比尔,刘君、周竞男译,《新媒介:关键概念》,上海:复旦大学出版社,2015年版,第15页。
② 〔美〕尼古拉斯·盖恩、〔英〕戴维·比尔,刘君、周竞男译,《新媒介:关键概念》,上海:复旦大学出版社,2015年版,第20页。
③ 〔美〕曼纽尔·卡斯特,夏铸九、王志弘等译,《网络社会的崛起》,北京:社会科学文献出版社,2001年版,第570页。

可以被展开于一个容贯的平面之上——在其上"一"始终是被减去的(n–1)。一个这样的多元体。它只有在改变自身的本质并发生变形（métamorphoser）之时才能变化其维度。有别于一个为点和位置的集合所界定的结构（在其中，点与点之间存在着二元性的关联，位置与位置之间存在着一一对应的关系），根茎只从线中形成：作为其维度的节段性和层化之线，以及作为最高维度的逃逸线和解域线——正是根据、沿着这些线，多元体才得以在改变自身本质的同时使自身变形。不应该将这样的线或线条（linéament）与树型的谱系混淆在一起，后者仅仅是点和位置之间的可定位的关联。与树相对立，根茎不是复制（reproduction）的对象：既不是作为树-形象的外在复制，也不是作为树-结构的内在复制。根茎是一种反-谱系。它是一种短时记忆，甚或一种反记忆。根茎通过变化、拓张、征服、捕获、旁生而运作。有别于绘图法（graphisme）、绘画或摄影，也有别于模仿，根茎与一个必须被产生和构成的图样相关，这张图样始终是可分解、可连接、可翻转、可转变的，具有多重入口和出口，具有其自身的逃逸线。模仿必须参照图样，而非相反。与中心化（甚至是多重中心化）的系统（此种系统具有沟通的等级化模式和既定途径）相对立，根茎是一个去中心化、非等级化和非示意的系统，它没有一位将军，也没有组织性的记忆或中心性的自动机制，相反，它仅仅为一种状态的流通所界定。[1]

这种根茎的理论深深影响了"行动者网络"理论的创立者拉图尔，"他将网络的概念界定为通过不同实体的联结不断变化的事物"[2]。

拉图尔和卡斯特的不同之处在于，"拉图尔强调，很重要的一点是，不应该将社会视为一块投射所有的行动者和实体的屏幕，而应依据其间复杂且具有活力的联系来了解社会"[3]。拉图尔认为，"优秀的行动者网络分析描述是一种叙述、

---

[1]〔法〕德勒兹、加塔利，姜宇辉译，《资本主义与精神分裂（卷2）：千高原》，上海：上海书店出版社，2010年版，第27-28页。
[2]〔美〕尼古拉斯·盖恩、〔英〕戴维·比尔，刘君、周竟男译，《新媒介：关键概念》，上海：复旦大学出版社，2015年版，第29页。
[3]〔美〕尼古拉斯·盖恩、〔英〕戴维·比尔，刘君、周竟男译，《新媒介：关键概念》，上海：复旦大学出版社，2015年版，第29页。

描述或者主张,其间所有的行动者都必须行动起来,而非仅仅待在那里"①。综上,拉图尔对于"网络"概念的重要贡献是,他认为,网络不仅仅是一个静态的事物,更是实践的、动态的、积极的行动者之间的联系。作为一个运动过程的行动者,网络实际上是对社会的重组。

网络的出现,尤其是移动互联网的普及,带来了革命性的变化。移动互联网本身已经成为一种生活方式,而不仅仅是一种媒体。无论是从微博、微信等社交媒体来看,还是从直播、弹幕等新兴媒介形式来看,移动互联网的信息方式是碎片化的、即时性的、充分交互的,没有报纸那般严整的集纳性。这是典型的后现代生活方式,多元、小社区、互动。互联网技术使得个人可以和机构一样,平等参与分配信息,共同分享信息,实时交互讨论。

"网"的话语系统和"线"的话语系统的重要区别在于:线性模式是相对中心化的叙事,媒介与受众并非平等的关系。网状模式则在某种程度上颠覆了"传"和"受"的关系,强调的是沟通、互动、协商、共享,话语结构日益多元化。根据德布雷的观点,"每个新媒介都会绕过先前的媒介所培育的媒介者阶层"②。拉什则认为,"第一现代性是线性的,第二现代性是非线性的。第一现代性涉及裁定判断和规则遵守,第二现代性则涉及规则探寻和反思性判断"③。

网络上的信息传播,与其叫传播或撒播,不如叫共享、交流(如微信群)和聚集。

从媒介技术的逻辑上看,报纸的使命是启蒙,是对空间的挑战,自上而下,呈现的是被办报者把关过的内容。报纸的阅读也有某种仪式感,受一定的条件限制。正因为报纸是作为知识存在的,报纸上的信息需要花费代价去获得。信息即权力。互联网呈现的是复杂的、碎片化的世界,其信息是多元化的、原生态的、海量的、纷杂的。信息获得的成本很低,互联网的赋权打破了壁垒。报纸"死"在二次售卖方式上,"死"在和人的相对疏离的关系上。手机则不管不顾地套牢了人们,无论你愿意或不愿意,都无法离开它,它"控制"了我们的生活。

---

① 〔美〕尼古拉斯·盖恩、〔英〕戴维·比尔,刘君、周竞男译,《新媒介:关键概念》,上海:复旦大学出版社,2015年版,第29页。
② 〔法〕雷吉斯·德布雷,陈卫星、王杨译,《普通媒介学教程》,北京:清华大学出版社,2014年版,第29页。
③ 〔英〕斯科特·拉什,《非线性模型中的个体化》,载〔德〕乌尔里希·贝克、〔德〕伊丽莎白·贝克-格恩斯海姆,李荣山、范譞、张惠强译,《个体化》,北京:北京大学出版社,2011年版,第19页。

第五节　结　语

移动互联网思维——从门户时代到搜索时代到移动互联网时代，几个变化值得引起注意。

首先，移动互联网不再把网络当作"第四媒体"对待，打破了媒体思维。

其次，移动互联网思维戳中了人性，人是需要交流和沟通的，媒体也是交流沟通的需要的产物，没有媒体之前，人与人之间是靠面对面的人际传播完成交流的，关键词是沟通、互动、共享，是场景，更多和空间相关。传统媒体通过一对多的方式完成了对交流沟通的想象，但是由于技术的限制，媒体无法完成现实交流中的互动。于是，我们以为媒体就是这个样子的，我们把这个样子的媒体固定下来，成为报纸、广播、电视的样子，传媒专业也就在这种固定的思维中学习怎样进行媒体采、写、编、评等，关键词是呈现、传递、传播、撒播，更多和时间相关。但是，互联网来了。一开始的门户时代基本上就是对传统媒体的复制，以提供信息为主，把传统媒体的内容搬到网上，不过更快、更灵活而已，还是一对多的形式。到了搜索时代，对信息的选择权突然交到了受众手里。出现微博之后，人们还是顺着这个思维在做网络，大V其实也就是一个个媒体，微博上最热闹的话题还是有媒体属性的信息。所用的词是"粉丝""听众"，于是，拼粉、买粉、掉粉，各种词出现。到了微信这里，人际交流的强关系突然回归，朋友圈和微信群是对强关系的扩展，而且是对生活方式的拓展。大众点评等应用，GPS定位等功能，已经让移动互联网变成一种生活，而不是一种媒体。这种生活重新实现点对点的关系、个体化的关系，或者说，个体化的关系和群体化的关系的结合。媒体功能和属性，只是移动互联网各种属性中的一小块而已。

最后，移动互联网时代其实是将过去更新换代比较慢的"范式转换"以更快的速度完成。范式转换不再需要经历漫长的时间便成为常态。

从"线"到"网"，媒介从过去以信息为主导的单向度的话语模式，进入当下以生活方式为主导的多向度的结构模式，随之而来的是一系列的变化：传者的角色，从记录转向参与；新闻生产的过程，从专业化、封闭、后台化，走向去专业化、开放、前台化；新闻传播的文本，从静态的、完整的大叙事，裂变成动态的、多方参与的、碎片化的小叙事；媒介本身，从似乎需要正襟危坐进行阅读的纸媒，迅速转变为无处不在、无时不在、移动互联的手机；受众，从过去的"受"众，到"参"众，再到"用户"……这一切，都有待我们在后文中进一步展开深入的研究。

第二章　重构新闻：事件、实践与仪式

新闻是什么，这是一个老命题，几乎所有的新闻学教科书都会花费不少篇幅探讨这个命题。徐宝璜认为，"新闻者，乃多数阅者所注意之最近事实也"[①]，所以，"苟非事实，即非新闻"[②]；陆定一给新闻下的定义是，"新近发生的事实的报道"[③]，王中先生认为，"新闻是新近变动的事实的传布"[④]。如果把下定义的一般方法确定为"属+种差"，从现代意义上的新闻学被引入中国开始，研究者们对于新闻定义的"属"的界定主要有三类：一类是"事实"，一类是"报道"或"传播"、"传布"，还有一类是"信息"（特定的历史时期还有"意识形态"之说，但不占主流，故未列入）。从本体论的视角看，新闻是事实；从认识论的视角看，新闻是报道或传播；改革开放以后，大多数新闻学教科书认为新闻是信息。在新传播技术引领媒介快速变革的今天，重新审视和梳理新闻及其相关的事实、报道、信息等概念，并在今天的媒介环境中进行再阐释、再定义，是新闻观念研究者的使命。

第一节　新闻学研究的两种范式与新闻观念

实质上，对于中国新闻学基础理论的建构来说，有着两种传统，或称两种"范式"：一种是以徐宝璜《新闻学》为代表的民国新闻学范式，另一种是延安时期奠定基础的党报范式。这两种范式正是今天所谓"本体论"和"认识论"的两种

[①] 徐宝璜，《新闻学》，北京：北京大学新闻学研究会，1919 年版，第 7 页。
[②] 徐宝璜，《新闻学》，北京：北京大学新闻学研究会，1919 年版，第 9 页。
[③] 陆定一，《我们对于新闻学的基本观点》，载张之华，《中国新闻事业史文选(公元 724 年—1995 年)》，北京：中国人民大学出版社，1999 年版，第 265 页。
[④] 王中，《论新闻》，原载《新闻大学》总第一期，1981 年 5 月，载赵凯，《王中文集》，上海：复旦大学出版社，2004 年版，第 226 页。

视角。中华人民共和国成立以后,特别是改革开放以来,这两种范式在中国新闻学教科书中由分而合,处于互相借鉴、融合的状态。

库恩说,"范式不仅给科学家以地图,也给了他们绘图指南。在学习范式时,科学家同时学到了理论、方法和标准,它们通常是彼此缠结,难分难解的。因此当范式变化时,通常决定问题和解答的正当性的标准,也会发生重大改变"①。在此基础上,我们不能小视在新闻学早期"范式"初步形成期间出现的新闻学著作作为"经典"和"范例"的价值,它们不仅得到了学术共同体的认可,且对以后的新闻学研究具有塑形和"学科规训"的意义。

徐宝璜的《新闻学》既是中国新闻学术史上的第一本新闻学理论著作,又是最早的新闻学课程教材。徐宝璜先后四易其稿,被蔡元培先生称为"破天荒"之作。②黄天鹏将徐宝璜称为"新闻教育第一位的大师,新闻学界最初的开山祖"③,《京报》如此评价徐宝璜之功业:"《新闻学》以前中国无专门研究新闻之书籍,有之自先生始,虽仅五六万字,以言赅精当,则无出其右者。在中国新闻学史上,有不可抹灭之价值,无此书,人且不知新闻为学,新闻要学,他无论矣。"④

既是"破天荒",又是"新闻为学"的"无出其右"的著作,其对后来的新闻学研究者而言,难免具有开风气之先的作用。因此把此书视为新闻学研究的"范例",当不为过。据黄天鹏回忆,"五四运动的前后,我正从事新闻学的研究,启蒙的课本,就是先生著的《新闻学》。我对新闻学的基础知识,差不多都是从这本书上得来的"⑤。此书"对新闻学上的重要问题,都有精当的解剖,而厘定新闻的定义与价值,新闻纸的性质与功用,都有独到的眼光。他如采访编辑印刷发行各方面,在在有'言简意赅'的精论,后来新闻学的著述,大半受他的影响"⑥。徐宝璜所关注的重要问题,很多被后来的新闻理论研究划归为重要疆域。

徐宝璜给新闻学下定义为"新闻学者,研究新闻纸之各问题而求得一正当解

---

① 〔美〕托马斯·库恩,金吾伦、胡新和译,《科学革命的结构》,北京:北京大学出版社,2003年版,第100页。
② 徐宝璜,《新闻学》之蔡元培序,载松本君平、休曼、徐宝璜、邵飘萍,《新闻文存》,北京:中国新闻出版社,1987年版,第267页。
③ 徐宝璜,《新闻学纲要》,上海:上海联合书店,1930年版,第6页。
④ 徐宝璜,《新闻学纲要》,上海:上海联合书店,1930年版,第5页。
⑤ 徐宝璜,《新闻学纲要》,上海:上海联合书店,1930年版,第3页。
⑥ 徐宝璜,《新闻学纲要》,上海:上海联合书店,1930年版,第5页。

决之学也"①。把新闻学等同于"新闻纸学"。在此基础上,他对新闻的定义是"多数阅者所注意之最近事实",旨在说明新闻纸上的新闻为何物,最终目的还是解决新闻纸的种种问题。

20世纪40年代,延安《解放日报》改革之后,不仅《解放日报》由"不完全党报"成功转变为"完全党报"②,中国共产党的党报理论体系也正式诞生。不少学者都概括出延安党报理论的传统,黄旦教授认为"四性一统"是中共党报延安范式的理论框架。③具体内容为"党性、群众性、战斗性、指导性,统一在党性之下"④,与《解放日报》改版社论中提出的"党性、群众性、战斗性和组织性"⑤有些许差异,但基本意涵相似。经过理论家们的提炼总结,在中华人民共和国成立后,中国共产党的党报理论被概括为"五性一统",即党性、指导性、真实性、群众性、战斗性这"五性"统一在党性之下。这种新闻理论发端于20世纪40年代,在延安《解放日报》改革之后就基本成型,中华人民共和国成立以后不断改进成为我国特有的党报理论。

在党报理论范式中,1943年,陆定一在其名篇《我们对于新闻学的基本观点》中提出了下列观点。

> 唯物论者认为,新闻的本源乃是物质的东西,乃是事实,就是人类在与自然斗争中和在社会斗争中所发生的事实。因此,新闻的定义,就是新近发生的事实的报道。
>
> 新闻的本源是事实,新闻是事实的报道,事实是第一性的,新闻是第二性的,事实在先,新闻(报道)在后,这是唯物论者的观点。⑥

---

① 徐宝璜,《新闻学纲要》,上海:上海联合书店,1930年版,第1页。
② 黄旦,《从"不完全党报"到"完全党报"——延安〈解放日报〉改版再审视》,载李金铨,《文人论政:知识分子与报刊》,桂林:广西师范大学出版社,2008年版,第250页。
③ 黄旦,《从"不完全党报"到"完全党报"——延安〈解放日报〉改版再审视》,载李金铨,《文人论政:知识分子与报刊》,桂林:广西师范大学出版社,2008年版,第279页。
④ 黄旦,《从"不完全党报"到"完全党报"——延安〈解放日报〉改版再审视》,载李金铨,《文人论政:知识分子与报刊》,桂林:广西师范大学出版社,2008年版,第250页。
⑤ 博古,《致读者》,《解放日报》,1942年4月1日。
⑥ 陆定一,《我们对于新闻学的基本观点》,载张之华,《中国新闻事业史文选(公元724年—1995年)》,北京:中国人民大学出版社,1999年版,第265页。

从那以后，大多数中国的新闻学教科书，把"新近发生的事实的报道"作为新闻的定义。即使大半个世纪过去了，这个新闻定义仍然有着强大的生命力，散发着现实主义的光辉。

如果说徐宝璜的新闻定义主要参照系是西方的新闻纸、新闻业和新闻学，那么陆定一的新闻定义则是马克思主义新闻观在党报理论中的体现，在战争年代，党报发挥了联系群众、为党服务的重要作用。

徐宝璜的新闻学与党报理论的共通之处在于，两者的研究对象都是"新闻纸"或"报纸"，在纸媒兴盛的年代，有着很强的现实性和针对性。但是，进入21世纪，特别是进入新时代，随着技术的演进，媒介的变化，无论新闻学研究，还是对新闻观念的研究，二者都需要更具时代特色的新范式。因此，我们将在新的媒介环境中重新审视新闻这个并不新鲜的概念，力图为它注入新鲜的时代血液。

第二节　作为"事实"的新闻与作为"事件"的新闻

关于新闻事实的研究，杨保军教授一直是国内该研究领域的翘楚，他的博士学位论文《新闻事实论》奠定了新闻理论研究的基础，而发表于2017年的论文《再论"新闻事实"——技术中介化的新闻事实及其影响》针对"后新闻业时代"，他指出，理解新闻事实的两个维度，即本体论的维度和认识论的维度仍然稳定。所谓"本体论"视野中的新闻事实，突出新闻的客观性，强调了"新闻"事实才是新闻报道的对象，而新闻报道中的事实，是一种符号化的、经过编码的、主观化的事实，简而言之，是一种"再现事实"。认识论意义上的新闻事实，是指新闻报道（新闻作品和内容），只有进入新闻报道的事实，才能称为新闻事实。杨保军教授认为，无论本体论还是认识论视野中的新闻事实，都遵循着从客观事实到新闻事实的逻辑，也即，"'事实'是风景，'新闻事实'是风景照或风景画"[①]。"尽管传播、收受技术可以日新月异，媒介生态可以不断变化更新，新闻事实的呈现方式可以丰富多彩，但新闻生产传播'从事实到新闻'这一最为深层

[①] 杨保军，《再论"新闻事实"——技术中介化的新闻事实及其影响》，《新闻记者》，2017年第3期，第22-30页。

的实践逻辑没有改变，也不能、不应改变。"①

　　杨保军教授是针对新闻事实本身，从现代哲学视野来考察和研究的。在基本认可他的"从事实到新闻"这一新闻生产逻辑的前提下，如果把研究对象扩大到后现代情境中，把研究视野转移到当下哲学社会科学的前沿理论，把技术，特别是媒介技术不仅仅当作一种中介，更是当作一种具有自主性的逻辑，再来考察新闻观念中的基本问题——事实，可能会面临两个方面的再思考。

　　首先，对于后现代视野中的事实需要做多元和多维的考察。

　　韦伯斯特在《信息社会理论（第三版）》中提到后现代的两个真实观：一是真实是多重多元的，二是真实是不存在的。②韦伯斯特认为，基于两种主要的原因，后现代主义不渴求真实性。其中之一便是："对'真实的'意义的坚持是一个幻想，所以那些希望寻找到'真实性'和'真实'的人是注定要失败的，因为只存在'真实'的不同版本。"③这种反对的声音实质上持的是一种相对主义的解释立场。另一种反对的声音则更加激进，"抨击者声称不管人们在何处追寻真实情境，都会徒劳无获，因为它在那些渴望它的人的想象之外，根本不存在"④。所以，"真实性并不存在：只存在对真实的建构（不真实）"⑤。我们认同后现代思想家对于后现代情境的描述和表达，但并不认同后现代主义者的价值立场。极端的相对主义其实也是一种绝对主义，所谓"事实已死""真实性并不存在"这些观点必定陷入虚无主义和不可知论。正如韦伯斯特如下的推论。

　　　　后现代思想刚愎自用地将所有的知识相对化；坚称只有真理的不可穷尽的版本存在而没有真理本身，由此，我们需要扬弃后现代思想。最主要是因为论题本身的矛盾，它显示出了古老的克里特悖论（Cretan

---

① 杨保军，《再论"新闻事实"——技术中介化的新闻事实及其影响》，《新闻记者》，2017年第3期，第22-30页。
② 〔英〕弗兰克·韦伯斯特，曹晋、梁静、李哲等译，《信息社会理论（第三版）》，北京：北京大学出版社，2011年版，第336页。
③ 〔英〕弗兰克·韦伯斯特，曹晋、梁静、李哲等译，《信息社会理论（第三版）》，北京：北京大学出版社，2011年版，第303页。
④ 〔英〕弗兰克·韦伯斯特，曹晋、梁静、李哲等译，《信息社会理论（第三版）》，北京：北京大学出版社，2011年版，第304页。
⑤ 〔英〕弗兰克·韦伯斯特，曹晋、梁静、李哲等译，《信息社会理论（第三版）》，北京：北京大学出版社，2011年版，第306页。

paradox）——"所有人都是说谎者"。我们如何能相信后现代的主张，如果认为所有主张都是不可信赖的？借用厄内斯特·盖尔纳（Ernest Gellner）的话来说，这是"超级空话"（metatwaddle），其不承认在分析家们的"话语"之外还存在着真理。①

但是，面对网络展开的"后真相时代"，真相的确越来越难寻求；真相与观点、立场等价值判断相比，也的确变得越来越"不重要"了。对于新闻学这个以报道事实、探寻真相为目的的学科，该如何应对？我们该如何理解新闻学这座学科大厦的基石——事实？

李金铨教授借用苏轼的《题西林壁》探讨社会科学方法论的三个问题，其中，他谈到真实与社会建构的关系，对笔者启发极大。虽然李金铨教授讨论的是社会科学研究的问题，但对新闻观念同样有借鉴意义。什么是真实？有没有绝对意义上的真实？李金铨教授从现象学角度进行分析，展开了六个方面的追问，其中，前四个方面都与新闻观念勾连。

第一，"远近高低各不同"，说明处于不同的位置，看到的事实不同。"无论在时间上或空间上，远看近观各有长短：看得远，轮廓清晰，细节模糊；看得近，细节清晰，轮廓模糊。"所以，"世间没有绝对客观的单一真实（reality，或现实），而是由各种诠释社群从远近高低的角度，建构'成岭'或'成峰'的多重真实（multiple realities）"。第二，"多重真实"指的是"多于一种"的真实建构，但却不是"无限多"的真实，否则就丧失了知识的立足点，人类沟通也变得不可能。在这些对真实的建构中，总有一些建构更有分量，更为共同体所接受。第三，主导建构"多重真实"的因素是什么？李老师在全球化的视野中考察，认为"可能是阶级、种族、肤色、科技、经济、意识形态、文化价值或国家利益等，有些因素在若干的议题或事件上特别突出，这些因素也可能发生交互作用"。所以，按照这个逻辑，"我们相信多因多果，相信或然率，而不愿意接受单因论，也排拒各种先验的决定论"。第四，"社会学假设整体大于个体的总和，真实的建构不是各个版本一加一机械式的拼凑"②。

---

① 〔英〕弗兰克·韦伯斯特，曹晋、梁静、李哲等译，《信息社会理论(第三版)》，北京：北京大学出版社，2011年版，第331页。

② 李金铨，《传播研究的时空脉络》，《开放时代》，2017年第3期，第209-223页。

事实不是一元的，也不是只有一种维度的，如果说"新闻事实"作为一种"再现事实"是风景照或风景画，那关于庐山的描绘完全可能"远近高低各不同"。传统纸媒时代，基于技术手段限制、媒介表现力的局限、公众参与能力薄弱等诸方面原因，事实很难得到多元化呈现。新媒介时代到来，记录和传播手段的日新月异，公众新闻的兴盛，表达平台的拓展，新闻的"罗生门"现象越来越多。我们经常看到一个事件中，常常有五六种所谓"事实"存在，且都能"自证"。当事者一种说法，对立方一种说法，目击者一种说法，官方媒体一种说法，自媒体一种说法……"真相"是什么？往往最后被淹没在各种各样关于事实的版本之中。其实，这些关于事实的"多重建构"，在互联网兴盛的时代是新闻呈现的常态，它们正是多元事实的表现。对真实的建构是不同的事实参与者对话、互动、互证的过程，而非一加一等于二的堆积。

其次，后现代情境中，与其说新闻是静态的事实呈现，不如说是动态的事实流动，或者说，新闻是事件。

贝克认为，"现代性似已抵达其当前发展的极限，正迈向一个新阶段，后者可以恰当地称之为第二现代性"，后现代性代表的是"模糊、流动和不确定的事件"[1]。

在对这种以"流动性"和"不确定性"为代表的"第二现代性"情境的表达中，鲍曼做了最为详尽准确的描述。在鲍曼看来，在今天，这个时代的框架不再是传统时代那样"已知的、假定的"，更不是"不证自明的"。"'液化'的力量已经从'制度'转移到了'社会'，从政治转移到了'生活政治'——或者说，已经从社会共处（social cohabitation）的宏观层次转移到了微观层次。"[2]过去那些作为人们"确定方向的依据"的模式、规范、准则等，已经处于"液化"状态，并且和所有流体一样，"塑造它们的形状比保持它们的形状更为容易"[3]。

厄里呼吁创建"流动性"的社会学（sociology of mobilities），卡斯特将媒介空间称为"流的空间"（space of flows）。[4]

---

[1] 〔德〕乌尔里希·贝克、〔德〕伊丽莎白·贝克-格恩斯海姆，李荣山、范譞、张惠强译，《个体化》，北京：北京大学出版社，2011年版，第5页。
[2] 〔英〕齐格蒙特·鲍曼，欧阳景根译，《流动的现代性》，上海：上海三联书店，2002年版，第11页。
[3] 〔英〕齐格蒙特·鲍曼，欧阳景根译，《流动的现代性》，上海：上海三联书店，2002年版，第12页。
[4] 〔英〕尼克·库尔德利，何道宽译，《媒介、社会与世界：社会理论与数字媒介实践》，上海：复旦大学出版社，2014年版，第21-24页。

拉什认为，"第一现代性是线性的，第二现代性是非线性的。第一现代性涉及裁定判断和规则遵守，第二现代性则涉及规则探寻和反思性判断"[①]。

如果说，传统新闻媒体的报道更加致力于"裁定判断"事实是什么，并且给出一个确定无疑的答案。第二现代性背景下的媒体报道则需要重新理解"事实"，重新探寻对真相的界定，重新探寻报道的规则。

孙立平教授主张的"过程-事件分析"以及"实践社会学"的立场也对本书有方法论的启发。他认为，"'过程-事件分析'研究策略当然首先是一种看待社会现象的角度或策略，但事实上也涉及一个更根本性的问题，这就是有关社会事实性质的假设。涂尔干认为社会是研究社会事实的。但问题是，究竟什么是社会事实，社会事实的基本特征是什么？而社会学研究策略和研究方法的使用往往需要与关于社会事实性质的假设相一致。在传统上，人们往往将社会事实看作一种固态的、静止的、结构性的东西（在涂尔干那里是一种集体表象）。因而，所采用的社会学研究策略和研究方法，也就必须适合对这样的静态特征进行观察和描述。相反，'过程-事件分析'则涉及对社会事实的一种截然不同的假设，也就是说，这样的一种研究策略意味着将社会事实看作动态的、流动的，而不是静态的"[②]。如果把"社会事实"看成是"动态的、流动的，而不是静态的"，那么"新闻事实"作为"再现事实"，既有关于自然事实的呈现，更有关于社会事实的再现，后者需要成为流动的、液态的样态。传统的纸媒时代的新闻，受制于静态的媒介形式——报纸，无法呈现新闻的流动性和变化。报纸虽然也有连续报道，但版面有限，不可能持续完整关注某一事件的全过程；同时，出报时间的限制，也不可能与事件发展同步进行媒体呈现。所以，报纸更多承载的是"事实性新闻"。新媒体时代，媒介技术让动态的"事件性新闻"成为可能，图像、视频、直播等形式更能让事件的进展同步可视化。从"无图无真相"到"无视频，不新闻"，视觉语言是大众传媒最有效的语言，它以直观的"在场"感和巨大的冲击力把人们带入"视觉时代"。

所以，在今天，"多重事实"与"流动事实"叠加，让新闻事实变得越来越

[①]〔英〕斯科特·拉什，《非线性模型中的个体化》，载〔德〕乌尔里希·贝克、〔德〕伊丽莎白·贝克-格恩斯海姆，李荣山、范譞、张惠强译，《个体化》，北京：北京大学出版社，2011年版，第19页。

[②]孙立平，《"过程-事件分析"与当代中国农村国家农民关系的实践形态》，载谢立中，《结构-制度分析，还是过程-事件分析？》，北京：社会科学文献出版社，2010年版，第142页。

复杂和不确定,"后真相时代"的来临,与这种多元、复杂、流动、不确定密切相关。

综上,笔者认为,在今天这样的新媒介时代,或"后真相"时代,"作为事件的新闻"比"作为事实的新闻"的表述更能抓住时代的脉搏。

第三节 作为报道的新闻与作为实践的新闻

从认识论的角度看,传统新闻定义强调新闻是对事实的报道。在今天的媒介环境中,笔者认为,"实践"比"报道"更有时代意义。这里的"实践"不是通常意义上的实践,而是与社会科学的"实践转向"密切相关的学理意义上的实践。

库尔德利是将"实践范式"引入媒介研究的倡导者之一,他认为,将媒介视为实践有四大好处:第一,实践与规律性相关,与媒介中行为的规律相关;第二,"实践是社会性的",按照韦伯的社会行为本位的社会学的理解,"所谓社会行为就是以他人为取向的行为",习惯是社会建构体;第三,实践与人的需求密切相关,协调、互动、社群、信赖、自由等基本需求形塑了媒介实践;第四,实践和行动的联系为人们思考媒介提供了基础,"如果要探究如何凭借媒介生活,最佳的出发点就是把媒介当作实践来思考"。库尔德利指出,"在这四个方面,媒介研究的实践路径提出问题的参照,不是把媒介当作物件、文本、感知工具或生产过程,而是在行为的语境里参照人正在用媒介做什么"。[1]

社会学家吉登斯并不将"行动"看成是"一系列孤立的行为",而是看成"连绵不断的行为流",他认为,"行动是作为肉体存在的人对世界中的事件过程进行的、实际的或想象的、因果性介入流"[2]。吉登斯所倡导的能动性概念"涉及对潜在具有可塑性的客观世界的'干预',并且与实践这个更为一般性的概念直接关联"[3]。

---

[1] 〔英〕尼克·库尔德利,何道宽译,《媒介、社会与世界:社会理论与数字媒介实践》,上海:复旦大学出版社,2014年版,第38-39页。
[2] 〔英〕安东尼·吉登斯,郭忠华、徐法寅译,《社会理论的核心问题:社会分析中的行动、结构与矛盾》,上海:上海译文出版社,2015年版,第62页。
[3] 〔英〕安东尼·吉登斯,郭忠华、徐法寅译,《社会理论的核心问题:社会分析中的行动、结构与矛盾》,上海:上海译文出版社,2015年版,第62页。

由报道到实践，有以下三个方面的变化。

第一，打破报道者与报道对象之间主体与客体的二元对立。报道是报道者对报道对象的认知与判断，而实践则强调了报道者与报道对象互为主体的关系，新闻采访和报道活动也是主体与主体之间作为行动者的互动。传统的新闻报道观，将报道者视为主体，将报道对象视为客体，主体为了实现对客体的真实反映，必须与报道对象保持距离，通过各种报道原则，体现客观性。

在采访层面，对采访对象不投入情感，电视访谈中，反打镜头上出现的采访者的表情必须是中性的；在新闻写作层面，倡导"零度情感写作"，信源多样、平衡，多用动词和名词，少用副词和形容词；文本层面，倒金字塔文体，"事实和意见分开"等。这些采访报道和写作手段为了保证客观的记录，往往拒绝主观的情感、立场、态度。但是，人不是在自身之外飞翔的天使，人也不能拔着自己的头发离开地球，人更不可能像机器一样写作。换言之，人总是生活在具体的情境之中，人也是有血有肉有情感的存在，如何尊重情感又保证客观？也许需要对"客观性"这个概念进行重新解读。在西方新闻业中，"透明性"原则作为对"客观性"的替代，最早在"公众新闻报道"中使用。报道者不仅将自己的立场呈现给公众，而且把新闻生产的过程透明化，把新闻生产的"后台"前台化，将新闻场域中的行动者与其他社会行动者的互动透明化。[①]

专业主义式的新闻报道过于强调新闻的记录功能，而忽视它也是生命与生命之间的交互往来，人与人之间的连接。柴静在《看见》中这样解读她所理解的客观性，"陈虻说'宽容的基础是理解'，我慢慢体会到，理解的基础是感受。人能感受别人的时候，心就变软了，软不是脆弱，是韧性……我有一个阶段，勒令自己不能在节目中带着感受，认为客观的前提是不动声色，真相会流失在涕泪交加中，但这之后我觉得世间有另一种可能——客观是对事件中的任何一方都投入其中，有所感受，相互冲突的感受自会相互克制，达到平衡，呈现出'客观'的结果，露出世界的本来面目"[②]。

笔者同意李金铨教授的观点，"对于外在客观景物的理解，往往是内在心理活动的投射，且涉及观察者的处境及周遭的条件，这是主观和客观交融互动的社

[①] 夏倩芳、王艳，《从"客观性"到"透明性"：新闻专业权威演进的历史与逻辑》，《南京社会科学》，2016年第7期，第97-109页。

[②] 柴静，《看见》，桂林：广西师范大学出版社，2013年版，第383页。

会建构，即是'互为主观'（intersubjective）的过程……我以为现象学关于'互为主观'的主张还比较切实。因为真实不是简单而自明的，必须彼此在对话、辩驳和意会的过程中，从各种角度揣其大意，以获得同情的理解"[①]。所以，客观不是"我"与"你"之间的对立，不是"无我"的状态，而是有你才有我，你在我才在的"共在"关系。

第二，打破报道者和接受者之间的二元对立。传统的新闻传播活动是传者对受者的信息传递，前者传，后者受，前者主动，后者被动。即使有一些反馈行为，但仍然改变不了这种单向传播的基本路径。在新媒体时代，传者与受者共同参与到新闻实践中，"新闻场域"中的行动者既包括了组织化、机构化、专业化的新闻生产者，也包括非新闻媒体机构的生产者，更多的是那些过去被称为新闻信息接受者的"受众"——今天的"用户"，以及自媒体人。这些不同的行动者都是新闻生产的主体，他们通过交往、互动、相互联系与相互交叠，共同决定着新闻的生产。今天，用户生成新闻、公民报道新闻、传统媒体核实新闻等，已成为新闻报道的常态。传与受的关系再也不像传统媒体时代那般清晰。

拉图尔的"行动者网络"理论，虽然研究的是科学活动中行动者之间的互动，但对于社会活动同样有延伸意义。新媒体时代的新闻传播活动也是由异质的行动者组成的"行动者网络"，在这个动态的过程中，所有行动者，包括报道者、传播者、参与者、接受者等，构成一张无缝之网，他们之间不断进行交流、互动、冲突、协商，很多新媒体事件在这个网络中生成。新闻生产由此而成为行动者的实践。

第三，报道是一个由动态到静态的过程，即通过采访报道最终形成传统纸媒时代的新闻作品的过程；实践则是一个不断行动的过程，新媒体时代，即使生产的新闻作品，也处于流动过程之中。"反转新闻"就是这样一种新闻样态。它不同于传统意义上的假新闻。如果说新闻的"罗生门"现象更多指向的是新闻反映的事实是多面向的，不仅限于单一版本的，那么，反转新闻则指向新闻的流动性、多变性、不确定性。反转新闻正是由"新闻场域"中多方行动者的行动所推进的，也是行动组成的网络关系所推进的。所以，反转新闻一定是互联网、新媒体时代的新闻样态，传统媒体时代只有假新闻和真新闻之区别。

[①] 李金铨，《传播研究的时空脉络》，《开放时代》，2017年第3期，第209-223页。

实质上，这种对新闻报道的由静到动，由结论到过程的方法论思考和探索，早在中国电视的"黄金时代"就被一些敏锐的电视人实践着。陈虹曾经提出过一个新闻观念叫"内观式新闻"（news in side），他说："如果我们把第三者变成当事人对事件的描述，这样就是新闻过程化，而不是结论化。"①所谓 news in side，"它是对新闻事件做自内而外的发散，从单级到多级的扩张。这种报道模式是围绕新闻事件中一个最具牵动力的兴趣点，由事件的参与者从新闻事件的内部（而不是由记者从外部）完成事件的描述与分析。这种模式的被采访对象来自事件内部的第一讲述人"②。陈虹不断地说，现代的传播应该是通过对过程的描述，让人们得到更多的复合信息，而不是把结论告诉你。③

顺着前一章的思路，媒介本身发生变化，从"线"到"网"。传统的新闻定义是在现代性背景下，以报纸为对象的考察。换言之，传统的对新闻的定义，实质上是对"报纸新闻"的定义。黄旦教授在对徐宝璜、范长江、陆定一的三个新闻定义的考察中，发现其背后对新闻传播的不同建构，而实质上，这三个新闻定义有更多的"同"，都是对事实的反映或报道。④报纸这种媒体决定了报纸上的新闻是偏于静态的，报纸的版面有限，决定了新闻的呈现更多是事实而非事件发展过程。互联网不同，互联网所呈现的新闻很少是一次性的、单一视角的、静态的。互联网上的新闻是动态发展的，事件的后续发展如何、公众的关注如何、社会情绪如何，共同推动事件向前发展。新闻成为事件，成为话题，是什么在决定新闻？什么都在决定新闻，同时新闻事件也在决定和建构着世界。所以，在传统新闻观念中，事实、信息都是外在于主体的可以被客观认知的东西。在互联网和后现代的背景中，不存在纯然的"客观"。

传统的新闻定义还是在结构功能主义的框架之下，"新闻是新近发生的事实的报道""新闻是新近发生的事实的信息"，这些定义都把新闻对象化和工具化

---

① 徐泓，《不要因为走得太远而忘记为什么出发——陈虹我们听你讲》，北京：中国人民大学出版社，2013 年版，第 116 页。
② 徐泓，《不要因为走得太远而忘记为什么出发——陈虹我们听你讲》，北京：中国人民大学出版社，2013 年版，第 116 页。
③ 徐泓，《不要因为走得太远而忘记为什么出发——陈虹我们听你讲》，北京：中国人民大学出版社，2013 年版，第 117 页。
④ 黄旦，《中国新闻传播的历史建构——对三个新闻定义的解读》，《新闻与传播研究》，2003 年第 1 期，第 24-37，93 页。

了，认为存在主客观严格对立的、能够被人客观认识的认识对象。殊不知，后现代视野中，并不存在那个二元对立的主观和客观，并不存在那个纯然的客观对象等待我们去认知。一切的认知都在主客的互动和互相建构之中浮现。新闻既是对现实的记录，也是对现实的认识，更是对现实的建构。

第四节 作为信息的新闻与作为仪式的新闻

"信息"概念是当代中国新闻实践和新闻学研究中占有核心地位的概念。宁树藩教授在20世纪80年代就提出"信息"是"新闻"的"属概念"，建议把新闻定义修改为"新闻是经报道（或传播）的新近事实的信息"[1]。童兵教授指出，改革开放以来，为较多新闻学者认可的新闻定义是："新近发生的事实的信息传递。"[2]李良荣教授将"信息概念的引进"称为20世纪70年代末以来中国新闻改革的"第二次跨越"。[3]翻一翻20世纪80年代以来我国出版的新闻学专著和各类教科书，或以信息作为新闻的定义，或以"新闻与信息"作为专章，"信息"这个词几乎已成为新闻学研究不言自明的关键词。

信息这一概念的理论来源是20世纪80年代红极一时的三大理论——信息论、系统论、控制论。其中，信息论和控制论对信息概念的传播深入人心。信息理论是第二次世界大战后随着电子通信工业的发展而兴起的理论，对于工程学等具有实际的应用价值。香农在《传播的数学理论》中提出的信息传播模式主要涉及的是这样一些问题："哪一种传播渠道能够运载最大数量的信号？在从发射器到接收器的途中，产生的噪音将会破坏多少传递的信号？"[4]20世纪60年代，约翰逊与克赖尔在论述传播模式时说道："今天，在所有促使人们普遍对模式发生兴趣的贡献之中，要数香农的贡献最为重要。就传播研究的技术方面来讲，后来在这

---

[1] 宁树藩，《新闻定义新探》，原文载于《复旦学报(社会科学版)》，1987年第5期，载宁树藩，《宁树藩文集》，汕头：汕头大学出版社，2004年版，第431页。

[2] 童兵、林涵，《20世纪中国新闻学与传播学·理论新闻学卷》，上海：复旦大学出版社，2001年版，第405页。

[3] 李良荣，《新闻学概论》，上海：复旦大学出版社，2001年版，第296页。

[4] 〔英〕丹尼尔·麦奎尔、〔瑞典〕斯文·温德尔，祝建华、武伟译，《大众传播模式论》，上海：上海译文出版社，1987年，第20页。

方面所作的许多努力，都是由香农的数学公式激起的。"①香农模式受到批评最多的是它的"一维"性、单向度。信息（或信号）是传者对受者单向发送的，其暗含的价值取向是"主体/客体"二元对立的思维方式：传者是主体，受者是客体。传者一旦被"命名"为主体，就能够将受者"客体化"、对象化。这种单向传输的取向及暗含的"控制"意向在传播学中并未受到检视就被保留下来。后来一些学者对香农模式的修改和补充，虽然增加了反馈等因素，但这种主体和客体截然两分二元对立的思维取向并未得到根本改变，其"控制"的目的也没有改变。从某种意义上说，反而更加强化了。

同时受到尊崇的维纳的控制论"倾向于淡化人与机器之间、生物与非生物之间的传统差别"②，"暗示生物与机器之间具有本质的同一性"③。米切姆认为，"在这种将生物和机器归结为确定的行为模式的背景下，无论是认为机器是生物（包括人）的延伸，抑或生物是复杂的机器，这似乎都是解释上的问题。"④

"控制论宣称要把客体归结为过程，一个事物是什么并不重要，重要的是它是如何行为的，规则有序的行为以'信息'这个技术概念为基础。不那么严格地讲，信息就是对行为可能性的确定。在经典力学中，机器就是一种力学的联动装置，它使得对系统的任何能量输入都会产生某种特定的运动，只要阻力所产生的能量损失足够小。由此扩展开来，控制论设备就是一种通信的联动装置，它使得输入的任何信息都会得到某种特定的行为，只要'噪声'所产生的信息损失足够小。机器不再是一条'封闭的运动链'，而是一个'封闭的信息联动装置'。"⑤

"控制论研究信息状态是如何彼此相互作用以产生某种行为的。他通过信息过程解释了技术客体的本质，并且能够引导或控制这个过程。事实上，'控制论'即

---

① 〔英〕丹尼尔·麦奎尔、〔瑞典〕斯文·温德尔，祝建华、武伟译，《大众传播模式论》，上海：上海译文出版社，1987年，第19页。
② 〔美〕米切姆，《技术哲学》，载吴国盛，《技术哲学经典读本》，上海：上海交通大学出版社，2008年版，第30页。
③ 〔美〕米切姆，《技术哲学》，载吴国盛，《技术哲学经典读本》，上海：上海交通大学出版社，2008年版，第29页。
④ 〔美〕米切姆，《技术哲学》，载吴国盛，《技术哲学经典读本》，上海：上海交通大学出版社，2008年版，第30页。
⑤ 〔美〕米切姆，《技术哲学》，载吴国盛，《技术哲学经典读本》，上海：上海交通大学出版社，2008年版，第30页。

关于控制的知识，维纳正是从希腊文的'舵手'一词造出这个术语的。"①

有意思的是，控制论宣称能够精确认识和掌控"对过程的控制"，但是在过程之外，那个"舵手"，即控制者的"目的、意向、愿望和选择"却是控制论无法"控制"的对象。换言之，控制论可以提供对控制的认知方式，却无法确定控制的使用和目的。正如维纳自己承认的，"控制论知道'如何做'，却不知'做什么'"②。

从信息论、控制论等工程科学透迤而来的信息概念被运用到新闻学中，并且成为对"新闻"的定义，其中隐含的逻辑前提是"控制"。因为信息论和控制论的联系本身都暗示了生物有机体和机器之间的本质的同一性，维纳对控制论的定义是"关于生物和机器中的控制和通信"的科学。③

信息与控制相关，控制与生命体和无生命的运动相关。在这样的视野下，新闻学由此而变成了一门科学，精于计算，善于控制。新闻的发布等同于信息的发布和控制计算。新闻的定义由"新近发生的事实的报道"到"新近发生的事实的信息"，其中的变化是现代性的展开和胜利。由人所为的"报道"，到以消除事物不确定性为目的的更加客观的"信息"，新闻变得更精确，更易于控制，也更现代了。

海德格尔这样批判信息，他认为，语言在当代成为"信息"。"信息意味着消息，这消息使今天的人尽快地、尽可能广泛地、尽可能明确地、尽可能有益地了解他的需求的确保和满足。"④海德格尔此处的"信息"比较接近于信息科学中的狭义信息概念，即指消除受信者随机不确定性的东西。海德格尔指出，信息是一种人工化的语言，是一种"通报方式"，它能向人们传达"方向性知识"，而这种语言是与"自然语言"相背离的。这种语言按海德格尔的话来说是一种"单轨的"语言，它被"带到概念和名称的单义性，其精确性与技术操作的精确性不

---

① 〔美〕米切姆，《技术哲学》，载吴国盛，《技术哲学经典读本》，上海：上海交通大学出版社，2008年版，第30页。
② 〔美〕米切姆，《技术哲学》，载吴国盛，《技术哲学经典读本》，上海：上海交通大学出版社，2008年版，第30页。
③ 〔美〕米切姆，《技术哲学》，载吴国盛，《技术哲学经典读本》，上海：上海交通大学出版社，2008年版，第29页。
④ 转引自〔德〕冈特·绍伊博尔德，宋祖良译，《海德格尔分析新时代的科技》，北京：中国社会科学出版社，1993年，第151页。

仅相符合，而且与它具有同一个本质来源"[1]。信息的本源是技术，自然语言的本源则是存在。因而信息不像自然语言那样具有丰富性和多义性。自然语言的根基是"无"，丰富、多义、含混、诗化均是对"无"的应和；而信息化语言要求精确、简练、齐一、规范，适于传播一切与计算、衡量、整治、操纵、谋划有关的"信息"。由此可以看出，在技术时代，语言已被"物化""异化"为非本真的语言——"信息"。

其实，作为信息的新闻是现代性的典型产物。它具有以下现代性特点：其一，科学性，信息本身是来自信息科学的概念，被移用到传播学之中，之后又进入新闻学领域。其二，客观性，与专业主义的新闻观接榫。其三，实用性，信息即权力，信息即价值。其四，控制性，从上到下，信息制造和生产者具有对信息的解释权和控制权。其五，时间性，信息更强调时效性，缩短了时间距离。其进步意义在于，摆脱了新闻与其他社会力量的过多牵连，强调其自身的价值。但是，新闻本身是不可能干净纯洁到不食人间烟火的。静态的单一维度的东西，更适合被纸媒所固定，而作为生活方式的新闻是动态的多维度的东西，更适合网络的传播。

作为信息的新闻这一观念当然是从西方舶来，但之所以在中国新闻教科书中大行其道，和改革开放之初中国的思想解放和经济高速发展这样的背景密不可分。此外，作为信息的新闻天然和纸媒这样一种承载物相得益彰。纸媒上登载的信息是可以被计算信息量的，纸媒也是最适合展示时间而非空间的。

凯瑞说，"现代传播手段已经极大地改变了人们的体验与意识，改变了人们兴趣和感觉的构成，改变了通常人们对活着与对所处的社会关系的认识"[2]。对作为信息的新闻的尊崇在 20 世纪末掺入了一些另类的声音，变化是从电视媒体开始的。2002 年，《南京零距离》等民生新闻栏目的崛起渐渐地刷新了人们对新闻的认知。新闻原来也可以这样做，不再是冷冰冰的"信息"，而是有温度的故事；不再是高冷的客观存在，也可以"介入"生活。当我们讨论民生新闻的"去新闻化"现象时，我们其实说的是"去信息化"，新闻也可以是另一种形态的存在。

凯瑞给了我们另一重维度的解答。新闻可以不是"信息"，而是"戏剧"："从仪式的角度看，新闻不是信息，而是戏剧（drama）。它并不是对世界的记述

---

[1] 转引自〔德〕冈特·绍伊博尔德，宋祖良译，《海德格尔分析新时代的科技》，北京：中国社会科学出版社，1993 年版，第 150 页。
[2] 〔美〕詹姆斯·W. 凯瑞，丁未译，《作为文化的传播》，北京：华夏出版社，2005 年版，第 1 页。

而是描绘戏剧性力量与行动的舞台；它只存在于历史性的时间中，在我们假定的、常常是替代式的社会角色基础上，邀请我们参与其中。"[1]"传播是一种现实得以生产（produced）、维系（maintained）、修正（repaired）和转变（transformed）的符号过程。"[2]传媒可以不是"工具"，而是"生活方式"："传播媒介不仅仅是某种意愿与目的的工具，而是一种明确的生活方式：它是一种有机体，是我们思想、行动和社会关系中的矛盾的真实缩影（miniature）。"[3]凯瑞举例说，"詹姆斯·莱奥·荷利(James Leo Herlihy)是这样描述《午夜牛郎》(Midnight Cowboy)中的主人公乔伊·布克(Joe Buck)的：他未曾远离过电视机，一旦眼前没了那些忽隐忽现的影像，他甚至不敢确定生活是不是还在继续。"[4]新闻可以不用消除"不确定性"，不用提供"新知"，而是强化共同体中的"共识"。从民生新闻的出现到崛起，我们发现，另一种形态的新闻开始出现，不注重所谓的"必听必看必知"等属性，反而淡化其新闻性，新闻开始在信息之外被挖掘出其他的功用——服务、帮忙、互动，乃至陪伴。这些元素在当下大红特红的网络直播中都能被发现。

新闻，从作为"信息"的存在到作为"仪式"的存在，背后也有着多元力量的推动。在一个经济社会发展，信息本身的获取难度大，信息本身就很值钱的时代，新闻的落脚点在事实、信息本身。但在一个急剧变化的时代，在一个信息极其丰富，获取信息轻而易举，但信息纷乱杂陈，观点意见纷纭的时代，新闻的落脚点不仅在于提供事实和信息，更应该在于对信息的解读，对共同体的联结，对社会共识的确认，乃至，参与社会治理。新闻的来源是事实，但对信息的阐释和对事实的书写远比事实本身重要得多。

第五节 结 语

长久以来，我们一直在追问"什么是新闻"，每一次回答都带有鲜明的历史印记。如今，重新审视"新闻"这个并不新鲜的命题，亦是与席卷全球的新媒介技术的一场时空对话。

---

[1]〔美〕詹姆斯·W.凯瑞，丁未译，《作为文化的传播》，北京：华夏出版社，2005年版，第10页。
[2]〔美〕詹姆斯·W.凯瑞，丁未译，《作为文化的传播》，北京：华夏出版社，2005年版，第12页。
[3]〔美〕詹姆斯·W.凯瑞，丁未译，《作为文化的传播》，北京：华夏出版社，2005年版，第8页。
[4]〔美〕詹姆斯·W.凯瑞，丁未译，《作为文化的传播》，北京：华夏出版社，2005年版，第1页。

首先,"后真相"时代的流动不确定性打破了"事实"的一元论,使得"液化"的力量逐渐从社会共处的宏观层次转移到了微观层次,让新闻的反转成为常态。"反转"本身亦展现着当下社会关于不确定性的隐喻,"事实"不再是确定的模式、规范或准则,相反,动态而多元化的"真实"才更加契合后现代情境中对新闻本质的理解。新闻不再是某种静态的事实呈现,而倾向于"多重事实"与"流动事实"的有机叠加。

其次,随着媒介环境的更迭,媒介文本逐渐从"可读"变为"可写"。正如公众新闻的崛起,用户生成内容扩展到多个领域,公众在与生存的这个世界之间持续不断地对话、互动、互证的过程中,消解并重构着复杂的公共议题,对文本进行创造、改写和意义的多重诠释,纯粹的"客观"不复存在,一切的认知都在主客的互动和互相建构之中浮现。新闻既是对现实的记录与报道,也是对现实的认知与实践。

再者,当媒介技术的革新足以渗透到人类生活的各个角落,极大地改变了人们对所处的社会关系的体验与认知,公众能够轻而易举地获取自己所需要的信息时,对信息的解读、对共同体的联结、对社会共识的达成等意义远超于对信息本身"必听必看必知"的属性确认。尤其是民生新闻的崛起,人们意识到新闻不再只是冰冷的客观存在,而可以是有温度和价值的故事,情感的逻辑与力量在理性主导的现代社会里逐渐苏醒,不断质疑着理性在光怪陆离的网络世界中脆弱的解释力,也打破了理性与情感在新闻观念中长期对峙的状态。因而,新闻不再只是新闻机构用来消除公众"不确定性"并提供"新知"的工具,而是作为一种明确的"仪式"不断"介入"到我们生存世界的方方面面。

过去,报刊新闻作为现代性的产物,以线性的时间结构为基础,建构起我们对于所处环境的确定性的认知,而当下新媒介技术编织成的"意义之网",让新闻成了社会系统中的一个节点。若想看清节点之于整体的意义,必须占据能看到全景的高地,持有动态的眼光,这逼迫着我们不断更新关于新闻形态变迁的认知。

第三章 重构传者：从"组织化"到"个体化"

21世纪第二个十年，媒体人的离职现象引起大家的注意。国内外学者有不少相关的研究。2011年，新华社《瞭望东方周刊》记者刘耿就在其文章《媒体人转型原因谈》中，从记者的职业前景和新媒体环境的冲击两方面分析了媒体人为何转型[1]，但是这篇文章只是一个相对简单的介绍。面对传统媒体人才不断外流的现象，栾轶玫在其论文《媒体人转身：由"成名的想象"到"专业性失联"》中着重分析了媒体人的两个心态变化：一是早期媒体人都带着"成名的想象"，到了媒介市场化与自媒体发达的今天，媒体人的职业荣誉感被职业倦怠感吞噬，成名的路径也不再依赖传统媒介；二是媒体人从崇尚"新闻专业主义"到"专业性失联"。[2]薛国林与甘韵矶则从微信公众号入手，分析媒体人试水自媒体时所体现出来的特点，认为媒体人的微信公众账号在内容和风格的呈现上显示出鲜明的个人烙印，但功能上仍带着明显的"公共色彩"，在传播有价值信息、影响和引导舆论上发挥着重要作用。[3]也有人总结出传统媒体人六种主要的离职路径，认为传媒生态环境恶化、传统媒体前景堪忧等为传统媒体人被动离职的原因；传统媒体人自我实现受阻及体制外机会增多等，为媒体人主动离职的原因。[4]有研究者通过对2003~2016年媒体人的77份离职告白进行分析，认为离职话语实质上是个人身份转换的一种仪式，媒体人实现认知、情感和职业等方面的过渡。当这种离职话语大量出现时，一定程度上导致行业规则的沦陷。[5]李红涛的研究《"点燃理想的

---

[1] 刘耿，《媒体人转型原因谈》，《中国记者》，2011年第12期，第57-58页。
[2] 栾轶玫，《媒体人转身：由"成名的想象"到"专业性失联"》，《视听界》，2014年第5期，第36-38页。
[3] 薛国林、甘韵矶，《"自留地"还是"公共绿地"？——媒体人微信公众账号实践的机遇与困境》，《新闻爱好者》，2014年第6期，第75-78页。
[4] 姜琳琳，《当下我国传统媒体人离职现象研究》，山东大学硕士学位论文，2015年。
[5] 胡沈明、胡琪萍，《个体身份转换与行业规则的塌陷——以2003—2016年媒体人离职告白为例》，《编辑之友》，2016年第12期，第63-69页。

日子"——新闻界怀旧中的"黄金时代"神话》虽然研究对象并非媒体人离职，但其所处的语境是新闻业转型背景下媒体人的集体怀旧，也可视为对纸媒衰落的一种缅怀。①陈楚洁通过对媒体人创业叙事的研究，发现当时的媒体创业叙事偏向于"创业"的成败而淡化"媒体"的专业义理，同时具有杰出化和浪漫化的倾向。②

关于传统媒体人离职以及去自媒体创业的研究，国外也有相关成果。2010年，美国研究者尼基将记者们离职时的离职信、邮件、演讲、专栏、博客文本视为记者们在新媒体时代对新闻业最后的沉思，在对这些文本内容进行分析后发现，理想的新闻业在这些离职的记者眼里已不再存在，这些记者将此归咎于以华尔街为代表的资本的贪婪，而不是反思他们的专业价值和新闻实践在变动的媒介环境中发生了怎样的变化。③另一位研究者史黛西则以"再见之诗"为名，从个体情感中"改变"和"怀念"交杂的角度研究媒体人离职后对职业的追怀。④

当体制内的媒体人渐渐从"斗士"成长为"智者"的时候，他们中一部分曾经的战友正在成为"游侠"。如何解读这种体制内"智者"与体制外"游侠"的变化？这是"新闻业的随机行为"（random acts of journalism）⑤，还是一种正在到来的趋势？本章力图基于当下的社会情境，解读这种身份变化背后的观念演变。

第一节　个体化：第二现代性背景下的"社会操作系统"

经典的现代化理论是一套宏大叙事，在贝克那里被称为"第一现代性"，在鲍曼那里被称为"沉重的""固态的"现代性。

然而，当进入21世纪，现代性的走向完全不同于经典现代性理论家哈贝马斯

---

① 李红涛，《"点燃理想的日子"——新闻界怀旧中的"黄金时代"神话》，《国际新闻界》，2016年第5期，第6-30页。
② 陈楚洁，《"从前有一个记者，后来他去创业了"——媒体创业叙事与创业者认同建构》，《新闻记者》，2018年第3期，第4-22页。
③ Nikki Usher. Goodbye to the news: How out-of-work journalists assess enduring news values and the new media landscape. *New Media & Society*, 2010, 12（6），pp.911-928.
④ Stacy Spaulding. The poetics of goodbye: Change and nostalgia in goodbye narratives penned by ex-Baltimore Sun employees. *Journalism*, 2014, 17（2），pp.208-226.
⑤ Kristoffer Holt, Michae Karlsson. Random acts of journalism？—How citizen journalists tell the news in Sweden.*New Media & Society*, 2015, 17（11），pp.1795-1810.

等人的论断，世界变得越来越充满"不确定性"，越来越多元，普遍主义的理论解释越来越受到质疑。这种背景之下，贝克提出"自反性现代化"或"第二现代性理论"，这一理论包含三个命题：强制个体化命题、（世界）风险社会命题、多维全球化命题。①所谓的"强制个体化"，已经成为"第二现代性"背景下带有普遍性的重要命题，并且为多位当代思想家所关注。

贝克认为："在第一现代性下，秩序和行动逻辑的标志在于有鲜明的边界和区分，即在人、群体、活动、行动领域和生活形态方面有鲜明的边界和区分，这就使得管辖权、资格和责任有了明确的制度归属。这种明确逻辑（logic of unequivocalness）——可以形象地称为第一现代性下的牛顿式的社会和政治理论——正渐渐被一种模糊逻辑，或者换个比喻说，被一种海森堡式的社会和政治现实不确定原则所取代。"②

鲍曼在《流动的现代性》中也指出，"社会塑造着作为它的成员的个体，个体又改造社会"，"现代社会存在于它的持续不断的'个体化'（individualizing）的行动中，就正如个体的行为存在于对这样一个——我们称之为社会的、相互卷入的——网络的每天重新塑造和重新谈判中"。③在鲍曼看来，早期现代性中个体的"脱域"是为了"重新嵌入"，而当下现代性（或称第二现代性、后现代性）中的个体化还没有给"重新嵌入"提供"床位"，"在被'脱域了'的个体所走的路（现在路是要长期走下去的）的尽头，见不到'重新嵌入'的希望"④。所以，鲍曼的结论是，"现在，和以前一样——在流动的、轻灵的现代性时期，和固态的、浓重的现代性时期一样——个体化是一件必然发生的事情，是一个命运，而不是一个选择"⑤。

拉什在为贝克的《个体化》一书作序时也指出，"如果说第一现代性主要是由结构逻辑构成的"，那么"包含在第二现代性中的则是一种流动逻辑"⑥。拉什

---

① 〔德〕乌尔里希·贝克、〔德〕伊丽莎白·贝克-格恩斯海姆，李荣山、范譞、张惠强译，《个体化》，北京：北京大学出版社，2011年版，第5页。
② 〔德〕乌尔里希·贝克、〔德〕伊丽莎白·贝克-格恩斯海姆，李荣山、范譞、张惠强译，《个体化》，北京：北京大学出版社，2011年版，第5页。
③ 〔英〕齐格蒙特·鲍曼，欧阳景根译，《流动的现代性》，上海：上海三联书店，2002年版，第46页。
④ 〔英〕齐格蒙特·鲍曼，欧阳景根译，《流动的现代性》，上海：上海三联书店，2002年版，第51页。
⑤ 〔英〕齐格蒙特·鲍曼，欧阳景根译，《流动的现代性》，上海：上海三联书店，2002年版，第51页。
⑥ 〔英〕斯科特·拉什，《非线性模型中的个体化》，载〔德〕乌尔里希·贝克、〔德〕伊丽莎白·贝克-格恩斯海姆，李荣山、范譞、张惠强译，《个体化》，北京：北京大学出版社，2011年版，第13页。

认为,"第一现代性下的个体,是与诸多制度下的某套角色相一致的。如今这些制度出现了危机,曾经在制度与作为角色扮演者的个体交界之处起作用的功能,如今更集中地在接近个体的地方起作用。这中间有一个角色的去常态化过程。个体变成'游动的'"[1]。

那么,第二现代性下的个体与第一现代性下的个体相比有什么特征?

首先,第二现代性下的个体是非线性、不确定、流动的个体。不同于哈贝马斯的行动线性(linearity of agency)和帕森斯的系统-线性(systems-linearity),卢曼所谓第二现代性下的系统非线性和贝克的"非线性个体主义"都指向非结构确定性的、需要承担风险的、流动的个体化。[2]正如拉什所说,"如果说第一现代性主要是由结构逻辑构成的",那么"包含在第二现代性中的则是一种流动逻辑"[3]。

其次,如果说第一现代性中的个体是反思性的,那么第二现代性中的个体则是自反性的。反思个体与自反个体的重要区别在于,前者假定了存在必然性和确定性的知识,假定了主体和客体(知识对象)二元对立的格局,认为知识具有对象性,主体可以通过形而上学的沉思去把握知识对象,而第二现代性中的自反个体则是对这种客观主义知识和二元论的挑战。"对贝克来说,正如在现象学那里一样,认知个体和他/她的认知对象同处在一个世界中。主体只能根据胡塞尔所谓主体的'态度',或贝克所谓由认知者兴趣构成的态度,来把握对象的某些部分。如此一来,简单现代性下个体主义的对象性(objectivity),就被第二现代性下知识的意向性取代了。"[4]即使第二现代性中的个体希望去反思,他"既没有时间也没有空间去反思。他是个游荡者。他联结网络,建立联盟,达成协议。他必须生活在、也是被迫生活在风险环境中,在这种环境中,知识与生活变化都是不确定的"[5]。所以,自反性个体"我就是我"替代了传统的反思

---

[1] 〔英〕斯科特·拉什,《非线性模型中的个体化》,载〔德〕乌尔里希·贝克、〔德〕伊丽莎白·贝克-格恩斯海姆,李荣山、范譞、张惠强译,《个体化》,北京:北京大学出版社,2011年版,第17-18页。
[2] 〔英〕斯科特·拉什,《非线性模型中的个体化》,载〔德〕乌尔里希·贝克、〔德〕伊丽莎白·贝克-格恩斯海姆,李荣山、范譞、张惠强译,《个体化》,北京:北京大学出版社,2011年版,第15页。
[3] 〔英〕斯科特·拉什,《非线性模型中的个体化》,载〔德〕乌尔里希·贝克、〔德〕伊丽莎白·贝克-格恩斯海姆,李荣山、范譞、张惠强译,《个体化》,北京:北京大学出版社,2011年版,第13页。
[4] 〔英〕斯科特·拉什,《非线性模型中的个体化》,载〔德〕乌尔里希·贝克、〔德〕伊丽莎白·贝克-格恩斯海姆,李荣山、范譞、张惠强译,《个体化》,北京:北京大学出版社,2011年版,第15页。
[5] 〔英〕斯科特·拉什,《非线性模型中的个体化》,载〔德〕乌尔里希·贝克、〔德〕伊丽莎白·贝克-格恩斯海姆,李荣山、范譞、张惠强译,《个体化》,北京:北京大学出版社,2011年版,第16页。

性个体"我思故我在"[①]。

最后,第二现代性下的个体化与技术密不可分,拉什认为,在第一现代性中,社会系统和技术系统相互分离,甚至"互斥",但是,在第二现代性中,社会和技术相互交织,成为非线性的"社会-技术系统",所以"第二现代性下的个体,是带有浓厚社会-技术性的主体。"[②]拉什批评贝克对技术维度的关注不够,"对大众传媒和个人媒体(non-mass media)在社会关系中所起中介作用的范围和程度也不够重视"[③]。拉什和贝克都认为,个体化是个"位置多重性"问题,而拉什认为这种"多重性"离不开媒介的作用,特别是个体间交流的通信协议和通信渠道。[④]雷尼和威尔曼认为,三大革命使得"网络化个人主义"这个新的"社会操作系统"成为可能——"社交网络革命为人们超越结构紧密的群体世界提供了机会","互联网革命为人们提供了传播的能量和信息收集的能力",而"移动网络革命"使人和人的连接更加便捷,"持续在场和关注他人成为可能"[⑤]。

第二节 "嵌入":组织中的媒体人

作为"组织理论之父",韦伯在《社会组织和经济组织理论》中所阐述的行政组织理论,对后世产生深远影响。韦伯认为,行政管理中现代性确立的标志是科层化的理性管理取代了传统的经验管理。韦伯也从管理的科层化等角度揭示了现代性作为理性化制度安排的普遍性,他从管理人员的专业化、规章制度、等级制的分工与监督机制、档案管理等方面揭示了高度理性化的、高效的行政管理机理。[⑥]

[①] 〔英〕斯科特·拉什,《非线性模型中的个体化》,载〔德〕乌尔里希·贝克、〔德〕伊丽莎白·贝克-格恩斯海姆,李荣山、范譞、张惠强译,《个体化》,北京:北京大学出版社,2011年版,第16页。
[②] 〔英〕斯科特·拉什,《非线性模型中的个体化》,载〔德〕乌尔里希·贝克、〔德〕伊丽莎白·贝克-格恩斯海姆,李荣山、范譞、张惠强译,《个体化》,北京:北京大学出版社,2011年版,第20页。
[③] 〔英〕斯科特·拉什,《非线性模型中的个体化》,载〔德〕乌尔里希·贝克、〔德〕伊丽莎白·贝克-格恩斯海姆,李荣山、范譞、张惠强译,《个体化》,北京:北京大学出版社,2011年版,第19页。
[④] 〔英〕斯科特·拉什,《非线性模型中的个体化》,载〔德〕乌尔里希·贝克、〔德〕伊丽莎白·贝克-格恩斯海姆,李荣山、范譞、张惠强译,《个体化》,北京:北京大学出版社,2011年版,第19页。
[⑤] 〔美〕李·雷尼、〔美〕巴里·威尔曼,杨伯溆、高崇等译,《超越孤独:移动互联时代的生存之道》,北京:中国传媒大学出版社,2015年版,第10页。
[⑥] 衣俊卿,《现代性的维度及其当代命运》,《中国社会科学》,2004年第4期,第13-24,205页。

作为早期现代性展开的重要维度，理性至上的原则不仅渗入各类社会和经济组织之中，也渗透在新闻业的组织方式中。传统意义上的新闻传播者是和传统的新闻业结合在一起的。舒德森认为，假如把新闻当作19世纪30年代的"发明"，记者则是19世纪八九十年代的"社会发明"。[1]记者作为一种职业虽然比新闻的出现晚了将近半个世纪，但是快速地建立起许多相关的职业规范，比如：新闻报道要以事实为先，报道要简短、清楚等等。再后来，客观性的报道原则等，也强调把记者作为一个职业的群体来进行规范化、组织化的引导。黄旦教授认为，如果把从怀特"把关人"开始的有关大众媒介组织的认识和研究简略概括一下，其研究视角大致经过了从个体到组织社会制度的过程，其研究重点，由个体的新闻选择，到组织、社会对新闻选择的影响，再到媒介组织对社会观念、意识、文化的制造与复制。[2]既然媒介组织是新闻生产的主要场所，组织的结构与特性也成为影响新闻生产的重要因素之一。同时，媒介组织和社会的其他组织类似，其内部也有科层结构、劳动分工和生产流程，这种伴随着现代性产生的科层化的管理机制对传播者有着极其重要的影响。

在国外，20世纪八九十年代，关于媒介组织就已经有一些值得借鉴的研究了。加萨威认为，编辑和记者都力图控制信息，因为他们对于告诉公众什么新闻持有不同看法。编辑的权威来自组织科层系统，但是记者可以通过控制采访到的信息来抵抗编辑的权威。[3]由于新闻工作的高度不确定性，媒介组织采用一般的科层控制比较困难，效率不高。因此，专业主义成为更有效的管理手段，索洛斯基把编辑视为组织中位于管理层和从业者之间的一个管理角色，编辑使用各种手段保证记者遵循报纸的新闻政策，包括编辑会议、分配任务、批评责罚、监控报纸生产等。[4]

塔奇曼认为，新闻业的组织形式和其他行业不同，大部分的信息采集工作都发生在编辑部以外，难以通过标准的科层制管理方式直接监控。同时，这种对工

---

[1] 〔美〕迈克尔·舒德森，陈昌凤、常江译，《发掘新闻——美国报业的社会史》，北京：北京大学出版社，2009年版，第55-56页。

[2] 黄旦，《传者图像：新闻专业主义的建构与消解》，上海：复旦大学出版社，2005年版，第2页。

[3] Gassaway R. Gade. *The social construction of journalistic reality*. Unpublished doctoral dissertation, University of Missouri, 1984.

[4] John Soloski. News reporting and professionalism: Some constraints on the reporting of the news. *Media Culture & Society*, 1989, 11, pp. 207-228.

作流程的监控成本过高，需要媒介组织投入更多经费，雇用更多的专业人员。于是，媒介组织"放弃了复杂的行政管理系统，通过鼓励记者发挥新闻专业主义，来保持机构的灵活性，同时节省开销"①。从这个视角看，"对于记者来说，专业主义就是让自己的新闻报道符合机构的需要和标准"②。

塔奇曼指出，"因为新闻赋予事件一种公众的性格，所以新闻从根本上说具有一种机构的属性"，这种机构属性体现在三个方面，首先，"新闻是一种向消费者发布信息的机构方式"；其次，"新闻是合法机构组成的联盟"；最后，"新闻是由以组织方式而进行工作的专业人员来采制和传播的"。③

媒介"嵌入"现代社会，媒体人"嵌入"组织化的媒介，这是一种典型的第一现代性的生存状态。它给人带来安全感、稳定感和不错的自我认同感。所谓新闻专业主义，很大程度是对这种"嵌入"状态的抽象解读和自我角色设定。

在塔奇曼看来，传统的新闻生产是新闻组织的时间资源和人力资源运作的结果，"正是这种有计划地处理过饱和信息的过程，最终产生了一个从自然事件中遴选出新闻事件的体系"④。一个正式的组织不能接受"过于灵活"的独立个体，"新闻媒体跟任何其他复杂的组织一样，不能对所有的特质对象进行加工，而只能把这些对象压缩到已知的类别中"⑤。所以，传统媒体的新闻生产是以组织的系统化、专业化、类型化为前提的。组织化的新闻生产需要"把单纯的事件转化成公众讨论的事件"，赋予事件一种"公众性格"⑥。记者需要与书写对象保持距离，不能有太多的代入感。公共性和公共利益是组织化的新闻机构最为看重的品格。

无论组织化的新闻生产，还是新闻专业主义的角色认同和行业自治，其本质都是传统现代性理性至上原则在新闻业的具体展开，其典型表征就是新闻业的"不

---

① 〔美〕盖伊·塔奇曼，麻争旗、刘笑盈、徐扬译，《做新闻》，北京：华夏出版社，2008年版，第79页。
② 〔美〕盖伊·塔奇曼，麻争旗、刘笑盈、徐扬译，《做新闻》，北京：华夏出版社，2008年版，第79页。
③ 〔美〕盖伊·塔奇曼，麻争旗、刘笑盈、徐扬译，《做新闻》，北京：华夏出版社，2008年版，第32页。
④ 〔美〕盖伊·塔奇曼，麻争旗、刘笑盈、徐扬译，《做新闻》，北京：华夏出版社，2008年版，第63页。
⑤ 〔美〕盖伊·塔奇曼，麻争旗、刘笑盈、徐扬译，《做新闻》，北京：华夏出版社，2008年版，第63页。
⑥ 〔美〕盖伊·塔奇曼，麻争旗、刘笑盈、徐扬译，《做新闻》，北京：华夏出版社，2008年版，第31页。

死之神"——客观性的存在。舒德森通过对美国报业社会史的梳理,令人信服地指出,"无论将其视为美国新闻业的致命伤还是最高美德,大家都公认客观性就是美国新闻业的精神所在"[①]。20世纪20年代以来,客观性成为作为一个专业组织的新闻媒介的意识形态。[②]客观性不仅是新闻生产的组织化要求,也是新闻传播者职业化的内在要求。这种要求也被中国新闻从业者广为推崇。

在专业主义的话语体系之中,传统的新闻从业人员逐渐完成了角色嵌入和话语方式的嵌入,直至身体的嵌入。闾丘露薇就认为,"记者是把自己隐藏在当事人和新闻事件后面的,拿电视记者来说,不会利用镜头去塑造记者的细心、体贴、关怀,面对任何人,反打镜头上的表情,都应该是中性的"[③]。这里的"隐藏"和"中性"就代表着"客观","中性"表情和动作也是新闻专业主义原则在新闻从业者那里的"身体实践"。

在作为职业的新闻传播活动中,个体是隶属于组织的。媒介组织的无形力量在影响着作为个体的记者,媒体的规章制度、组织纪律、组织精神等对于记者的约束,甚至塑造是巨大而又无形的。个体和组织,某种程度上,是"螺丝钉"或"齿轮"和机器的关系。

第三节 脱嵌:"离职潮"中的媒体人

从前现代到现代性早期,人与人的联结是以血缘、地缘、业缘为纽带的,现代性展开之后,传统的血缘和地缘关系受到最大的冲击,吉登斯将其提炼为一个概念"脱域"。所谓"脱域(disembeding)","指的是社会关系从彼此互动的地域性关联中,从通过对不确定的时间的无限穿越而被重构的关联中'脱离出来'"[④]。

艾森斯塔特在《反思现代性》中也提出,现代性的展开不仅体现了人类活动

[①] 〔美〕迈克尔·舒德森,陈昌凤、常江译,《发掘新闻——美国报业的社会史》,北京:北京大学出版社,2009年版,第6页。
[②] 〔美〕迈克尔·舒德森,陈昌凤、常江译,《发掘新闻——美国报业的社会史》,北京:北京大学出版社,2009年版,第109页。
[③] 闾丘露薇,《说说电视记者这行吧》,观察者网,2013年1月22日,https://www.guancha.cn/culture/2013_01_22_122211.shtml。
[④] 〔英〕安东尼·吉登斯,田禾译,《现代性的后果》,南京:译林出版社,2000年版,第18页。

不断扩张的趋势，也体现了"社会活动的不同成分或维度日益与它们所嵌入的框架脱离、且日益相互分离的趋势"[①]。

媒体人，作为对环境变化最为敏感的一个群体，其最早触摸到时代的脉动。当组织化机构化媒体无法再包容有能力的个体时，当个体化的新闻生产脱离了早期技术的制约，给个体提供了飞翔的翅膀时，当整个社会的结构方式不再以机构化、理性化的形态作为唯一合法性来源时，"脱嵌"开始了。

近年来，媒体人的离职现象频频成为公共生活中的热门话题。离职是常态，而因离职形成"离职潮"，则成为现象和话题。从21世纪开始，传统媒体人经历了2000年前后、2007年前后和2015年前后的三次离职潮，他们的每一次离职都伴随着媒介技术的变迁，从四大门户网站的建立，到BAT[②]（中国互联网公司三巨头）的发展。随着巨头的形成，互联网对媒体人职业选择的影响越来越深刻。在第三次离职潮中，随着移动互联网技术的发展和自媒体的崛起，传统媒体人离职去自媒体创业已经屡见不鲜。

离职创业者名单中有这样一些人。罗振宇，曾经历任央视《商务电视》《经济与法》《对话》制片人，2008年离开央视，2012年底创办"罗辑思维"。崔永元，1985年毕业后进入中央人民广播电台任记者，在中央电视台参与策划《东方时空》等节目，做过《实话实说》《小崔说事》等热门栏目，2013年正式从央视离职。邱兵，曾在《文汇报》供职多年，2003年《东方早报》创刊者之一，2014年，创办澎湃新闻，2016年7月离开澎湃新闻，创办"梨视频"。叶铁桥，曾长期供职于《中国青年报》，2016年11月正式宣布离职，专职运营其2014年开通的微信公众号"刺猬公社"。这样的例子不胜枚举，这些从传统媒体"脱嵌"的媒体人，不少人并没有离开媒体行业，只不过变换了一种身份和生活方式。

2015至今，尤其是2017年末以来的媒体人离职出现一些新动向。第一，过去的流动路线是从传统媒体到新媒体，现在新媒体到新媒体的流动更加频繁，从新媒体到新媒体，这样的平台迭代速度更快，人才流动速度也加快。如2017年11月，新榜内容总监、"媒体札记"主笔詹万承加盟悟空问答，负责内容运营。

---

① 〔以〕S.N. 艾森斯塔特，旷新年、王爱松译，《反思现代性》，北京：生活·读书·新知三联书店，2006年版，第1页。

② BAT中，B指百度、A指阿里巴巴、T指腾讯，是中国三大互联网公司百度公司(Baidu)、阿里巴巴集团(Alibaba)、腾讯公司(Tencent)首字母的缩写。

2017年11月，网易副总编辑杨彬彬离职加入趣店，担任副总裁，分管公关业务。

第二，过去离职的媒体人往往以做内容为主的传统媒体编辑记者为主，而2014年之后离职的媒体人职务层次更高，不少媒体高管离职。2014年，新浪总编辑陈彤离职，被喻为门户网络总编辑时代的结束；2017年底，《北京青年报》总编辑余海波辞职，这是自1981年复刊至今40多年来《北京青年报》首位辞职的总编辑；2017年12月29日，《新京报》总编辑王跃春正式离职；2016年，《中国新闻周刊》总编辑李径宇离职，他在和同事交流时表示，自己不再停留在纸媒做融媒体的尝试，而是顺应趋势，投身新媒体的运营与孵化。①

第三，过去的数次离职潮中，媒体人往往在一个新闻单位供职多年，经过反复权衡后离职，而今天，媒体人在一家媒体的服务期明显缩短，离职速度加快。比如，曾在《成都商报》供职18年，2017年2月创立红星新闻，担任执行总编辑的蒋泉洪在当年年末离职，在红星新闻供职时间未满一年。杨彬彬于2016年9月加盟网易传媒，2017年7月离职，供职时间未满一年。澎湃新闻的创立者邱兵，在《文汇报》供职13年，在《东方早报》供职12年，仅仅在澎湃新闻服务了2年就离职创办"梨视频"。

阎云翔等把个体化进程归纳为四个特征："（1）去传统化或'传统的丧失'；（2）制度性的抽离与再嵌入；（3）因为被迫追求'自己的生活'而导致缺乏真正的个体性；（4）个人面临的不可靠自由与不确定性导致的风险内化或心理化。"②

对于第三次中国离职潮中的媒体人来说，个体的"脱嵌"首先是与传统体制、组织、平台之间解除关系。无论主动或被迫，这是个体化的第一步。不少媒体人都在离职告白或采访中谈到个体和传统的媒体组织之间"爱恨纠缠"的关系。

前《经济观察报》主笔许知远在离职时说，"当身陷一个组织中时，我们很容易就以为这个组织就是整个世界，我们担心一旦离开，是否就意味着安全网的消失，就意味着很多麻烦。但如果我的朋友中，尤其是那些年轻人，这样想的话，我会理解却有那么一点疑虑，因为对于一个青年来说，没有什么比勇敢更重要的

---

① 钛媒体官方账号，《又一位纸媒高层出走，中国新闻周刊总编投身新媒体》，钛媒体，2016年4月22日，http://www.tmtpost.com/1690708.html。

② 〔美〕阎云翔，陆洋等译，《中国社会的个体化》，上海：上海译文出版社，2012年版，第372页。

品质了,那种安全感的消失,往往也意味着新世界的浮现"①。

离职媒体人的身体从传统组织中"脱嵌"之后,更难的是情感和心理的"脱嵌"。他们的心态各有不同,但最主要的两种心态是,对新生活的好奇、期待,对未来高度不确定性的担心忧虑。尤其是从组织化的媒介到新媒体创业,未来往往有更多的风险。"世界这么大,我想去看看"的好奇、兴奋和"惶惶不可终日"的心慌夹杂在一起,正是媒体人"脱嵌"后个体化生存的真实境况。

很多媒体人把离职的主要原因归结为"好奇",如曾经供职中央人民广播电台的主播青音如此告白:"我对一切新的事物有着强烈的兴趣,我不怕改变、不怕重新适应,重新学、我不怕输、不怕麻烦,更不怕将自己的一切推倒重来……亲爱的广播,我怕我们彼此慵懒倦怠、彼此消磨、彼此不成长不进步,所以,我在人到中年的年纪里,选择离开你——我为自己这仅有一次的生命和自己挚爱的职业生涯负责!"②曾经的央视主持人马东说,他离职的原因一方面是遇到了"行业瓶颈",另一方面便是好奇心太强,喜欢往新东西上"作"。更多的媒体人心态则是"好奇"与"心慌"的交织。

这种矛盾与纠结,在前央视著名主持人张泉灵的离职公开信《生命的后半段》中表达得非常形象生动。她借用圆形鱼缸的比喻,来表达离职的纠结,"我突然觉得,如果好奇心已经在鱼缸外,身体还留在鱼缸内,心会混乱吧","而跳出鱼缸,跳出自己习惯的环境,跳出自己擅长的事情,其实是需要勇气的"。③"我没有说服他们,甚至没有说服自己,这一步的跳出去我是安全的。最早离开海洋的生物,一定有一大批在肺进化完全之前灭绝。既然,我已经做好了准备放下,失败又如何,不过是另一次开始。"④虽然她在文中明确指出,"我要跳出去的鱼缸,不是央视,不是体制,而是我已经在慢慢凝固的思维模式"⑤。2016 年,壹

---

① 王海萍,《媒体人的离职信怎么写才妥当?》,砍柴网,2014 年 12 月 5 日,http://www.ikanchai.com/article/20141205/7011.shtml。

② 青音,《再见,中央台!再见,广播!》,闽南网,2015 年 12 月 23 日,http://www.mnw.cn/news/shehui/1065158.html。

③ 佚名,《张泉灵离职央视:生命的后半段从头来过》,第一财经,2015 年 9 月 9 日,https://www.yicai.com/news/4683101.html。

④ 佚名,《张泉灵离职央视:生命的后半段从头来过》,第一财经,2015 年 9 月 9 日,https://www.yicai.com/news/4683101.html。

⑤ 佚名,《张泉灵离职央视:生命的后半段从头来过》,第一财经,2015 年 9 月 9 日,https://www.yicai.com/news/4683101.html。

读传媒CEO、总编辑马昌博离职，在离职声明中，他说："在壹读的四年，让我有幸看到了天空的颜色，可是飞得越高越惶恐。人生江湖路远，总要做些新的事儿，看些新的风景，走向下一段旅程，对吧。"① "用那么浅薄的已知，去搏击如此广阔的未知，我想每一个创业者的真实写照都应该是惶惶不可终日吧。"②

从2014年意气飞扬情怀满满的"我心澎湃如昨"，到2016年朋友圈的匆匆数语，曾经说过要与澎湃新闻一起"天荒地老"的邱兵引用《诗经》里的"蜉蝣之羽，衣裳楚楚。心之忧矣，於我归处"表白心迹。

如前所述，第二现代性中的个体是"自反性个体"而非"反思性个体"，在贝克那里，"自反性更多牵涉到自反作用而非反思。自反作用是不确定的、紧迫的，绝不会包摄（subsume）。自反作用应对的是一个快速运行、快速决策的世界"③。所谓"强迫的和义务的自主"指现代社会结构和运行方式强迫人们成为积极主动和自己做主的个体，对自己的问题负全责，发展一种自反性自我。

在传统的、专业化的新闻生产中，公共性是专业主义的合法性源头，而离开传统媒体平台的个体化新闻生产者，有时反而在淡化这种公共性。或者说，从个体和"私人"的问题切入"公共"。这种对专业主义的"脱嵌"，与其说是去专业化，不如说是专业化与个体化的融合，专业理性与个人情感的连接。近年来，陆续有一些媒体人从体制内的"智者"化身为体制外的"游侠"，未尝不是对传统理性至上的现代性的一种反拨。

第四节　复嵌："社会-技术系统"中的自媒体人

贝克认为，"个体化"这个概念"并不意味着原子化、与世隔绝、形单影只、各种社会的终结或不相连接"，它首先意味着"新的生活方式对工业社会的旧生活方式的抽离（the disembedding），其次意味着再嵌入（re-embedding），在此

---

① 车型网，《最简单的离职祝福语-马昌博声明离职壹读：唯有衷心祝福，并愿故人如故》，云林新闻励志网，2020年1月20日，https://www.lwuxueyong.cn/jdyj/jdyj14321.html。
② 常皓靖，《澎湃新闻CEO邱兵正式宣布离职，投身短视频创业》，i黑马网，2016年7月29日，http://www.iheima.com/article-157743.html。
③〔英〕斯科特·拉什，《非线性模型中的个体化》，载〔德〕乌尔里希·贝克、〔德〕伊丽莎白·贝克-格恩斯海姆，李荣山、范譞、张惠强译，《个体化》，北京：北京大学出版社，2011年版，第16页。

过程中个人必须自己生产、上演和聚拢自己的生活经历"①。

吉登斯用"再嵌入（re-embedding）"这个概念来补充说明脱域概念。再嵌入，在吉登斯那里，"指的是重新转移或重新构造已脱域的社会关系，以便使这些关系（不论是局部性的或暂时性的）与地域性的时-空条件相契合。……所有的脱域机制都与再嵌入之行动的情境发生互动"②。"脱域机制把社会关系和信息交流从具体的时间-空间情境中提取出来，同时又为它们的重新进入提供了新的机会。"③

今天，脱嵌的个体如何"再嵌入"？技术的力量，尤其是互联网技术的力量不可小觑，技术与社会交织的力量则更加强大。拉什认为，技术系统与社会系统在传统现代性中是相互分离的，甚至是互斥的，而在第二现代性中，它们强力交织在一起。所以，第二现代性下的个体，是"带有浓厚社会-技术性的主体"④。卡斯特认为技术与社会是相互作用的关系，"我们必须认真看待技术，以之作为探究的起点；我们必须把革命性的技术变迁过程摆放在该变迁过程发生与形塑的社会脉络之中"⑤。"技术并未决定社会。社会也没有编写技术变迁进程的剧本，因为许多因素——包括个人的创造发明与企业的冒险进取——干预了科学发现、技术创新与社会应用的过程，因此最后结局如何要看复杂的互动模式而定。事实上，技术决定论的困境可能在于问错了问题，因为技术就是社会，而且若无技术工具，社会也无法被了解或再现。"⑥在他的另一部著作《互联网星系》中，卡斯特认为，网络是建立在社会个体的选择和决策之上，个体越来越依据他人对于自己的潜在用途，将他人置于自己的社会网络之中，这是一种新型的"基于个体主义的社会性"，而互联网是"网络化个体主义"的助推剂。⑦

---

① 〔德〕乌尔里希·贝克，《再造政治：自反性现代化理论初探》，载〔德〕乌尔希里·贝克、〔英〕安东尼·吉登斯、〔英〕斯科特·拉什，赵文书译，《自反性现代化：现代社会秩序中的政治、传统与美学》，北京：商务印书馆，2014年版，第18页。
② 〔英〕安东尼·吉登斯，田禾译，《现代性的后果》，南京：译林出版社，2000年版，第69页。
③ 〔英〕安东尼·吉登斯，田禾译，《现代性的后果》，南京：译林出版社，2000年版，第124页。
④ 〔英〕斯科特·拉什，《非线性模型中的个体化》，载〔德〕乌尔里希·贝克、〔德〕伊丽莎白·贝克-格恩斯海姆，李荣山、范譞、张惠强译，《个体化》，北京：北京大学出版社，2011年版，第20页。
⑤ 〔美〕曼纽尔·卡斯特，夏铸九、王志弘等译，《网络社会的崛起》，北京：社会科学文献出版社，2001年版，第5页。
⑥ 〔美〕曼纽尔·卡斯特，夏铸九、王志弘等译，《网络社会的崛起》，北京：社会科学文献出版社，2001年版，第5-6页。
⑦ Castells M. *The Internet Galaxy*. Oxford: Oxford University Press, 2001, p.130.

雷尼和威尔曼指出，"网络化个人主义的重要标志是人们越来越像相互联系的个人而非嵌入群体中的成员"①。但是，这并不意味着他们成为"朴素的、原教旨意义上的个人主义者"，因为"网络化个人主义可以依靠许多社会关系"来满足自身"社会、情感和经济需求"。②对于网络化的个人而言，"互联网扮演了特殊的角色：一个参与性的媒介"③。

研究中国社会个体化问题的学者阎云翔认为，"在身份建构方面从社会约束中挣脱出来，并不意味着切断日常生活中与其他个体的互动或者放弃社会性；相反，通过承认个体在面对社会以及同他人互动中的完全自主权，脱嵌的结果是重新界定和产生社会关系"④。

从 2009 年 8 月新浪微博上线开始，自媒体行业经历了博客、微博、微信公众号到真人直播等形式的多元化发展历程。2016 年以来，自媒体行业受到了资本市场的强势关注，在行业规模上，主流平台账号数量也增长迅速。用户和流量都在主动地流向优质的原创公众号。其中，原职业化的媒体人创业所做的微信公众号成为优质内容最多的自媒体平台。罗辑思维、六神磊磊、崔永元等，都是其中的佼佼者。这些离职的媒体人失去的是传统媒体的平台优势，获得的却是 10 万+的流量。

组织化和专业主义视野中的媒体人高度不信任情感，认为只有客观理性才可能抵达真相。传统的名记者往往是以作品为人知晓，而不是以人格魅力为人们所了解。所以职业记者不应该是魅力型人格，而应该是专业型人格。我们很难从文本中看到记者个体的人格，如同我们难以从作品中看到作家的人格一样。但是，就像卡斯特所说，"我们的社会逐渐依循网络与自我之间的两极对立而建造"⑤。在技术与社会相互交织越来越深入的时代，在"人的连接"取代了"信息推送"成为重要的传播模式的时代，作为个体的传播者如果不能以一个"人格化"的存在建立其传播网络，很难与机构化的媒体平台抗争。

---

① 〔美〕李·雷尼、〔美〕巴里·威尔曼，杨伯淑、高崇等译，《超越孤独：移动互联时代的生存之道》，北京：中国传媒大学出版社，2015 年版，第 10 页。
② 〔美〕李·雷尼、〔美〕巴里·威尔曼，杨伯淑、高崇等译，《超越孤独：移动互联时代的生存之道》，北京：中国传媒大学出版社，2015 年版，第 10 页。
③ 〔美〕李·雷尼、〔美〕巴里·威尔曼，杨伯淑、高崇等译，《超越孤独：移动互联时代的生存之道》，北京：中国传媒大学出版社，2015 年版，第 11 页。
④ 〔美〕阎云翔，陆洋等译，《中国社会的个体化》，上海：上海译文出版社，2012 年版，第 342 页。
⑤ 〔美〕曼纽尔·卡斯特，夏铸九、王志弘等译，《网络社会的崛起》，北京：社会科学文献出版社，2001 年版，第 4 页。

第三章　重构传者：从"组织化"到"个体化" | 87

2015年被称为"IP元年"，IP已成为娱乐圈、文化圈、投资圈提及的高频热词，所谓IP，原本是知识产权（intellectual property）一词的英文缩写，"指的是通过智力创造性劳动所获得的成果，并且是由智力劳动者对成果依法享有的专有权利"①。但是，2015年开始爆红的IP一词早已超越了知识产权的含义，尤其是其中的超级IP几乎成为一个"新物种"。吴声认为，超级IP的关键词是"内容，原创，人格，流量，商业化"②。指的是，"差异化的人格持续生产有价值的内容，吸引足够的拥护者裂变转发与分享，运用低成本甚至负成本的势能连接跨平台全渠道分发，并且富有效率地变现"③。

罗振宇曾经提出一个"魅力人格体"概念，他认为传统的大众传播正由于传播介质的网络化而逐渐失效，受众群体和信息消费模式越来越趋向于碎片化，"人格"将在未来取代"信息"成为媒体的核心。罗振宇特别强调，"魅力人格体"将是新媒体时代最关键的传播节点，受众在被细分之后，会基于兴趣和对不同自媒体人的喜爱，而发生分化与重组。④吴声也认为，"给超级IP下个定义，就是有内容力和自流量的魅力人格"⑤

IP的另一个含义是Internet Protocol，就是所谓的IP协议。互联网的连接模式把我们每个人都变成了网上的节点，只要我们遵从IP协议就能够被纳入到这个网中来。在物理意义上，每个人都是一样大小的节点。但是，作为有着魅力人格的传统媒体人在进入自媒体后，他们的个人化IP却能"自带势能"，成为网状联结中较为重要的节点，而且，他能通过个人化IP来吸引、聚集其他网中的节点扩大自己的影响力，从而形成自己的网络"星系"。2013年初，"罗辑思维"开始在微信公众平台上推送内容，由此从一款自媒体视频产品，延伸成长为多平台的互联网社群品牌。2013年底，"罗辑思维"每期视频节目的平均点击量超过100万次，微信订阅用户达到108万。⑥截至2021年11月24日，"罗辑思维"得到APP

---

① 吴声，《超级IP：互联网新物种方法论》，北京：中信出版社，2016年版，第18页。
② 吴声，《超级IP：互联网新物种方法论》，北京：中信出版社，2016年版，第5页。
③ 吴声，《超级IP：互联网新物种方法论》，北京：中信出版社，2016年版，第6页。
④ 冯群星，《自媒体的再组织化运营研究》，中国青年政治学院硕士学位论文，2015年。
⑤ 吴声，《超级IP：互联网新物种方法论》，北京：中信出版社，2016年版，第5页。
⑥ 王冠雄，《罗辑思维——估值1亿：社群电商爆发》，微信公众号"沃克巴巴"，2014年1月1日，https://mp.weixin.qq.com/mp/appmsg/show?subscene=88&__biz=MzA5NTAwMjkzNw==&appmsgid=10014496&itemidx=1&sign=cb34fb736d011a623e5e39b4121704b5&uin=&key=&ascene=0&devicetype=Windows+10+x64&version=63030532&lang=zh_CN#scene=7&rd&fontgear=3。

总用户数超过 2000 万人，日均活跃用户数超过 73 万人。①罗振宇从不讳言个人知识的有限性，罗辑思维的整个团队也对这一点保持清醒认知。他们的解决方式是：以罗振宇的人格为中心，先保证价值观的输出，吸引到价值观相近的群体后，再从中挑选专业的创作者。这就与传统媒体及其他自媒体的生产方式有着明显的差异。②罗振宇的"人格"造就了他的"强 IP"。"罗辑思维"既有着自媒体的标签和特点，其内容的生产过程又有着一个专业的团队在进行操作。也就是说像这种带有媒体人"强 IP"的自媒体，比传统媒体更具有灵活性，比普通大众的自媒体更加专业化。

个体化的媒体人需要承担更多的连接责任，如青音在《再见，中央台！再见，广播！》中写道："2016 年，我将会带着我的'音符'们继续学习爱，我会努力探索更多的玩法：我会做一个'青音魔法学院'，邀请更多的'魔法导师'跟我一起陪伴大家'学习爱'！我会努力带着我的七百多位'U anchors 主播自媒体孵化联盟'的主播同行们制作出更多更好的内容！当然，我也会为团队如何活下去担起责任来！没错，'青音'会努力赚钱，但我深信'青音'依然充满着'人'的味道！"③

像罗振宇、青音这样嵌入网络，以我为主，重组关系网，重构行动者的 IP 化运营方式是"脱嵌"后的传统媒体人重新"嵌入"社会的方式。在丹麦学者延森看来，"数字媒介不仅让信息触手可及，而且使得人们更容易接触到信息的提供者。……网络化的媒介让大量的社会成员成为传播者——他们既可以提出问题，也可以回答问题；可以通过一对一的形式，也可以通过集体的形式；可以以同步的方式，也可以以异步的方式，从而成为彼此间互相关注的客体。这也带来新的形式的解释性差异与互动性差异。在网络上，社会行动者本身构成了信息的开放式资源"④。

在信息超载，阅读量和活性越来越低的今天，以"人"为中心的连接显然比

---

① 重蔚，《得到 App 用户量超 2000 万，罗振宇做对了什么》，重蔚，2021 年 11 月 24 日，https://www.cwhello.com/23076.html。
② 冯群星，《自媒体的再组织化运营研究》，中国青年政治学院硕士学位论文，2015 年。
③ 青音，《再见，中央台！再见，广播！》，闽南网，2015 年 12 月 23 日，http://www.mnw.cn/news/shehui/1065158.html。
④〔丹〕延森，刘君译，《媒介融合：网络传播、大众传播和人际传播的三重维度》，上海，复旦大学出版社，2012 年版，第 54-55 页。

以"信息"为中心的连接更能整合离散的注意力。互联网将个性化的人的自由表达空间充分展现，让连接重回"人的尺度"。传统的新闻传播学的话语体系，是以"事"（信息）为中心的，而非以"人"为核心的。在这个"事学"系统中出现的"人"，往往只见组织不见个人，只见共性不见个性。在2019年初围绕"洗稿"的争论中，被指为"综述"的自媒体作品《甘柴劣火》获得了极大的流量，而财新网的专业性文本却乏人关注。影响阅读量的，除了付费墙，还有去情感化的、去人格化的、客观的、新闻专业主义的写作方式。遗憾的是，传统媒体和传统媒体人似乎还没有充分适应这种骤然而来的"人的连接"。

第五节 结　　语

贝克认为，"在个体化的社会里，个体必须忍受永远的不利条件，去学习将自身看作行动的中心和自己生涯、能力、取向和关系等等的规划者"，这就需要一个"有活力的日常生活中的行动模式"，这个模式"把自我置于其中心，为它分配并开辟行动的机会"[1]。"这意味着为了生存，必须形成一种以自我为中心的世界观，它对自我和世界的关系负起责任。"[2]

这种以个体为中心的"行动模式"在网络个体主义中得到体现。当每个人都是自己多元社会网络的中心点，社会交往成为个体与个体之间的联系。如此一来，传统的利他主义取向的公共性是否裂变为网络社群中利己主义的"公共性"？

加拿大学者芬威克·麦凯尔维认为算法越来越多地控制媒体和信息系统的骨干。这种控制发生在不透明技术系统的深处。它也挑战了传统的公共理论，因为算法的技术操作不能提示形成公众所必需的反思和意识。[3]

卡斯特对这种网络技术带来的极端个体化可能对社会共识的威胁也表示忧虑，他认为："在功能与意义之间有结构性精神分裂症的状况下，社会沟通的模式日渐压力沉重。当沟通失败，或者不再沟通，连冲突性的沟通形式（如社会抗争或政治对立的情况）都没有时，社会群体与个体之间便疏离异化，视他者为陌

---

[1]〔德〕乌尔里希·贝克，何博闻译，《风险社会》，南京：译林出版社，2004年版，第166页。
[2]〔德〕乌尔里希·贝克，何博闻译，《风险社会》，南京：译林出版社，2004年版，第166-167页。
[3] McKelvey, Fenwick. Algorithmic media need democratic methods: Why publics matter. *Canadian Journal of Communication*, 2014, 39, p. 597.

生人，最后变成威胁。在这个过程里，社会的片段化（fragmentation）愈加扩展，认同变得更为特殊，日渐难以分享。"①

鲍曼也非常担心"公共空间"被私人占领，"公共关注"成为对公众人物私生活的好奇，个体成为"公民是最为可怕的敌人"②。他说，"（个体化）还有另一个障碍。正如托克维尔早就觉察到的那样，让人获得自由会使他们变得对一切都漠不关心。他认为个体是公民的头号敌人。个体往往对'公共利益'、'良好社会'或'公正社会'漠不关心，疑虑重重，或者心怀警惕。除了能使个体满足自身以外，'公共利益'还能意味着什么呢"③？所以，从这个意义上说，个体化的行动者并未"重新嵌入"其公民身份之中，相反，"个体化的另一面似乎是公民身份的腐蚀和逐渐瓦解"④。

在传统新闻业中，新闻传播者的职业角色本身就承载着公共性的指向，而传统新闻专业主义如果被视为职业自治的话，它的一系列规定本身都是为了服务公共利益这一最高目标。传统媒体行业的价值观，一定是为了守护大多数人的最大利益。

我们从 2017 年的教育类自媒体"芥末堆"发布的长篇调查报道《求职少年李文星之死》，2018 年自媒体人"兽爷"发布的《疫苗之王》，2018 年崔永元在个人微博上对于影视行业偷税现象的爆料，2018 年底医疗自媒体"丁香医生"的调查报道《百亿保健帝国权健和它阴影下的中国家庭》，以及 2019 年初引发争议的自媒体"呦呦鹿鸣"发布的《甘柴劣火》等这样一些文本和事件中，已经能看到自媒体参与重大事件报道的强大势能，它们正在以个体化的力量影响着社会进程。如鲍曼所说，"社会形塑了其成员的个体性；个体则在他们通过交往编织成的相互依存之网中，采取合理、可行的策略，用他们的生活行动造就了社会"⑤。

---

① 〔美〕曼纽尔·卡斯特，夏铸九、王志弘等译，《网络社会的崛起》，北京：社会科学文献出版社，2001 年版，第 4 页。
② 〔英〕齐格蒙特·鲍曼，欧阳景根译，《流动的现代性》，上海：上海三联书店，2002 年版，第 56 页。
③ 〔英〕鲍曼，《个体地结合起来》，载〔德〕乌尔里希·贝克、〔德〕伊丽莎白·贝克-格恩斯海姆，李荣山、范譞、张惠强译，《个体化》，北京：北京大学出版社，2011 年版，第 25 页。
④ 〔英〕鲍曼，《个体地结合起来》，载〔德〕乌尔里希·贝克、〔德〕伊丽莎白·贝克-格恩斯海姆，李荣山、范譞、张惠强译，《个体化》，北京：北京大学出版社，2011 年版，第 26 页。
⑤ 〔英〕鲍曼，《个体地结合起来》，载〔德〕乌尔里希·贝克、〔德〕伊丽莎白·贝克-格恩斯海姆，李荣山、范譞、张惠强译，《个体化》，北京：北京大学出版社，2011 年版，第 21 页。

第四章 重构受众：从"受"到"用"

"受众"概念自20世纪80年代被引入中国之后，在改革开放与新闻事业发展的多重背景下，经历了大众传播时代，并在21世纪随着互联网技术的普及而衍生出新的样貌。在新闻事业实践和传播学这一"舶来品"的影响之下，国内的受众研究开始兴起，并随着改革开放的进程而逐渐受到学界和业界的重视[①]。

进入互联网时代的短短二十几年内，新闻媒体和传播活动发生的变化让人目不暇接。这些新的经验、实践的生发，又进一步对大众传媒时期的理论、观念和认识提出了挑战。尤其是从受众的角度来看，原本隐匿的群体突然间产生了切实的痕迹，而围绕他们自身的兴趣以及所产生的阅读量、转发和评论等内容，进一步扩大了其发言权。同时互联网带来各类关系的变化与重组，出现了一系列试图抓住风口的互联网企业和社交媒体平台等，在资本、政治和大众的多重线索下，我们也应该重新审视"受众"现有的立足点，并捕捉它正在发生的变化。

本章将结合学界围绕"受众"展开的讨论，梳理和归纳出从受众向用户转型的过程。在这之中，围绕受众所展开的讨论所表现出的不同向度的特征将构成对"受众"观念的敲打，并在各自递进的逻辑关系中产生本书对于"用户"观念的思考。

本章关注的是受众在大众媒介时期的被赋予的特征，如"多、杂、散、匿"以及传播的单向性等所表现出的被动境地，仍将延伸到人们对于用户角色的认知上，从"媒介赋权""用户生成内容"等话语的兴起中可以看出，这种走向另一个方向的阐释，并不能为我们更好地理解用户，乃至提供对受众的反思提供有益的视角。因此，我们将更加关注用户"能够""做什么"，怎样去做以及"不能做什么"的问题，尤其是对于这些不同的"使用情境"的把握，可以让我们避免将用户的行为机械地分割成一个个单位，而失去了观察它们"有机地"运作的过

[①] 李良荣，《信息观念和新闻业务改革》，《新闻界》，1988年第3期，第13-15页。

程。另外，通过对受众和用户的讨论，我们归根结底想要澄清的是，互联网媒介将受众引入了何种不同的境地。对于受众身份的考察，交织着意识形态、经济发展以及文化等不同方面的因素。

因此本章试图从一个个情境出发，描绘并呈现出围绕用户所涉及的不同的线索及其最后走向的交集。本章将对受众概念做一个历史性的梳理，在此基础上从三个层次描述和分析用户，以及围绕这一对象所产生的其他两条线索，分别是参众和粉丝。粉丝在现实中势不可挡的市场潜力，愈发地引起了学者们的兴趣和关注。本章将用户展开为三个不同层次，每一层次本身是对原有"受众"的突破，而三个层次彼此之间又是递进深化的关系，这种递进深化在本质上是个人、企业和政府之间关联日益紧密的显现，另外，从个人的历时性经历来看，它又将为人们的社会生活和传播带来新的火花。

第一节　作为"舶来品"的受众

在 20 世纪 80 年代之前，中国的新闻传播研究并没有所谓的"受众"概念，这与国内报纸和政治活动之间密切的关联有关，那时讨论的也多是基于群众观念的读者和听众等[①]。20 世纪 80 年代引进的"受众"观念来自美国，恰逢中国的改革开放，新闻事业才逐渐进入市场化阶段。20 世纪 80 年代初期，学者李良荣引入美国学者维纳的控制理论，首次使国内的新闻媒体业界有了受众反馈的概念，"从根本上颠覆了传统新闻传播中的唯意志论，受众的地位和作用日益凸显"[②]。这也决定了传播学在国内研究的工具性基调，较少关注媒介和社会关系等的关系问题。不过来自美国的传播学概念的引进并非简单的借用，而是主要集中于科学性的实证研究[③]。

20 世纪 80 年代后期，新闻事业焕然一新。新闻媒体中的读者、观众开始被称呼为受众，随之而来的是对市场调查的重视，以人口统计学的维度将受众进行

---

① 曹宏亮，《受众——新闻学的基本范畴》，《新闻知识》，1986 年第 10 期，第 39-40 页。
② 蒙福全、吴幼叶，《浅析当代理论新闻学之学科基础》，《新闻知识》，2006 年第 7 期，第 35-37 页。
③ 胡翼青，《科学主义的困顿：对中国受众研究 30 年的反思》，《西北大学学报(哲学社会科学版)》，2010 年第 4 期，第 133-137 页。

定位和划分的调查分析公司为广告商和媒体机构提供了参考[①]。虽然这一时期受众研究成果颇丰，主要集中在受众的各种属性、需求、心理、行为、地位和作用等议题，但是在数据之外并无他物。同时，这种受众角色的定义和认识，也受到学者的批判，认为这容易把传媒与受众的关系固定为简单的"买卖关系"，而忽略了传播活动中诸多复杂的因素，同时，收视率或发行量成为判断媒体价值的主要标准，它的公益性和社会性被忽视了。[②]

不过，我们于何处以及何以把握住所谓的"受众"呢？一方面，国内受众研究的特殊性在于受到国内经验和历史的局限从而无法很好地做出自己的东西，另一方面，现有的"受众"研究也无非是在舶来品的基础上增补的一个个注脚，光是这一尴尬的境地都引起了诸多反思和讨论。牢牢嫁接在新闻事业和从媒体组织机构中生长出来的受众研究，在行政和市场的牵制中树立了一套牢固的引导和检测受众的机制，却鲜少涉及受众的理论创造。不过需要理解的是，就像一个切片般被引入的术语所重新嵌入的话语系统，打破了原有的关系生态而将媒体置于了行政和市场经济的关系结构中，这使得对它的观察只能在既有的新闻事业的双重属性下去理解。

诚然，西方的受众研究也经历了不同的发展阶段，不同学派、不同视角的解读和对峙丰富着这一研究的实践和理论内容。詹金斯认为，学者们提出了很多路径来建构受众概念被理论化的方式，但是想要有个总体的阐释在逻辑上来说是不可能的。[③]

小约翰在1996年将受众研究归纳为两个主要的维度，一个是受众在主动-被动之间所处的位置，它源于香农和维纳的传者-讯息-受者的模式，受众始终站在传播活动的终端，也形成了后来占据主导地位的效果研究，霍尔1973年提出的编码/解码模型以及费斯克强调的意义的社会协商的方面，使得受众的指针拨向了主动的一方；另一个则是从宏观-微观两个层面对受众的考察。这两个维度中，前者反映的是如何看待结构-主体（structure-agency）之间的关系，后者则要么将受众

[①] 陈崇山，《中国受众研究之回顾（上）》，《当代传播》，2001年第1期，第12-14页。

[②] 〔英〕丹尼斯·麦奎尔，刘燕南、李颖、杨振荣译，《受众分析》，北京：中国人民大学出版社，2006年版，第13、20页。

[③] Nico Carpentier. New configurations of the audience? The challenge of user-generated content for audience theory and media participation. In V. Nightingale (Ed.), *The Handbook of Media Audiences*. Oxford: Wiley-Blackwell, 2011, p.191.

看作是个体的集合，要么将受众看作是一个集体（collective）[①]。

从集体的角度来提取受众群体的特征的典型案例，来自利文斯通和伦特的模型，他们将电视观众看作是异化的观看者（alienated viewer）、消费者-观看者（consumer-viewer）以及公民-观看者（citizens-viewers）[②]。"异化的观看者"来自经济生产框架，阿多诺和霍克海默在"文化工业"中对于大众媒介制造的同质化进行了批判，"消费者-观看者"来自英国文化研究的传统，作为消费者的受众拥有自主再解码能力，"公民-观看者"则潜在地可以追溯到公共领域中去。而关于受众的"主动性"和"被动性"之间的博弈，便是来自受众可能存在的这些不同的角色之中。

不过值得注意的是，尼克在宏观和微观的层面之间还提出了一个中观（meso）的维度，即一种组织化的受众形式，比如工会、文化群体等。在积极和消极的层面抽出了一个次维度，即参与-互动（participation-interaction），积极的受众观将传播的焦点缩减至具有意义的社会过程，而排除了其他具有物质性面向的实践形式[③]。

这里提到的物质面向及新的关联方式，以及以粉丝为新兴的连接方式成为对已有的两种受众研究模式的补充。但是这并不代表我们完全进入了一个新的割裂的媒介技术时代，因为其他所有所谓的"旧"媒体仍然并置在人们的生活之中，发挥着重要的作用，这不是一个割裂的划分。新的媒介技术的出现所带来的显著性特征很容易吸引众人的关注，但它并非绝对的因果关系的导火索，我们在受众研究中需要置于中心的重点是，从历时性的线索来把握受众的"参与"所发生的变化。

其中，在围绕电视受众所展开的诸多话题中，关于受众的参与行为以及随着互联网媒介的出现所带来的对 UGC 的重视，囊括了之前提到的受众研究中的积

[①] Nico Carpentier. New configurations of the audience？The challenge of user-generated content for audience theory and media participation. In V. Nightingale（Ed.），*The Handbook of Media Audiences*. Oxford: Wiley-Blackwell, 2011, pp. 191-195.

[②] Sonia Livingstone, Peter Lunt. *Talk on Television: Audience Participation and Public Debate*. New York: Routledge, 2002, pp.17-20.

[③] Nico Carpentier. New configurations of the audience？The challenge of user-generated content for audience theory and media participation. In V. Nightingale（Ed.），*The Handbook of Media Audiences*. Oxford: Wiley-Blackwell, 2011, pp. 192-197.

极-消解维度，以及作为一种中间的层面在宏观和微观之间新提出的"组织化"的受众形式。

不同于电视，人们接受的是关于外界的认知和看法，可能这些议程也影响了人们的社交话题和关注的焦点，因而在谈论如何研究受众时，我们总会习惯于将其划分为"文本"、内容的"生产"或者是受众的"接收"等不同的部分，库尔德利认为由于受众正变得愈加复杂，因而很难精确地锁定受众的行为，因而在这样的变化之下，可以考虑将"实践理论"（practice theory）引入更为广泛的社会研究中来，这一路径契合地以实践理论来捕捉快速变化的媒介环境中"什么正在发生"，从而对于媒介环境存在什么实践保持尽可能的开放。[①]

这与莫利在电视研究中对罗斯提出的把电视视为使用对象（television-as-it-is-used）的说法表示出的兴趣很相似，在具体的研究中，莫利冲破了以电视为中心的媒介研究方式，聚焦于由信息、传播技术、家庭消费等不同场景构成的整体框架来重新定位电视。[②]

如果回到我国的情况中来看，在重新思考"受众"和讨论用户的时候，需要注意的也正是当下的人们围绕互联网和移动终端"正在做些什么""怎么做的"，甚至进一步考虑"为什么"。再进一步地，在自21世纪以来互联网从电脑端到手机移动端的发展过程中，人们做的"什么"又是不一样的，这一点在新浪微博的历史中尤其明显，从最初的"围观改变中国"到如今的热门话题榜，这些见证了媒介技术本身的潜力与其他不同因素之间的博弈。

第50次《中国互联网络发展状况统计报告》的数据显示，"截至2022年6月，我国手机网民规模为10.47亿，较2021年12月新增手机网民1785万，网民中使用手机上网的比例为99.6%，与2020年12月基本持平。截至2022年6月，移动应用规模居前四位的APP分类占比达58.2%。其中，游戏类APP数量继续领先，达72.9万款，占全部APP比重为24.1%。日常工具类、电子商务类和社交通信类APP数量分别达46.5万、29.5万和27.1万款，分列移动应用规模第二至四

[①] Nick Couldry. The necessary future of the audience and how to research it. In V. Nightingale(Ed.), *The Handbook of Media Audiences*. Oxford: Wiley-Blackwell, 2011, p.217.

[②] [英]戴维·莫利，史安斌译，《电视、受众与文化研究》，北京：新华出版社，2005年版，第7-8页。

位，占全部 APP 比重分别为 15.4%、9.8%和 9.0%"[①]。

这意味着，在中国，基于移动互联网的"应用"场景越来越丰富，它专注的是人们的衣食住行，从社交开始，到现在的旅游出行、医疗、教育等不同的领域也都已经进入移动终端，这意味着现实生活与社会资源的参与，已经突破了对事实发生变动的报道的新闻范畴，也因此，受众所站立的原点，不再是固定在媒体对"现实"进行报道和建构的一端，他们还会将媒体纳入自己的日常生活，以一种"有限而规范"的方式纳入。

第二节　受众议题的裂变与延展

在正式讨论用户之前，还需要对两个过渡性的阶段加以梳理，分别是"参众"的昙花一现和"粉丝"的强势发展。前者出现在 21 世纪初，源自人们对于通过媒体参与社会公共生活的期待，而后者则伴随着网络文化的兴起出现，标志着一种基于个体的文化趋势的出现[②]。

一、参众的不同面向

由于早期的报纸运营以宣传为主，受众处于需要被启发民智的地位，因而受众研究主要以传者为中心，然而到了 20 世纪后期市场化的改革开始，受众开始成为报纸的消费者，因而也使得研究从以传者为中心转变为以受众为本位。[③]有学者认为，这一转变与媒介的公共性本质属性相背离，容易带来传播形态的娱乐化及传播内容的庸俗化。[④]与从前把受众当成被动的靶子相比，认识到受众的主动性和自由选择权利是很大的进步，但也需要注意这种自由和个性无限地扩大和张扬，又容易走到另一个极端。[⑤]

[①] 中共中央网络安全和信息化委员会办公室　中华人民共和国国家互联网信息办公室　中国互联网络信息中心，《第 50 次中国互联网络发展状况统计报告》，中国互联网络信息中心，2022 年 8 月 31 日，http://www.cnnic.cn/n4/2022/0916/c38-10594.html。

[②] 刘海龙，《像爱护爱豆一样爱国：新媒体与"粉丝民族主义"的诞生》，《现代传播（中国传媒大学学报）》，2017 年第 4 期，第 27-36 页。

[③] 陈崇山，《论受众本位》，北京：社会科学文献出版社，2008 年，第 24 页。

[④] 马锋，《"受者本位"幌子下的"传者本位"——社会转型期"受众即消费者"观念本质论》，《新闻与传播研究》，2006 年第 1 期，第 51-57，95 页。

[⑤] 臧海群，《走向综合、全面的阅听人理论》，《新闻大学》，2005 年第 2 期，第 26-27，65 页。

概括来说,1978年至20世纪90年代中期的中国受众研究主要有三种取向,分别是以党报群众路线为出发点的受众研究、以社会主义民主政治观念为出发点的受众研究和为媒体市场化服务的受众研究。虽然存在这三种研究取向的路径,但是在理论研究上,中国的受众研究并没有太多创新,仍以市场和行政导向为主。[1]

在21世纪初,互联网的出现使得一系列新媒体迅速形成,评论、分享、信息发布等功能为受众带来了与传统媒体截然不同的信息消费体验,受众的需求也愈加得到重视。新媒体为受众提供了发声的技术手段,很多时候,由个人发起的话题会迅速发酵成网络热门事件,在网络上引发广泛的讨论,反而使传统媒体陷入被动的境地,"报纸消亡论"开始成为压在每家纸媒身上的一块石头。面对这一变化,报人范长江之子范东升在其著作《拯救报纸》中将美国学者吉摩尔用来形容新老媒体之间的差异时所使用的participant译为"参众",从而与受众相对应。[2]范东升认为传播中的另一个主体不再是单纯的接收者,而是参与到了传播中,过去的受传者现在也有可能是传播者、报道者,甚至新闻事件的当事人也可能直接参与到传播中来,因而他们既是被报道者,也是传者和受者。学者黎勇认为,正是这些参众的出现,正在颠覆报纸的时代并使报纸走向消亡。[3]参众的提出,肯定了受众所具有的主体性,使得原本明晰的传受界限开始模糊。基于个体的发声渠道开始冲击着传统媒体话语格局。从受到参,受众开始表现出一种主体性的挣脱与显现。

参众基于新媒体平台的出现而得以施展的主动性和个体性,在学者张立伟看来,具备个性化诉求、圈子化交流和愉悦性体验等特征,也正是这种以个体为出发点的内循环,导致了参众的低包容性,这在Web2.0时代尤其显著。[4]但这并不意味着社会大众就不需要传统媒体了,舒德森指出,人们需要"作为公共知识的新闻"。不过,传统媒体不可避免地将接受新的媒介技术冲击带来的更新与重构。也有学者在参众出现的背景下提出传统媒体融合的建议以满足新出现的参众需求。[5]

---

[1] 胡翼青,《科学主义的困顿:对中国受众研究30年的反思》,《西北大学学报(哲学社会科学版)》,2010年第4期,第133-137页。
[2] 张立伟,《小众媒体崛起与大众媒体新定位》,《当代传播》,2012年第6期,第4-7页。
[3] 黎勇,《谁在使报纸消亡,是新媒体还是"参众"——范东升教授新著〈拯救报纸〉带来的思考》,《新闻实践》,2011年第6期,第18-20页。
[4] 张立伟,《小众媒体崛起与大众媒体新定位》,《当代传播》,2012年第6期,第4-7页。
[5] 甘青,《从参众需求看媒体融合》,《青年记者》,2015年第2期,第34页。

传统媒体在信息获取与议题建构方面，仍然拥有着参众和个体所不能企及的地位和影响，而如何发挥这些作用则是具体需要转变的地方。在这个角度下，问题实质是在将新闻信息看作构建人们生活环境的重要参照的基础上，如何实现传受双方的互动从而一定程度上让参众成为信息的来源，甚至是议题的建构者。学者汤伟军认为，综合观察黏合传统媒体与参众的因素，核心在于互动、联动和参与，这也应该是传统主流媒体在"参众"时代提高舆论引导力的路径。①

新的媒介技术的出现带来的受众的变化与传统媒体转型的应变讨论，实际上可能并不是在一个层面上非此即彼或互为因果的关系。前者带来的受众的主体性以及各类圈子文化的交流，为社会文化的多样性带来了新的源泉，而对于传统媒体的价值和转型的考虑更多从社会政治层面出发，实则是对它应该起到为民族或共同体提供凝聚力的作用被削弱的担心。当然，二者也绝非没有关系，但是若是放在一个层面来比较和权衡，则失之偏颇。

因此本书从受众概念出发，讨论其出现的不同裂变及其特征，也将试图就问题而论，摒弃不加区别的线性因果关系的论述，即便不是将简单问题复杂化，也努力将具体问题还原到具体的情境。本书所讨论的主要对象，用户，是在移动互联网背景下不同电子设备的使用者，每个人作为这个时代的承载者，都主动或被动地卷入网络与技术交织的社会漩涡之中。

二、技术与消费：受众的渐变

随着受众原本的含义已经无法覆盖现有的现实经验时，学者们一方面试图重新理解受众概念，另一方面则试图提出新的概念，比如"阅听人""用户"等名称，以代替传统的受众。

学者周志懿捕捉到了从"看"到"用"的转变，这意味着媒体和受众之间的关系的变化。②

在国内，"用户"一词的使用大多与微博、微信、博客等具体应用相关，目前尚没有形成统一的定义。但面对新媒体引发的格局变动，传统媒体迫切地需要

---

① 汤伟军，《拥抱"参众"：传统主流媒体提升舆论引导力的路径选择》，《视听纵横》，2013 年第 3 期，第 30-32 页。
② 周志懿，《不仅给人"看"，还要给人"用"——谈新传播环境下的"用户意识"》，《中国记者》，2011 年第 10 期，第 83-84 页。

了解状况的变动,以及怎样认识和理解"用户"。①用户作为 Web2.0 时代最直接的产物,以 UGC 为内容的各类平台迅速崛起,备受瞩目,一方面它们来势汹涌,另一方面对于大家来说,其背后的逻辑又十分陌生。

学者蔡雯②认识到,用户的使用逻辑将会改变传统媒体的工作流程和职业观念,以 PC 或移动终端为界面的信息传播,将人们所理解的"受众"改造为"用户",随之而来的改变,还将革新整个新闻生产的内容。她关注互联网技术给传统"受众"所带来的改变,蔡雯认为,不仅仅是报业,所有传统媒体的融合之路,都是从只做一种媒体向同时做多种媒体的大媒体业的转变的过程。

在这个改造的过程中,资本充当了非常重要的角色,而这一属性是否对用户产生影响,学者王辰瑶表示担忧,她认为过于浓厚的经济色彩,可能会弱化人们对于公益、人文、文化的兴趣,而与市场等词的亲密关系,则又会束缚其理论内涵的发展,因而提倡以"使用者"来取代"用户"作为对新闻受众的翻译。③

此外,学者杨光宗、刘钰婧提出了从"受众"到"用户"的变迁意味着传播研究观念的革命式转型,在媒介环境、传播模式以及话语权这三方面的改变之下,促进了新闻传播学研究在概念体系、方法体系、价值体系、效果评价体系这四个方面的发展。以用户的出现为代表的更为积极和主动的受众时代的来临,也将给新闻传播学研究带来转变。④学者张昱辰比较了"受众"与"用户"的不同,并认为将"受众"概念拓展至"用户",能够帮助我们更好地理解媒介融合环境中的普通人,把握这些普通人在不同媒介之间挪移的丰富多元的日常传播实践。⑤

总结来看,目前国内对于"用户"的理解,主要可以分为两种,第一种是作为微博等社交媒体软件的使用者,单纯指涉技术操作层面的称呼,即使用某种产品、服务或者技术的人;第二种是作为 UGC 生产主体,区别于"受众"单向、

---

① 李程,《浅议以用户为中心的创新》,《中国传媒科技》,2010 年第 11 期,第 70-73 页。
② 蔡雯,《从面向"受众"到面对"用户"——试论传媒业态变化对新闻编辑的影响》,《国际新闻界》,2011 年第 5 期,第 6-10 页。
③ 王辰瑶,《新闻使用者:一个亟待重新理解的群体》,《南京社会科学》,2016 年第 1 期,第 115-121 页。
④ 杨光宗、刘钰婧,《从"受众"到"用户":历史、现实与未来》,《现代传播(中国传媒大学学报)》,2017 年第 7 期,第 31-35 页。
⑤ 张昱辰,《理解"用户":受众研究的拓展与创新》,《青年记者》,2019 年第 33 期,第 9-10 页。

被动的信息接收者的身份，拥有显著的主体性。

对比国外学者的 user（用户）研究，用户仍然被视为 audience（受众）研究领域中的一个新现象，它在经验现象中所具有的普遍性意义已经开始产生对已有的 audience theory（受众理论）的突破，同时也产生了许多新的研究案例，如针对社交媒体、互联网经济、平台政治以及媒介化等问题的讨论。其中，UGC 也同样是一个引发关注的要点，围绕 UGC，学者们提出了类似 prosumer 和 producer 等概念来整合其在生产和消费身份之间模糊的界限。

不过，学者范迪克认为，在新的媒介环境中所出现的商业、媒体、信息等不同的边界在融合与生成新的边界关系的趋势中，我们需要看到用户所具有的不同维度的潜力以及用户能够胜任的期待，他提醒我们应该对用户所具有的主动性和参与能力保持警醒，尤其是不加区分地认为受众在传播活动中被动接收的特征与用户具有的主动参与的天性之间的对立，带来对于技术的一种欺骗性的认知。[①]他提到的这一对立在国内用户研究中表现得较为明显。学者利文斯通仍然认为，用户的"使用"特征是我们重新看待受众的起点，前者如何将信息接收和媒介使用融合在具体的场景中，是非常值得重视的内容。[②]并且，她仍然坚持使用受众而非用户，对于前者在新的时期会焕发出新的活力保持坚定的信心，问题在于我们还没有找到重新理解它的合适的切入点而已。

第三节 多重维度中的用户

一、界面与用户：生活的技术形式

信息接收从阅听到使用的变化，反映了当前信息应用化的发展趋势，这种应用化体现为操作界面作为中介的介入。操作界面在无形中同时规定着所有人的游戏规则，并通过操作完成传播活动。

从新闻客户端的普及开始，人们对于新闻信息的选择不再仅仅是依靠内容本

[①] van Dijck. Users like you? Theorizing agency in user-generated content. *Media Culture & Society*, 2009, 31(1), pp. 41-58.

[②] Sonia Livingstone. The challenge of changing audiences: Or, what is the audience researcher to do in the age of the Internet?.*European Journal of Communication*, 2004, 19(1), pp.75-86.

身，还催生出了"用户体验""体验经济"等说法，这也是本部分从"用户"[①]出发进行阐述的起点，落脚于媒介形式变化带来的受众地位和行为的变化。

用户对于信息的接收，与移动终端的操作体验、界面设计、科技审美等方面有着密切的关系，而不再局限于传播内容本身，这也意味着作为用户的受众，对于信息的获取更大程度是对不同感官的整合，使得个体的代入感更为深厚。

根据国际标准化组织（International Organization for Standardization，ISO）的定义，"用户体验"是指使用或假想使用一个产品、系统或服务时的感知和反馈。学界关于这一概念尚未统一定义。不过从目前的研究来看，这一概念包括三个层次的含义，首先是通过连续的信息刺激，让用户确认体验发生，其次是存在让用户满意的体验之处，最后，该体验被用户储存为一次经历，这便涉及经历发生时的具体情境，通过反馈和设计团队的反复修改，该情境被不断完善和共享，成为普遍的经历。[②]

在大众传媒时期，人们主要通过视觉和听觉调动感官，而这两类都外在于信息载体形式，也就使得受众在这一时期的信息接收方面如同一个局外人。在互联网时代的信息传播中，触觉与视觉和听觉结合，同时，用户的个性化设置功能，使得用户与信息内容的关系更加紧密。多重感官的调动和组合对于大脑的刺激也更强烈。如果大众传播时代是"内容大于形式"，那么当前则是"形式与内容并重"。

电子产品界的翘楚，不得不提的苹果（Apple）就完美地诠释了技术与美学的结合。2007年iPhone智能手机的出现，整合了手机通信功能、无线网络访问以及iPod音乐播放器，颠覆了之前仅仅作为通信工具的手机的使用。在乔布斯看来，苹果的每一件产品都是艺术品，也因此获得了一大批忠心的粉丝，打造了属于苹果品牌的"苹果拜物教"。

苹果的设计原则旨在通过最少的物理按键和身体姿势实现手机和人的互动。iPhone、iPod touch，以及iPad都是使用的"多功能触屏"（multi touch）技术，即基于手势的直觉性的人机互动技术。苹果一再强调自己比别的手机更加利用身

[①] 蔡雯，《从面向"受众"到面对"用户"——试论传媒业态变化对新闻编辑的影响》，《国际新闻界》，2011年第5期，第6-10页。

[②] 邓胜利、张敏，《用户体验——信息服务研究的新视角》，《图书与情报》，2008年第4期，第18-23页。

体自身的直觉性，一个重要的因素在于建立只有一个顶层菜单的扁平结构和一个物理按键。①

直观的交互界面与实用功能之间的平衡带来的用户对手机的情感依附，或许解释了其在消费者市场上的成功。

苹果官方网站上的 Human Interface Guidelines 手册，详细地介绍了 iOS 系统中的应用设计要求，比如隐喻（metaphors）和用户控制（user control）这两项。前者认为，当 APP 的虚拟对象和行为之间是一种被人所熟知的隐喻关系时，人们对于 APP 的学习会更快。在 iOS 系统中，隐喻的使用十分有效，因为人们和屏幕之间可以直接进行物理的互动。人们直接拉取或滑动内容，可以切换开关，移动滑块，并滚动选择器值。人们甚至可以滑动书页和杂志的页面。在用户控制中，苹果强调，是人而不是 APP 行使主导的控制权，至少 APP 需要让人感觉到用户的主体性，即便它们一直在系统中用户看不见的地方运行。②

可以看出，苹果对于产品的设计，不论是手机还是软件的应用，都遵循的是人体工程学的原理。作为中介的电子设备，其硬件和软件两方面的配合需要融合进人的因素，比如手势、反馈、交流等多方面的要素。中介本身被竭力地透明化，而正是这种透明化的努力又在不知不觉中对用户的使用和主体认知进行新的塑造。

作为体验者的用户表明媒介技术已经从原来单纯的信息获取工具全面浸入社会生活，从而引发了人与媒介技术的关系的讨论。

事实上，对媒介物质特性的关注，在传播学者中并不少见，如麦克卢汉、伊尼斯、梅罗维茨等。学者潘忠党认为关于界面研究的媒介取向，主要关注媒介作为手段和资源如何被人们使用以及人们如何通过媒介的使用实现其个人、集体和社会的目标。目前这一路径形成的理论取向较多出现在媒介设计的领域当中，如用户界面设计（User Interface Design）。③现实生活中的界面随处可见，比如手机的屏幕、电脑的键盘、家电的遥控器等，设计者都会综合考虑人的生理构造和使

---

① M. Ebner, C. Stickel, J. Kolbitsch. iPhone/iPad human interface design. In Laugwitz B, Held T, Schrepp M（Ed.）, *Symposium of the Austrian HCI and Usability Engineering Group*. Berlin, Heidelberg: Springer, 2010, p.490.

② Apple Human Interface Guidelines, https://developer.apple.com/ios/human-interface-guidelines/user-interaction/3d-touch/.

③ 潘忠党，《导言：媒介化时代的公共传播和传播的公共性》，《新闻与传播研究》，2017 年第 10 期，第 29-31 页。

用环境等因素来进行设计。界面的形成过程就是一种编码的过程。[1]

一直以来，媒介技术都被当作获取信息的手段，处于一种被动性的工具地位，其所具有的能动性或主体性被忽视。然而随着人们生活中越来越多的媒介技术的进入，生活本身也被赋予技术化的形式，二者很难截然分开，而在这基础上所形成的新的社会关系与行动方式，不可避免地使人与媒介的关系变得难以分割。界面的楔入还体现为对社会空间与场景的再生产，时刻改变着置于其中的个体的时空感受。另外，人们又可以通过对代码的编写，一定程度上设定界面行动的脚本，从而实现人机互动。这一理论取向在人机互动、增强现实（Augmented Reality, AR）等方向的研究和设计当中体现出来，也体现在对如何智慧化人与生活空间之间的互动、将人文和审美价值转换为互动界面的设计等的理论和设计探索中。

拉什认为，新通信形式的向心性支持了向"生活的技术形式"的普遍转变，这一转变以人机界面的普遍深入为特征。"我运行得像是一个人机接口——也就是说，像是自然生命的一个科技形式——因为我不得不必须通过社会生活的种种科技形式来活动。作为科技性的自然，我不得不借由科技文化来运行。科技文化本质上是远距的文化（culture at a distance），生命/生活形式便成为远距的生命/生活形式，我无法不借由我的人机界面来穿越这些距离、成就我的社会性。"[2]

二、被编织的用户：生产与消费的融合

托夫勒在其著作《第三次浪潮》中，便提出了"产消者"的概念。他认为在后工业时代，消费者的身份会出现与生产者身份的融合趋势，消费者开始参与到生产的过程，并对最终服务和产品产生影响[3]。

在此之前，生产者和消费者身份之间的关系也被麦克卢汉和奈维特所关注，他们看到了"消费者逐渐转向生产者的变化趋势"[4]。之后，科特勒将其总结为"产消者运动（prosumer movement）"[5]，利兹等也进一步在写作中确认"产消者时

---

[1] L Manovich. Post-media aesthetics. In Kinder M, McPherson T.(Ed.), *Transmedia Frictions, the Digital, the Arts, and the Humanities*. Oakland: University of California Press, 2001, pp. 1-18.

[2] 〔英〕斯各特·拉什，杨德睿译，《信息批判》，北京：北京大学出版社，2009年版，第31-32页。

[3] 〔美〕阿尔温·托夫勒，朱志焱、潘琪、张焱译，《第三次浪潮》，北京：生活·读书·新知三联书店，1983年版。

[4] S. D. Neill, Marshall McLuhan, Barrington Nevitt. "Take today: The executive as dropout"(book review). *The Library Quarterly*, 1973, 43(2): 170.

[5] Philip Kotler. Prosumers: A new type of customer. *Futurist*, 1986, 20, pp. 24-25.

代（the age of prosumer）"的到来①。

普拉赛德和拉马斯瓦韦在撰写商业议题时，曾在"价值共创"（value co-creation）这个子议题下讨论过产消的未来发展趋势②，塔普斯科特和威廉姆斯把产消者看作新的"维基经济（wikinomic）"模式的一部分，在这一模式中，商业发展将消费者置于工作行为之中。③但这一所谓的维基经济模式，以及其认为的依赖消费者进行生产的观点被肯在《门外汉的崇拜：数字世界的民主化如何冲击我们的经济》一书中所批判。④比尔和布鲁斯谈到了生产与消费在网上兴起所带来的新的关系，尤其是在Web2.0时代。⑤

福克斯在斯麦兹的受众商品论基础上进一步讨论了"产消者"，他认为电子媒介的使用者，也是电子劳工，他们是具有生产性的，因为他们为资本分配生产了剩余价值，从这个层面上来说，他们也是被剥削的对象。与大众媒介文化工业中的受众相似的地方在于，他们也是作为被销售给广告商的商品，但区别在于，这些人同时还是内容的生产者，这就决定了他们不再单纯是消费者，而是"产消者"。⑥也有学者认为福克斯将电子受众劳工（digital audience labor）——那些消费文化的人，以及电子文化劳工（digital culture labor）——那些生产文化的人结合成统一的概念，而忽视了二者之间的差异，例如所举的案例YouTube，福克斯就忽略了YouTube中存在的两种不同的用户，一种是视频上传者，一种是视频观看者，只有后者才是被广告商所需要的，而前者只是沦为YouTube的免费劳动力而已⑦。

---

① George Ritzer, Paul Dean, Nathan Jurgenson. The coming of age of the prosumer. *American Behavioral Scientist*, 2012, 56(4), pp. 379-398.

② Coimbatore K. Prahalad, Venkat Ramaswamy. Co-creation experiences: The next practice in value creation. *Journal of Interactive Marketing*, 2004, 18(3), pp. 5-14.

③ Tapscott Don, Anthony D. Williams.*Wikinomics: How Mass Collaboration Changes Everything*. London: Penguin, 2006.

④ Andrew Keen. *The Cult of the Amateur: How the Democratization of the Digital World Is Assaulting Our Economy, Our Culture, and Our Values*. New York: Doubleday Currency, 2007.

⑤ Beer David, Roger Burrows. Consumption, prosumption and participatory web cultures an introduction. *Journal of Consumer Culture*, 2010, 10(1), pp. 3-12.

⑥ Christian Fuchs. Dallas Smythe and digital labor. In Richard Maxwell(Ed.), *Routledge Companion to Labor and Media*. New York: Routledge, 2015, pp. 51-62.

⑦ George Ritzer, Paul Dean, Nathan Jurgenson. The coming of age of the prosumer. *American Behavioral Scientist*, 2012, 56(4), pp. 379-398.

从目前已有的文献来看，西方学者对于产消者的讨论主要集中在其对资本主义经济模式的影响，国内学者对于产消者概念的讨论多从产消者身份讨论其对媒介融合带来的影响和启发，以及在互联网传播活动中用户自主权利的进一步提升，而后者也是很多研究试图区别传统受众的出发点。但对用户这一身份的认识不应止于此。

事实上，生产和消费从来都是密不可分的，只不过在不同的时期，生产和消费在经济发展中占据的地位不同。到了当前的发展阶段，在生产技术的极大发展下，消费开始占据经济发展动力的主要部分，同时，生产行为开始逐渐脱离出有形的工厂空间，进入以社会为工厂的更大空间，创造出"社会工厂（social factory）"或者"没有墙的工厂（factory without walls）"，这些变化得以实现可能是因为现在的大量生产行为只涉及少量的或者不涉及物质性劳动。[1]

"产消"结合的身份特指使得用户的主动性相比受众有了很大的提高，这突出体现在用户生成内容和用户之间形成的亚文化群体。依托这些内容本身形成的社交媒体平台，如新浪微博、百度百科、百度贴吧等等，更是区别于单纯作为信息传播源头的新闻媒体机构，转而进行了社会化生产。

用户生成内容与传播的权利为广大网民提供了解释和建构社会议题的可能性。若要获得一定的影响，则议题本身需要获得足够数量的网民的关注。

例如作为重要社交平台之一的新浪微博。用户利用微博生产出来的内容比他们消费了什么内容更为重要。微博出现的最初几年，草根用户的崛起围绕着重大社会事件或社会矛盾等议题，对政府管理和整个社会都带来了影响，甚至微博上掀起的话题会影响到线下的社会活动，比如一度席卷全国的微博打拐，免费午餐等公益活动。

随着微博的发展，人们关注的焦点开始围绕着话题榜提供的热门话题展开，这本身也是话题榜的运行机制，即越多的人参与进某话题的讨论，则话题越热门。任何用户都可以自行生产任何"合适"的话题内容，话题形成后，按照该话题的用户参与数、阅读数、转发数等变量，形成榜单的排名。

事实上，围绕某一项普及的技术所铺展开的社会关系与活动的重组，其影响

---

[1] George Ritzer, Paul Dean, Nathan Jurgenson. The coming of age of the prosumer. *American Behavioral Scientist*, 2012, 56(4), p. 382.

就像蝴蝶挥动翅膀便能引发一场海啸那般巨大。

如果回到技术发展的初衷之上，推动社会进步是人们可以预想到的标准答案。但是技术本身所带来的制度、实践以及组织，亦都会形塑人们之间的相互作用与关系。这也正是我们在思考受众在互联网时代所发生的变化时所需要注意到的现实环境。用户的出现所带来的可见的改变，仅仅是整个变化当中最为表层的显现，如果从这里顺着脉络再拓展开来，则会发现更多不一样的东西。微博只是这其中一个很小的例子。

从这个意义上去看待作为"产消者"的用户，一方面从技术界面出发，进一步延伸对于用户具有的其他维度的思考，另一方面是对片面的媒介赋权或者是技术决定论的简单思维的反思。关于受众出现的积极论的观点，需要清楚是站在何种立场提出的"积极"，以及除了积极之外，原来的被动是不是就是不存在了，还是发生了新的变化，这些都是需要我们思考和保持谨慎的地方。

三、用户的困境：休闲与利益的一体化

国内"玩工"一词，最早源自学者邱林川翻译库克里克的 playbour，库克里克认为，在电脑游戏第二人生中，玩家以玩游戏为休闲娱乐，游戏产业不断扩大，"导致了工作和娱乐的融合，玩家成为玩工"[1]，玩工在玩游戏的同时为游戏产业提供了免费劳动力，这种免费劳动力被用来帮助资本逻辑在新型网络社会中进行新一轮的"圈地运动"[2]。

从"体验者"到"产消者"，再到"玩工"，用户从最基础的大多数，逐渐递进式地卷入到互联网技术中，尤其体现出不同代际对于媒介技术的使用和心理。如果说体验者拥有着最广泛年龄段的用户数量的话，作为产消者和玩工则在年龄段上逐渐年轻化，比如各类亚文化、流行文化群体的出现。相较产消者，玩工的性质从字面上可以看出，"玩"意味着一种休闲和娱乐，而"工"则代表着工作，"玩工"一词指代的正是那些以休闲娱乐的方式变相地工作的用户。

国外学者对于"玩工"的讨论，其最核心的问题集中在基于马克思主义政治经济学的对于劳动、价值、交换价值等概念之间关系的重新理解，尤其是在新的

---

[1] Kücklich J. Precarious playbour. *Fibreculture Journal*, 2013-02-13, http://five.fibreculturejournal.org/fcj-025-precarious-playbour-modders-and-the-digital-games-industry.

[2] 邱林川，《新型网络社会的劳工问题》，《开放时代》，2009 年第 12 期，第 128-139 页。

经济发展方式下，非物质性生产成为社会发展的主要动力时，学者们对资本主义发展模式的再审视。引申出来的问题具体围绕着几对关系的讨论，交换价值和使用价值、劳动和休闲、生产和消费之间的关系。有学者利用社会化理论来对社会变化、时间范畴以及这些变化是如何形塑社会媒介进行概念化的操作尝试。诸如此类的变化被描述为产消活动、消费劳工、玩工和数字劳工等观念。[①②]用户的"玩工"身份是以社交媒体为代表的媒介技术塑造着用户的休闲娱乐需求，同时又将这一需求实践与具体的企业利益相结合。德波在《景观社会》中提到，景观拜物教的第二个重要方面是景观对劳动者生产之外的时间的直接控制和幻想性伪造，前者通过制造完全变味了的伪休闲时空来谋取更大的商业利益。德波认为，马克思为我们留了一扇希望之门，将未来人的个性解放与必然王国中的奴役性劳动的消解两相联系，从而使劳动之外的时间成为人的自主创造性和个性得以释放和舒展的领域。如今，这最后一垄希望之田也被资本家用景观彻底殖民了。[③]换句话说，作为玩工的用户其休闲时间和工作时间融合了，或者说，休闲活动与劳动活动间的界限模糊了。在被认为是"个性得以解放的休闲活动"中，用户不被支付报酬的"时间"为企业创造着经济利益，如新浪微博、弹幕网站、直播平台、Topit.me照片分享网站、蜂鸟摄影等等，均依靠用户在线时间和生产内容来盈利。

易观智库发布的《二次元产业专题研究报告2015—2016》显示，2016年，中国的二次元文化产业在经历探索期之后已经进入启动期，2015年底轻小说平台轻之国度关停，漫游和动漫花园两大BT网站关闭，这意味着国内动漫产业逐步走向"正版"时代。随着国产动漫和人才的崛起，细分市场以及商业模式也逐步清晰，"二次元"的标签逐渐成为"青年化"和"巨大的消费潜力"的代名词，"95后""00后"正逐步成为消费主力军，二次元文化也随着年轻一代的成长而逐渐成为社会中不可缺少的主流文化元素，吸引着各行各业的关注与投资。

在二次元文化产业中，产品的主要表现形式是ACGN[英文animation（动画）、comic（漫画）、game（游戏）、novel（小说）的合并缩写，是从ACG扩展而来

---

① Bruns A. The future is user-led: The path towards widespread produsage. In Hutchinson, A(Ed.), *Proceedings of perthDAC 2007: The 7th International Digital Arts and Culture Conference.* Curtin University of Technology, Australia, Western Australia, Perth, pp. 68-77.

② Fuchs C. Digital prosumption labour on social media in the context of the capitalist regime of time. *Lecture Notes in Computer Science*, 2013, 23(1), pp. 97-123.

③〔法〕居伊·德波，王昭凤译，《景观社会》，南京：南京大学出版社，2006年版。

的新词,主要流行于华语文化圈],其核心为优质 IP 的创作。通常来说,整个文化产业链都围绕 IP 展开,一个 IP 如果深入人心,可以达到持续变现的目的,从而可以支撑数亿、数十亿,甚至上百亿的产值。互联网的快速传播和低门槛带动了文化产品的融合,文学、动漫、影视、游戏、音乐等娱乐形式不再孤立发展,而是可以协同打造同一优质 IP。优质 IP 培育核心粉丝群,再通过影视剧、动漫、游戏等泛娱乐形式的改编挖掘出 IP 的衍生价值,从而实现文学、动漫、游戏、影视等的交叉融合,构建一个泛娱乐产业新生态。目前二次元产品市场主要包括游戏、漫画、动画和轻小说等产品。

在国内 ACG 圈子中脱颖而出的网络产物,B 站(哔哩哔哩网站),是发展和转型较为成功的案例。作为一个以弹幕功能为主打的 ACG 视频网站,B 站逐渐形成围绕"二次元"的线上与线下的互通,通过拜年祭、MAD 大赛等活动吸引用户参与同时,也进一步提升用户社区认同感;通过与多品牌合作等方式,提升自身的知名度与影响力;商业化上,也围绕自身特色不断拓展游戏业务。

在既有研究中,对于 B 站的研究议题,主要集中在弹幕带来的"视频社交",用户通过对视频内容的二次加工,以及在视频观看中评论内容的生产,塑造用户不同以往的主动性地位。除此之外,对于弹幕网站本身所代表的亚文化群体现象以及版权内容方面也有部分讨论。关于 B 站用户的使用动机,用户对于 B 站使用的首要原因在于在视频观看中可以围观、吐槽,其次,弹幕的即时交流提供了与他人同在的集体吐槽之感。在弹幕功能本身的新鲜感消失之后,B 站独有的视频资源和没有插播广告也成为备受用户青睐的原因。

核心用户是网站"玩工"的主力军,他们是视频内容的提供者,也是网站的忠诚用户,同时,他们本身也拥有可以吸收粉丝用户的能力,对于网站来说是重要的支持。在线下活动方面,B 站打造了诸多具有传统性的特色节目来凝聚人气。比如,2010 年 2 月,哔哩哔哩首次拜年祭上线,并作为传统延续至今;BML(Bilibili Macro Link)从 2013 年开始举办第一届,之后也是每年举办一次,节目质量和人气都在稳步上升;BDF(Bilibili Dancing Festival)2015 年举办第一届,每年夏天举办,持续时间达数月。在扩大品牌知名度方面,B 站 2015 年至今的合作品牌先后有知乎、虎嗅、小米、新浪微博、天猫、万达等。基于弹幕网站本身开始的商业化探索,更是使得其规模不断扩大,如"新番承包计划",周边售卖(在天猫开设官方周边产品销售店),推出会员制度"大会员"和游戏业务(游戏代理、游戏联运和自主开发）。

据估计，B 站上共有 7000 个左右文化圈子[①]，而基于这些不同文化圈子的内容创作，是 B 站的本质与核心所在。据 B 站副董事长兼 COO 李旎介绍，如今 B 站每月有 220 万个活跃 UP 主，平均单月生产 770 万支以上的视频。[②]

这一发展前景显示了令人振奋的经济带动力，但是作为个体的用户在其中扮演了何种角色则有待确定。正如前文所提到的"玩工"的工作是指个人将作为兴趣爱好的休闲娱乐活动成为带来经济价值的免费工作，其中包含着重要的因素：作为劳动的"休闲"和传统意义上的"工作"与"休闲"，在时间维度上的融合。

这也是本部分在谈论到用户作为"玩工"时，试图揭示的另一个层面。相较于前文中提到的"产消"行为的结合，"玩工"的维度一方面表现的是将用户的需求与爱好编织进新的产业发展中，另一方面表现在当前人们工作与休闲时间的模糊。不过对于休闲和工作的划分，或许也是现代人生活所无法规避的。

第四节　感性的狂欢："粉丝"的崛起

对比作为用户的受众，作为粉丝（fan）的受众具有更多个人化的非专业色彩，其意义也更多地在于二次加工和创作。基于某种特定指向性的通过情感连接的凝聚力，是用户所不具备的重要特征。

费斯克认为粉丝作为批量生产的表演者、叙事或类型，被整合到一种极其愉悦、高度能指的通俗文化中去，这种通俗文化与那种较为"正常"的通俗受众文化既相似又有明显的不同。不同之处表现在流行于粉丝之间的通俗文化是粉丝身份认同的重要标志，是一种只在粉丝之间生产和流通的文化。粉丝是民众中最具辨识力最具挑剔眼光的群体，粉丝生产的文化资本也是所有文化资本中最发达最显眼的。[③]在费斯克看来，粉丝与普通受众并无类型上的差别，更多的是程度上的

---

① 麋鹿，《B 站 COO 李旎：社区逻辑和文化，让 B 站成为好内容的沃土》，zaker，2021 年 6 月 4 日，http://www.myzaker.com/article/60ba49e08e9f09781066aacf。
② 麋鹿，《B 站 COO 李旎：社区逻辑和文化，让 B 站成为好内容的沃土》，zaker，2021 年 6 月 4 日，http://www.myzaker.com/article/60ba49e08e9f09781066aacf。
③〔美〕约翰·费斯克、陆道夫，《粉丝的文化经济》，《世界电影》，2008 年第 6 期，第 165-179 页。

差异。作为个人的粉丝对于其所仰慕对象或事物有着强烈的喜爱，而且作为团体的粉丝彼此之间拥有凝聚的指向。粉丝团体在互联网媒介兴起以来更是迅速壮大，成为文化市场中不可小觑的一股浪潮。

20世纪末，大众媒介兴起的同时，受众群体的一个显著变化体现为粉丝的出现，国外学者也称之为粉丝圈（fandom）。从受众向粉丝的过渡，也使得研究的重点从新闻领域扩展到了更为广泛的传播学领域，甚至是文化研究。这一轨迹的转移却也恰好体现出本书试图打破的窠臼。

国外对于粉丝的研究要早于国内，同时这一领域中也存在更多的争论和分支。凯尔纳从身份认同到共同体的变化梳理了相关的粉丝研究，并划分了三个主要阶段。自20世纪80年代以来第一阶段的粉丝文化研究始于塞尔托关于去赋权的策略概念（notion of tactics of disempowered）以及菲斯克对抵制阅读和来自下层的流行建构的强调，二者关注来自受众的游击队式的对于意义和粉丝群体的建构，以此来抵制主流文化。在第二阶段，回应新媒体的出现以及新的粉丝形式，20世纪90年代粉丝团体激增。相关研究受到布尔迪厄的影响，出现一种更为社会学的视角，将粉丝团体区隔为不同品位等级的部分。在这一阶段，学者通常关注的是粉丝通过渗入粉丝团体而进行身份认同的建构。在第三阶段，粉丝研究已经兴起，对于粉丝和粉丝对象的研究从个体的品位和参与以及粉丝对象的检测扩展到将调查粉丝圈作为日常生活中的一部分以致力于捕捉有关现代生活的重要洞见。粉丝圈的研究通常追求更为宽广的议程，相关的作品开启了对于粉丝和粉丝圈研究的扩张，包括新粉丝（new fans）、理论粉丝（theory fans）、玛莎·斯图尔特粉丝（Martha Stewart fans）、后院摔跤粉丝（backyard wrestling fans），以及高端文化粉丝（fans of high culture），这些话题在早期粉丝研究中都是处于边缘或者是被忽视的，如今都被置于广泛的文化研究领域之内，被集中关注着。[①]

相较于关注个体粉丝在媒介激增的矩阵之中做了什么，詹金斯更倾向于关注粉丝圈的社会领域，试图探索社会网络、粉丝团体以及更大语境中粉丝圈与经济、政治、社会生活和一般文化之间的互动。这些研究兴趣的转变要求一种学科间的

---

① Douglas Kellner, Heather Collette-Van Deraa. Fandom: Identities and communities in a mediated world. *Contemporary Sociology*, 2008, 37(6), pp.559-560.

对话和互动，他也因此认为，粉丝圈就是未来[1]。

除此之外，虽然电视观看行为已被不少学者概念化为工作（work）[2]，或者是被媒介批判研究学者借用户生成内容应用于建构劳动（labor of framing）[3][4][5]，但是粉丝研究鲜少从这一途径入手。事实上，粉丝通常被认为是一种积极的受众表现，它来自个体的自由选择，因而又被理解为是主动的或具有参与性。[6]

正如卡维奇所说，今天的粉丝若被看作是社交媒体和"窄播"（narrowcasting）的结果的话，那么以前的粉丝则可被看作是文化工业和"广播"（broadcasting）的产物。[7]在当前，粉丝群体的影响力和市场效益已然构成社会文化和经济发展的重要动力，对于二者的关系，费斯克早就有所察觉。

就国内目前的研究现状来看，粉丝研究主要集中在消费行为、粉丝经济、身份认同、传播活动、媒介使用、粉丝文化等，多围绕不同品牌、明星人物、媒介内容和平台等具体案例展开，关于"粉丝"一词的定义说法不一。不过这一名称的使用源于湖南卫视举办的《超级女声》选秀节目，通过手机投票的方式，受众的"神秘之力"第一次被社会感知。随后，歌手、演员等连同小说、电影的各种不同粉丝开始活跃在网上。

若从威廉斯对于文化的理解来看，粉丝作为亚文化的出现体现的是一种生活方式。当然，作为自主文化符号的生产者，粉丝比用户更进一步。前者在文化符号的生产中形成一种默认的身份认同，并且形成相应的语义系统，很多粉丝之间都会有专属的称呼和对事物的特定指涉，包括对事件意义的定义，都享有充分的

---

[1] Douglas Kellner, Heather Collette-Van Deraa. Fandom: Identities and communities in a mediated world. *Contemporary Sociology*, 2008, 37(6), pp. 559-560.

[2] Sut Jhally, Bill Livant. Watching as working: The valorization of audience consciousness. *Journal of Communication*, 1986, 36(3), pp. 124-143.

[3] Mark Andrejevic. Exploiting YouTube: Contradictions of user-generated labor. *The YouTube Reader*, 2009, 413(36), pp. 406-423.

[4] Christian Fuchs. Dallas smythe today-the audience commodity, the digital labour debate, Marxist political economy and critical theory. *Marx and the Political Economy of the Media*. Brill, 2015. pp.522-599.

[5] David Hesmondhalgh. User-generated content, free labour and the cultural industries. *Ephemera*, 2010, 3(4), pp. 267-284.

[6] Mel Stanfill, Megan Condis. Fandom and/as Labor. *Transformative Works and Cultures*, 2014, 15, pp.130-157.

[7] Daniel Cavicchi. Fandom before fan: Shaping the history of enthusiastic audiences. *Reception Texts Readers Audiences History*, 2014, 6(1), p.53.

主导权利,在强烈的身份认同的感召下,他们往往觉得偶像与自身已经成为一个共同的"我们",是一个"共同体"。①

学者刘海龙就粉丝群体与爱国行为的结合的分析,提出了"粉丝民族主义",他认为新媒体技术不仅改变了民族主义运动的表达方式、组织动员方式、实施方式,而且还消融了政治运动、追星、游戏、个人身份建构等行为的边界,使得民族主义以"粉丝民族主义"的新面貌出现。反过来,新一代网络民族主义者也在时间、空间和语言三个方面成功地驯化了新媒体,使之成为民族主义的一部分。②这说明粉丝文化本身已经渗透到人们生活的诸多方面,并且在"90 后""00 后"年轻人那里获得了普遍的认同,并形成了相应的表达、组织和实践方式。相较于用户,粉丝受众存在诸多值得关注的特质和实践,他们的存在也更加显示了文化经济之间的互动关系。

第五节 结 语

国内的受众研究受到实用主义的浸润在很长一段时间内丧失了对于社会情境中复杂性的感知和捕捉。这既体现在我们对于"媒体"和媒介等这些观念的认识上,也体现在我们对于现实经验的筛选上。

本章对于"用户"的考察始于 2016 年,当时,人们对于"新媒体赋权"的热情刚刚褪去,像 B 站这样以二次元文化为起点的视频网站进入了大众的视野,还有知乎、豆瓣等有着优质用户生成内容的社交平台正值风口。当再重新整理这些内容的时候,已然多少物是人非。无论是 BAT,还是 TMD[今日头条(Toutiao)、美团(Meituan)、滴滴(Didi)三家公司的简称],这一路纵横交错开辟出来的互联网之路,与稳固如山的传统媒体相比,不论是讯息、应用本身,还是一个个终端连接着的用户,都印刻着大众的痕迹。

相较于受众而言,我们还是应该多谈谈"用户",其不是互联网产品经理口中的"用户",而是从受众中挣脱出来的"用户"。他们曾经通过"围观"和转

---

① 蔡骐,《粉丝型受众探析》,《新闻与传播研究》,2011 年第 2 期,第 33-41,110 页。
② 刘海龙,《像爱护爱豆一样爱国:新媒体与"粉丝民族主义"的诞生》,《现代传播(中国传媒大学学报)》,2017 年第 4 期,第 27-36 页。

发解决了社会问题，他们也通过自发性的组织开辟了属于自己的文化圈子，他们还在平台的社区中坚持分享着自己生活中的美好点滴，在偌大的世界中寻找志同道合的伙伴。

首先，我们坚持谈论用户的最大出发点，在于用户是附着在个体之上的一整套行动的"场域"，它具有身体之于个人的私密性特征，它同时凝聚着个体的思想与行动、开放与封闭的矛盾性。

就此来看，用户不仅仅是新闻媒体机构的内容接收者，伴随着大众传播技术迎来的互联网时代，信息接收仅仅是这之中很小的一部分，而即便是信息的接收，也因为内容的数字化形式和传输而发生了变化。同时，由于用户终端在不同使用场景的扩张，用户的身份也在不断叠加，一对多的信息接收经验无法覆盖更加广阔的新的实践活动。作为用户身份的媒介使用，涉及传播内容的数字化形式、移动性以及"使用"时的"互动与检索"等过程，比如手机游戏、弹幕视频，这与硬件设备和基础设施的普及有着紧密的联系。[①]

其次，谈论关于用户所处的生产和消费之间的模糊地带。从受众理论中关于积极-消极这一维度的历史发展来看，用户生成内容的出现改变了原来的新闻内容、评论以及诸多专业领域内的垄断性生产形式，但是在打破现有游戏规则之后很快又形成了新的具有稳定性的结构关系，用户在数据表现上也随之单一和沉寂。这一点说明用户在不同维度上拥有的"积极性"是复杂的。回到诸多学者谈到的"不可见"的问题，身体和行动的消失，使得对用户的把握仅仅显现为那些被媒介终端过滤和筛选后的数据，而无法以个人历时性的质性经验来长时间地捕捉变化。这里便产生了一个关于用户的"可见"与"不可见"的悖论。一方面，用户的使用场景都是具有私密性的个人环境，另一方面，"可见"的内容往往是在数量上占据优势的"幸存者"，而没有任何实质性的品质。因此，游戏规则的制定非常重要。2019年1月，财新网指责微信公众号"呦呦鹿鸣"发布的《甘柴劣火》一文存在洗稿嫌疑，引发了学界和业界的多方讨论，虽然问题的关键在于如何保护"原创内容"的知识产权以及确定"引用"和"洗稿"侵权的边界的问题，但是诸多其他"带偏"主题的言论，如财新网的付费墙形成对社会公共问题的垄断

[①] Shawn Shimpach. Viewing. In V. Nightingale (Ed.), *The Handbook of Media Audiences*. Oxford: Wiley-Blackwell, 2011, p.77.

等观点却着实能戳中看官们的情绪。从如何参与公共问题的讨论来看，用户的"产出"犹如硬币两面，在多样性和单一性之间存在一种博弈。这也是学者们对受众（用户）这一概念覆盖下的消费者、公民以及参与者身份的研究进行不断深化的原因，这些从理论上被剥离开来的不同身份往往在生活中的某个场景中集中于一人。

最后，谈论对某种"有组织的"用户形式的期待。它不是以"消费"的方式去看待和外界的关系，而是在与用户之间拥有某种共识和联系的前提下形成的粉丝团或活动小组。这意味着在沟通方式、组织架构和现实行动的层面，移动互联网技术提供了基本的土壤。但除此之外，也别无更多。

对于用户的讨论，诸多皆是出于"受众"研究延续了大众传播时代的窠臼因而试图去突围。"受众"的观念一直以来受到太多来自外界的影响，当然，这些影响也将继续围绕现实中的"用户"，但这不意味着在某种"理想"的层面上，我们不能提出其他对"用户"理解和实践的可能。

我们每个人都不可避免地被推入这时代的洪流，我们在每天的交流、工作和生活中都是某种服务或应用的"用户"，但是我们从不会将自己真的看待为那种被搜集、统计和分析的"数据"中的一分子。正如威廉斯在分析电视媒体的时候提到，事实上并不存在群众，而只存在把人们看为群众的方式，"群众"是将多数人转化为一个集体意象的很有效的公式，但人们需要警惕的恰恰是这个公式本身逐渐被固定和唯一化的趋势。[①]对群众如此，对受众和用户亦然。

---

① 〔英〕雷蒙·威廉斯，高晓玲译，《文化与社会：1780—1950》，长春：吉林出版集团有限责任公司，2011年版，第379-382页。

第五章　重构文本：行动与关系的叙事

前些年，在新闻传播学科的研究中，不少论文都是针对静态的内容和文本的研究。文本分析、内容分析、框架分析、话语分析、叙事研究等成为大量硕博士学位论文的选题和研究方法。

这类研究的对象和方法论承袭了20世纪哲学社会科学的"语言学转向"（the linguistic turn）。但是，正如延森所说，作为一种分析实践，"语言学的转向相对忽视了语言作为一种交流实践的角色，亦即忽略了真实的社会个体通过交往与传播活动参与到特定的历史与社会语境之中。也正因为此，思想史的最近一次转向凸显了交流这一观念，并重新与传播与社群这两个实用主义主题建立起联系"[①]。这一次"转向"被延森命名为"交流的转向"："哲学发展的最近一次转向强调了研究中心的再度转向，即从语言作为一种表征的媒介，转向语言作为一种交往的载体。"[②]

事实上，在更大的范围内，在当代社会科学领域，这场转向被命名为"实践转向"。

夏兹金认为："当命名最为一般的社会事物时，思想家过去所谈论的就是'结构'、'系统'、'意义'、'生活世界'、'事件'和'行动'。如今，许多理论家给予'实践'以可相提并论的荣耀。实践的不同所指有待于当代不同学科（从哲学、文化理论和历史学到社会学、人类学及科学技术论）的学者去研究。"[③]作为一场虽然"松散"但"确定的思想运动"，"实践领域是一个研究

[①]〔丹〕延森，刘君译，《媒介融合：网络传播、大众传播和人际传播的三重维度》，上海：复旦大学出版社，2012年版，第41页。

[②]〔丹〕延森，刘君译，《媒介融合：网络传播、大众传播和人际传播的三重维度》，上海：复旦大学出版社，2012年版，第41页。

[③]〔美〕西奥多·夏兹金、〔美〕卡琳·诺尔·塞蒂纳、〔德〕埃克·冯·萨维尼，柯文、石诚译，《当代理论的实践转向》，苏州：苏州大学出版社，2010年版，第1页。

诸如力量、知识、语言、伦理、权力和科学这类现象的场所"。[①]

作为话语表现样式的"文本",则在这场实践或交流的转向中扮演了过去未被赋予的角色,拥有了更加多元和动态的呈现方式。

第一节 作为话语实践的文本

话语理论的研究需要追溯到奠基人索绪尔那里去。索绪尔作为现代语言学之父,最早从结构主义语言学的角度对语言进行了分类和界定。为了解决"语言学又完整又具体的对象是什么"这个问题,他将人的言语活动分为两部分:语言(language)和言语(parol)。语言就是语言系统,是由形式构成的系统;言语则与语言系统相对,指的是实际说话(或写作)的行为,它从属于语言系统,并由语言赋予其可能性。语言是整体的、社会的,言语则是个体的、偶然的。索绪尔的语言学研究更重视对语言系统的研究。[②]索绪尔关于语言和言语的分类影响了后来的巴特和福柯等人,其中,巴特以其别具一格的符号研究路径,将索绪尔的"语言学模式"扩展和应用到更广泛的符号和表征领域。但是,索绪尔基于结构主义取向所做的二元对立的分割也为后现代的语言学研究者树立了批判的靶子。

对于福柯、利奥塔尔等后现代文化理论家来说,实践就是"把语言描述为一种话语活动,这与结构主义、符号学和后结构主义视实践为结构、系统或抽象话语的观念相反"[③]。利奥塔尔对后现代状态的描述称,"社会语用学没有科学语用学的这种'简单性'。它是由各种错综复杂的异态陈述网络构成的怪物(包括指示性陈述、规定性陈述、性能性陈述、技术性陈述、评价性陈述等等)。我们没有任何理由认为可以找到全部这些语言游戏共有的元规定,没有任何理由认为一种可检验的共识(例如曾在科学共同体中占统治地位的共识)能够包容全部元规定"[④]。在后现代的语言游戏之网中,结构主义式的系统理论无法用语言系统的

[①] 〔美〕西奥多·夏兹金、〔美〕卡琳·诺尔·塞蒂纳、〔德〕埃克·冯·萨维尼,柯文、石诚译,《当代理论的实践转向》,苏州:苏州大学出版社,2010年版,第16页。
[②] 〔瑞士〕费尔迪南·德·索绪尔,高名凯译,《普通语言学教程》,北京:商务印书馆,1980年版。
[③] 〔美〕西奥多·夏兹金、〔美〕卡琳·诺尔·塞蒂纳、〔德〕埃克·冯·萨维尼,柯文、石诚译,《当代理论的实践转向》,苏州:苏州大学出版社,2010年版,第2页。
[④] 〔法〕让-弗朗索瓦·利奥塔尔,车槿山译,《后现代状态:关于知识的报告》,北京:生活·读书·新知三联书店,1997年版,第137页。

"元规定"来规约和包容这些多元复杂话语实践。福柯哲学中的话语实践意在打破结构主义的语言和言语的二元对立。"语言"指语言总体，包括所有的语言现象，"言语"是指个别具体的、日常生活中使用的语言。福柯在《知识考古学》中指出，"说话的实践是一个匿名的、历史的规律的整体。这些规律总是被确定在时间和空间里，而这些时间和空间又在一定的时代和某些既定的、社会的、经济的、地理的，或者语言等方面确定了陈述功能实施的条件"[1]。对于福柯来说，话语是关系的话语，是实践的话语。把话语当作事件进行分析，是福柯话语实践理论的实质。在布尔迪厄看来，俄国形式主义者和福柯有着异曲同工之处，更加重视文本的关系和互文性："同查考原著的福柯一样，他们只重视作品的系统，重视文本之间的关系网，互文性；同他一样，他们被迫在文本系统本身找到它动力的本源。"[2]

如果说，福柯等人之前的话语研究只关注静态的文本的重要性，那么，作为实践的话语研究更强调话语是语言和其他符号系统的社会实践，同时也是构成社会生活的一种重要的社会实践。正如库尔德利指出的，"在社会理论晚近的'实践'转向的背后，隐藏着人们对维特根斯坦后期语言哲学的兴趣。这个关键的一步将语言视为行为"，而此前的观点是"将语言视为意义的表达"。[3]因此，实践取向的话语研究注重从动态的角度考察话语表达与社会实践之间的互动关系，注重考察静态的语言表层之下更为复杂的文化、社会、制度、技术等因素，而媒介话语也就成了社会现实建构和理解的中介。简言之，从静态到动态，从表层到深层，从单维度的文本呈现到多维度的话语行为，再到话语参与者之间的交往互动之网，这才是从话语分析到话语实践的要义。

批判性话语研究出现于20世纪80年代末期，时至今日，已经成为话语研究领域中的一个重大发展。沿着福柯的路径，批评性话语分析揭示并强调了语言运用与社会结构、过程之间的互动关系，语言既被社会结构和过程所构成，同时又建构了社会结构和过程。代表性人物费尔克拉夫的《话语与社会变迁》"被认为

---

[1]〔法〕福柯，谢强、马月译，《知识考古学》，2版，北京：生活·读书·新知三联书店，2003年版，第130页。
[2]〔法〕皮埃尔·布尔迪厄，谭立德译，《实践理性：关于行为理论》，北京：生活·读书·新知三联书店，2007年版，第46页。
[3]〔英〕尼克·库尔德利，何道宽译，《媒介、社会与世界：社会理论与数字媒介实践》，上海：复旦大学出版社，2014年版，第38页。

是开辟了一个新的领域"——"从此以后，语言学研究可以给作为一种社会实践的语言活动提供全面细致的说明了"。①

费尔克拉夫认为福柯的话语理论缺少对文本本身的关注，他再三强调，"福柯关于话语和语言的一系列见解应该被整合到以文本为方向的话语分析之中"②。所以，在《话语与社会变迁》的导言中，费尔克拉夫论述了他的三个层次的思想。

> 我试图将语言分析和社会理论结合在一起，这个努力的中心是把两方面的内容连接起来，一方面是这一更加带有社会-理论意义的话语，另一方面是处于以语言学为方向的话语分析中的、具有"文本和相互作用"意义的话语。这种有关话语和话语分析的思想具有三个向度，即任何话语"事件"（即任何话语的事例）都被同时看作是一个文本，一个话语实践的实例，以及一个社会实践的实例。"文本"向度（the text dimension）关注文本的语言分析；"话语实践"向度（the discursive dimension）与"文本和相互作用"的话语观中的"相互作用"一样，特别说明了文本生产过程和解释过程的性质，例如，什么类型的话语（包括更具有社会-理论意义的话语）被利用了，它们又是怎样得到结合的；"社会实践"向度（the social practice dimension）倾向于关注社会分析方面的问题，诸如话语事件的机构和组织环境，话语事件如何构成话语实践的本质，如何构成（上面所提到的）话语的建设性或建构性效果，等等。③

在费尔克拉夫那里，"文本"并无特殊含义，甚至与"作品"等同，"文本"被看成是"文本生产过程中的书写的或口头的'产品'"④，换言之，文本等于那个语言的载体——物。这种文本观在巴特那里被颠覆，文本本身就是不断生成的、开放的、与社会实践互相建构的一种话语实践。

---

① 〔英〕诺曼·费尔克拉夫，殷晓蓉译，《话语与社会变迁》，北京：华夏出版社，2003年版，中译本序第2页。
② 〔英〕诺曼·费尔克拉夫，殷晓蓉译，《话语与社会变迁》，北京：华夏出版社，2003年版，中译本序第3页。
③ 〔英〕诺曼·费尔克拉夫，殷晓蓉译，《话语与社会变迁》，北京：华夏出版社，2003年版，第4页。
④ 〔英〕诺曼·费尔克拉夫，殷晓蓉译，《话语与社会变迁》，北京：华夏出版社，2003年版，第3页。

第五章　重构文本：行动与关系的叙事 | 119

"文本"一词在拉丁文中指"编织"（woven）或"织物"（tissue），发展到近代，文本指作品的版本。新批评兴起之后，文本不再是物质化的"作品"，而是指代作品"意义"的抽象概念，文本成为一个自足的、有机的意义整体。巴特也认为，文学作品的存在形态显然并不是客观世界中的具体存在，而是"在具体存在之上的另一层次的存在"[①]。但是，巴特和新批评理论的文本观念差异在于，"新批评的'文本'基本上是已完成的、静态的、封闭的，而罗兰·巴特的'文本'却是未完成的、动态的、开放的，文本是一个不断'编织'的过程"[②]。这种编织的观念正呼应了拉丁文古义的"编织"。

巴特认为，文本就像蜘蛛织网一样，没有固定的结构、固定的起点与终点、固定的形状，有的只是不断生成的网络。"文（Texte）的意思是织物（Tissue）；不过迄今为止我们总是将此织物视作产品，视作已然织就的面纱，在其背后，忽隐忽露地闪现着意义（真理）。如今我们以这织物来强调生成观念，也就是说，在不停地编织之中，文被织就，被加工出来；主题隐没于者织物——这纹理里，自我消融了，一如蜘蛛叠化于蛛网这极富创造性的分泌物内。"[③]

除了蜘蛛网的概念，巴特还用"洋葱"的隐喻来形容文本的去中心化和多极化："直到现在，我们还把一个文本视为带有果核的水果（比如说，一枚杏子）；文本的形式是果肉，文本的内容是果核。不过，最好还是把文本看作一颗洋葱，由很多层洋葱皮构成（或者说，由很多层次或系统构成）。洋葱的身体最终并没有核心、秘密、不可削减的原则。除了包裹着它的一层层洋葱皮，便不再有别的东西——洋葱皮裹住的，正是洋葱自身表层的统一性。"[④]传统文本关于内容与形式的二元分割被巴特打破。

在巴特眼里，文本是不断生成，永无止境的："网络系统触目皆是，且交互作用，每一系统，均无等级；这类文乃是能指的银河系，而非所指的结构；无始；可逆；门道纵横，随处可入，无一能昂然而言：此处大门；流通的种种符码（codes）

[①] 黄晖,《罗兰·巴特对"文本"理论的重构》,《贵州社会科学》, 2013 年第 7 期, 第 54-58 页。
[②] 黄晖,《罗兰·巴特对"文本"理论的重构》,《贵州社会科学》, 2013 年第 7 期, 第 54-58 页。
[③] Roland Barthes. *The Pleasure of the Text*. Oxford: Blackwell, 1990, p. 64. 转引自黄晖,《罗兰·巴特对"文本"理论的重构》,《贵州社会科学》, 2013 年第 7 期, 第 54-58 页。
[④] Roland Barthes. Style and Its Image. In Seymour Chatman (Ed.), *Literary Style: A Symposium*. London: Oxford University Press, 1971, p. 10. 转引自陈平,《罗兰·巴特的絮语——罗兰·巴特文本思想评述》,《国外文学》, 2001 年第 1 期, 第 3-10 页。

蔓衍繁生，幽远惚恍，无以确定（既定法则从来不曾支配过意义，掷骰子的偶然倒是可以）；诸意义系统可接收此类绝对复数的文，然其数目，永无结算之时，这是因为它所依据的群体语言无穷尽的缘故。"[①]

虽然，巴特的文本观所针对的是文学创作的文本，而且在他所处的时代，网络还没有兴起，但是他以惊人的预见性对文本所做的后现代思考，却给今天网络时代的文本书写以极大的启发。拉什认为，在现代科技文化中，思想与实践不再分离，"知识与实践之间不再有任何距离，知不再是对行的反省，而是行同时也就是知"[②]。行动就是文本，思想就是实践。新媒体时代的新闻文本书写与以往的新闻文本书写之不同，就在于它正在颠覆现代性以来的诸种二元对立，走向更加开放、多元、流动和不断生成的文本形态。其主要打破的是主观与客观、语言（知识）与行动、情感与理性的二元对立。

新闻文本是基于社会现实与社会结构而建构的文本实践。一方面，新闻文本受制于社会结构与社会过程；另一方面，新闻文本也在参与生产着社会的结构和过程。所以，文本不是静态的、封闭的，而是动态的、开放的；文本不是孤立的、单一的，而是复杂的、多元的；文本不是客观的、理性的，而是杂糅了情感、理性和各种价值观的社会全景图。

第二节 "作者已死"——谁在生产文本？

鲍曼在《立法者与阐释者：论现代性、后现代性与知识分子》一书中指出，知识分子在现代性社会中更多扮演"立法者"的角色，而在后现代社会中，则成为"阐释者"。立法者这一角色"由对权威性话语的建构活动构成，这种权威性话语对争执不下的意见纠纷作出仲裁与抉择，并最终决定哪些意见是正确的和应该被遵守的"[③]。知识分子之所以有更多的机会和权利来获取知识，则归功于"程序性规则"，"这些程序性规则保障了真理的获得，保障了有效的道德判断的形

[①]〔法〕罗兰·巴特，屠友祥译，《S/Z》，上海：上海人民出版社，2000年版，第62页。
[②]〔英〕斯各特·拉什，杨德睿译，《信息批判》，北京：北京大学出版社，2009年版，第34页。
[③]〔英〕齐格蒙·鲍曼，洪涛译，《立法者与阐释者：论现代性、后现代性与知识分子》，上海：上海人民出版社，2000年版，第5页。

成和艺术趣味的适当的选择"[1]，并且具有"普遍有效性"，运用这种规则导致的结果也就具备了合法性。[2]所以，作为"立法者"的现代作者具有优先接近真理、理性和科学知识的特权。[3]阐释者是对后现代知识分子的隐喻，鲍曼认为，"阐释者角色由形成解释性话语的活动构成，这些解释性话语以某种共同体传统为基础，它的目的就是让形成于此一共同体传统之中的话语，能够被形成于彼一共同体传统之中的知识系统所理解"[4]。在鲍曼看来，这种后现代的话语策略并非为了选择最佳社会秩序，"而是为了促进自主性的（独立自主的）共同参与者之间的交往"[5]。半个多世纪以前，巴特曾用"作者之死"颠覆了"作者"的主宰地位，彻底解构了以"作者"为中心的文本世界，解放了"读者"与"文本"，为"读者"与"文本"的主体地位的获得创造了可能，也为新型"作者"的诞生创造了条件。[6]

罗斯诺认为，这种人文科学文本中的"作者已死"和在社会中的"立法者"之衰落是"平行不悖，并驾齐驱的"[7]。在当下中国的网络传播中，我们或许不难发现，传统媒体中的记者正面临着作为新闻文本"主宰者"地位的丧失，而以网民为代表的新闻文本书写者在网络时代已经"诞生"。

甘斯曾在《什么在决定新闻》一书中，对哥伦比亚广播公司（Columbia Broadcasting System，CBS）晚间新闻、美国全国广播公司（National Broadcasting Company，NBC）夜间新闻、《新闻周刊》（*Newsweek*）和《时代》（*Time*）周刊在新闻业所谓的"黄金时代"新闻内容的决定因素进行分析，发现"信源的权

---

[1]〔英〕齐格蒙·鲍曼，洪涛译，《立法者与阐释者：论现代性、后现代性与知识分子》，上海：上海人民出版社，2000年版，第5页。
[2]〔英〕齐格蒙·鲍曼，洪涛译，《立法者与阐释者：论现代性、后现代性与知识分子》，上海：上海人民出版社，2000年版，第5页。
[3]〔美〕波林·罗斯诺，张国清译，《后现代主义与社会科学》，上海：上海译文出版社，1998年版，第37-38页。
[4]〔英〕齐格蒙·鲍曼，洪涛译，《立法者与阐释者：论现代性、后现代性与知识分子》，上海：上海人民出版社，2000年版，第6页。
[5]〔英〕齐格蒙·鲍曼，洪涛译，《立法者与阐释者：论现代性、后现代性与知识分子》，上海：上海人民出版社，2000年版，第6页。
[6] 张富宝，《后时代"作者"的命运——对罗兰·巴特〈作者之死〉的一种解读》，《宁夏师范学院学报》，2010年第2期，第49-53页。
[7]〔美〕波林·罗斯诺，张国清译，《后现代主义与社会科学》，上海：上海译文出版社，1998年版，第37-38页。

力、受众的力量以及效率仍然是'为什么新闻被如此这般呈现'的主要解释"[1]。但是在今天，谁是互联网时代的文本生产者？谁都有可能是。谁在决定新闻？谁都在决定着，或者说，谁都在参与决定新闻。

按照库尔德利的说法，"世界不是一个文本，而是习惯和资源编织的一张大网，包含书写和解释文本的习惯；把世界当作一个文本来解读，那是被误导了"[2]。但是，如果把这张大网所织就的作品看成一个动态的"文本"的话，那么，在一个网络化的时代，没有一个新闻事件是可以用单一文本书写而成的。所有参与事件的行动者都在书写和生产这个文本，这个文本是开放的、多元的、复杂的、多变的，甚至可能是没有结果的。所谓的新闻"罗生门"现象，所谓"烂尾新闻"现象，都是互联网时代新闻文本的常态。用传统确定性的、目的论的宇宙观或文本观来看待今天的新闻文本，会发现有很多新媒体文本是以支离破碎、残篇断章的方式写就的。"谁都不能声称自己具有特别的见解或洞察力。在极端的意义上，所有见解都是旗鼓相当的。"[3]

静止的文本中，作者是明确的。记者即使作为巨大的组织机构的喉舌，也可以尽力附着自己的个人色彩，他能决定文本的主题立意、叙事色彩、未来走向，以及对读者的影响。文本制造者可以通过新闻报道、评论等形式将文本的影响导向一种可控的、有明确意涵的方向。比如典型报道和典型宣传。即传播学中所说的"传者中心"。

行动的文本中，谁是作者？谁都是作者。参与事件发言的每一个人，都参与了这个巨大的变化的文本的书写，但是，几乎没有人能控制这个文本的最终走向和发展轨迹。"意义并不内在于文本；它存在于文本和读者的交互作用之中。尽管两者在表面上可以平分秋色，然而其间的约定并非总是风平浪静的。读者可以建构文本。文本也可以反过来控制邂逅者。读者和文本之间的每一次相互作用的

---

[1]〔美〕赫伯特·甘斯，石琳、李红涛译，《什么在决定新闻》，北京：北京大学出版社，2009年版，第13页。

[2]〔英〕尼克·库尔德利，何道宽译，《媒介、社会与世界：社会理论与数字媒介实践》，上海：复旦大学出版社，2014年版，第25-26页。

[3]〔美〕波林·罗斯诺，张国清译，《后现代主义与社会科学》，上海：上海译文出版社，1998年版，第35页。

结果，每一次交锋的结果，都是不同而又单一，短暂而又绝非终极的。"[①]在当代中国的媒介事件文本中，这种多元话语主体的交互碰撞频频出现。李某某事件中变幻出六七个"门"，李某某事件最终不断出现新的故事；这种文本的书写可能以一种没有原本的"摹本"出现，不断被复制，不知作者是谁，如彭某案；也可能以一种全民侦探的形式出现，每个人都是作者，每个人心中有一个凶手，于是罗生门浮现，如每隔一段时间就会被翻出来的朱某案；又或者，文本的参与者们本来意见比较一致，但随着事件的发展，情绪泛滥，前后评判价值断裂，如药某某事件。

再没有一个全知全能的上帝式的作者存在，作者已死，作者又以多元人格的形式复活。所以，网络时代的文本书写既非传者中心，也非受者中心，传者和受者的角色模糊，是一个无中心的状态。也是一个一切都是中心，没有边缘的状态。

在彭某案中，我们看到各种结构性因素在如何推动这个文本的生成，传媒如何受制于公众情绪，公众情绪又是如何不断加工这个文本，修改、增补、删减这个文本，在其后的无数案例中，这个文本又如何被不断复写、模仿、类比，从而形成"老人摔倒扶不起"的文本模式和刻板成见。事实、情境、观念共同建构了这个复杂的文本。是时代"挑选"了彭某、郭某某、药某某、韩某等人，以及"欺实马""诈捐门"等事件？还是这些当事人和参与其中的大众一样，书写了时代的文本？

由彭某案到"老人摔倒扶不起"再到"中国大妈"，这个复杂的文本是如何相互联系的？如何编织成一张网络？

第三节　液态化与多元互动——移动互联时代的文本实践

"无反转，不新闻"，"无视频，不新闻"，当我们在这样说新闻时，我们在说什么？我们说的新闻不是静态的、凝固的文本，不是单一的事实文本，而是流动的、液态化的事件，是行动的文本和交互的文本。

---

①〔美〕波林·罗斯诺，张国清译，《后现代主义与社会科学》，上海：上海译文出版社，1998年版，第35页。

在对新闻文本之真假的认定上，我们经历了传统媒体时代的"假新闻"，互联网时代的"罗生门"新闻和移动互联网时代的"反转新闻"。

所谓"假新闻"和"新闻失实"，更多指向的是对新闻文本的事实判断。由于传统媒体时代的新闻文本是静态的，相对孤立的，由专业新闻媒体生产的，缺乏公众普遍参与的，纠错能力相对较弱的，结果式的文本。对于这样一种静态的和定格的文本，容易用"真"和"假"进行认识论上的区分。现代社会也赋予新闻机构以更加接近"事实"和"真相"的权利，赋予专业的媒体人以调查和了解事实的权利。所以，非新闻专业的受众很难判断事实的真假，假新闻的出现往往是个体性的、偶然性的，更多涉及职业操守问题，被称为"新闻毒瘤"。

新媒体时代的新闻，由事实主导变为事件主导，由结果变为过程，静态变为动态；事实本身也由单一事实向复合事实发展，即事实的各个面向都能被发掘；过去的新闻主要呈现的是事实，不是事实引发的话题和舆论，现在的新闻事件可能会发酵为舆情事件，事实和意见不可强分，公众情绪也成为新闻的一部分；对事实的评价过去是掌握在专业媒体手中的，现在转移到了公众的手中。你可以说一个事实是假的，但不能因为一个事件中的部分事实为假，而说这个事件是假的。所以，真假的问题更加适合静态孤立地考察，对于动态事件的考察则会失偏。

1994 年，随着第一条 64K 国际专线正式接通，中国进入互联网时代。在互联网进入中国二十多年的时间里，经历了从 Web1.0 到 Web2.0 再到 Web3.0 的迭代更替。如果说，Web1.0 时代的互联网还是以传统四大门户网站为代表，以静态、单向阅读为主，与传统媒体的区别主要在于其具有海量的连接能力；那么 Web2.0 时代的互联网本质就是互动，它让网民更多地参与信息产品的创造、传播和分享。在这一过程中，新闻文本也悄悄发生着变化。2007 年被称为"公共事件元年"，这一年的四大公共事件——厦门 PX 项目事件、陕西华南虎事件、山西黑砖窑事件以及重庆钉子户事件——无一不是网民参与书写的公共事件。在各种论坛上，传统媒体和网民、网民和网民、线上和线下不断互动，常常将一件小事放大，甚至变成一场社会运动。在其后，媒介文本（事件）开始变得复杂，2009 年的杭州"70 码"事件，2010 年的药某某事件，2010 年的"我爸是李某"事件，2013 年的李某某事件等，让我们看到，互联网新闻事件的书写和叙事方式与传统的新闻事件不同，往往一个事件中会出现各种"门"——当事人一种说法，对立者一种说法，目击者一种说法，知情者一种说法，执法者一种说法……所谓新闻的"罗生门"现象就此产生。这种"罗生门"更多指向的是事实的多种版本和真相的扑朔迷离，传统媒体也难以担当事实的最终裁定者和"立法者"的角色。公众开始参与新闻文本的书写，令新闻文本成为一个多元开放的文本，即巴特所谓的"书写者文本"，"由于它的开放性（或模糊性）而可以作出无数的解释。它之所以被称为'书写者文本'（scriptible）是因为它可以被每一位邂逅者重新书写（解读）。它是'阅读者文本'（lisible）的对立面。后者被人阅读是出于对某个特殊信息的考虑，'阅读者文本'是为某个消极的读者预备的，它反对被读者重新书写"[1]。在后现代主义者的眼中，每个文本都相关于每个"他文本"，这导致了"互为文本关系"。"存在着一个整体混合，一个类似于中世纪狂欢节的共时关系，在那里每个环节都相关于任何一个他环节。在某个最深刻的意义上，所有文本都是对其他文本的重复。文本的相辅相成（互为文本）关系是日常生活的特性。"每个文本都处于和其他文本的交互关系中，最终，"没有一个文本是原版的"。[2]

近年来，在网络舆论场上，我们经历了太多的新闻反转事件，如2015年的成都女司机被打事件、安徽淮南女大学生扶老人事件，2016年的上海女逃离江西农村事件、丢肾门事件、罗尔事件，2017年的陕西榆林产妇坠楼事件、哈尔滨天价鱼事件，2018年的重庆巫山男孩被偷车贼泼油烧伤事件、昆山反杀案，等等。人们不得不呼吁，"让新闻飞一会儿"，给真相一点时间。

如果把这些"新闻反转事件"视为一个个"行动的文本"，其出现的时间大致和社会化媒体兴盛的时间一致。微博的产品发布是在2009年，2010年被称为"微博元年"，微博爆发性增长是在2012～2013年。微信比微博稍晚，产品发布是在2011年，2012年推出微信公众平台，爆发性增长期在2013～2014年。"反转新闻"这个概念在2013年开始出现，几乎和社交媒体、移动互联网的兴盛同频共振。如果说，新闻的"罗生门"是Web2.0时代的互联网的产物，那么，"反转新闻"就是移动互联网之子，它诞生伊始，就携带了移动互联网的两大"基因"——移动和互联，带来了巨大的流动性和不确定性。

在这些案例中可以看出，新闻的"反转"大致分为三类。第一，事实本身的

---

[1] 〔美〕波林·罗斯诺，张国清译，《后现代主义与社会科学》，上海：上海译文出版社，1998年版，第50页。

[2] 〔美〕波林·罗斯诺，张国清译，《后现代主义与社会科学》，上海：上海译文出版社，1998年版，第51页。

反转。要么事实本身为假，如上海女逃离江西农村事件，要么事实存在不同面向，第一时间被公布的是事实的某一面，而事实的另一面在其后逐渐呈现，比如成都女司机被打事件。第二，事件的反转。如果把事实看成动态的事件的组合，那么其前后的过程不断发生变化，比如罗尔事件。第三，舆论的反转。随着事实的不同面向呈现和事件的流动进程，公众情绪不断发生变化，几乎每一个事件中都有公众舆论的参与。

反转新闻和假新闻的最大区别是不再能以真与假判断一个事件，比如上海女逃离江西农村事件，虽然最后求证为假，但其中包含的普遍的社会情绪是真实的。再比如成都女司机被打事件，当事双方呈现的视频都是真实的，不是假的，但都是事实的一部分。从这个意义上说，移动互联网时代的假新闻也是新闻。比如春节期间的上海女逃离江西农村事件被广泛关注，虽然最后被证伪，但这件事本身不就是新闻吗？它又是如此"真实"地将寒门子弟面前城乡、贫富割裂的鸿沟呈现出来，真实到残酷。它触动了人类的普遍共同的情感，勾连了一种当代人共通的焦虑。这种情感和焦虑也是真实的。所以，连主流媒体都纷纷发表评论。

在传统的新闻定义的框架中，我们争论的问题是认识论层面的真与假，是静态的新闻观念中的宏观真实、微观真实，或整体真实与部分真实，或本质真实与现象真实等，这些概念的前提都是，有一个现成的事实在那里，事实是可以被认识的。当然，传统的新闻观也涉及了所谓的"过程"，就是新闻媒体要通过连续不断的报道展现社会的画卷，其实是对普遍真实做另一种解释。事实上，这种"连续不断"更多呈现的是媒体"连续不断"地出报出刊出节目，任何一家媒体因为版面资源以及人手的限制，都不可能不计成本地、持续地、从不同方面去追踪一件事，也不可能不断关注受众的评价，最终将"事件""反转"。

在新媒体时代，对于真和假的判断不再能够如此清晰明了，它们越发复杂，无论是事实本身或者事件的发展。此其一。

其二，各种力量对新闻事件的介入，让事件和事实本身不再能够成为一个纯然客观的，纯洁到能够剥离开事实和意见以及主观和客观的对象，新闻的报道者们不仅报道新闻，生产新闻，也参与新闻，文本之间的"互文性"增强。如安徽淮南女大学生扶老人事件之所以能成为一个媒介事件的文本存在，是因为在这一事件之前有着"彭某案"引发的关于"老人摔倒扶不起"的系列文本，有关于"中国大妈"叙事的系列文本。没有这些结构性的作为参照系的文本存在，女大学生是否因为撞到老人而扶老人很难成为公共性话题。"绝对交互作用的互为文本关系蕴含着对于直接因果关系之可能性的一个强有力的否定。因为在一个每一事物都以一种绝对交互作用的方式相关联的世界里,因果性所必需的时间上的优先性几乎是不可能确立的。"[①]既然每一个文本(事件)都相关于其他的文本(事件),那么,文本的不确定性和纷繁复杂、相互纠缠就会成为常态,寄希望于在文本(事件)中找到清晰的因果关系和逻辑链条,往往会大失所望。

其三,为什么舆论也成了新闻文本的一部分,因为舆论"可见"了,可测了。过去,舆论是看不见摸不着的东西,舆论很难收集,更难测量,媒体自认为代表舆论,代表公众意见,但李普曼很悲观地表达了"幻影公众"的意见。媒体以想象中的"公共利益"作为正当性的来源。可是,公共利益从哪里来?在社会共识难以达成的前提下,有什么普遍性的公共利益存在?各个群体有各个群体的利益,传统媒体错将它们所代表的一部分群体的利益当做公共利益。大数据让舆论可测量了,让各个利益群体能够表达了。它们都在改变着新闻文本的样态和业态。

第四节　讲故事与非虚构写作——情感与文本的生成

作为"启蒙运动、现代科学和西方社会"之产物的现代理性,在后现代环境中遭受了各种质疑。"在后现代主义者看来,放弃理性也就意味着摆脱对于权威、效率、层系、强权、技术、商业(商业伦理)、行政和社会工程的现代性偏见。"[②]而且,"理性和合理性同后现代对于情绪、感觉、反省和直观、自主性、创造性、想象力、幻想和沉思的确信相冲突"[③]。"人类不仅在思考世界,而且在感受世界。"[④]20 世纪后半叶,情感开始重新回归公共生活和政治生活。如果说,"情感转向(affective turn)"算得上西方学界异军突起的一股热潮,这股

---

① 〔美〕波林·罗斯诺,张国清译,《后现代主义与社会科学》,上海:上海译文出版社,1998年版,第 165 页。
② 〔美〕波林·罗斯诺,张国清译,《后现代主义与社会科学》,上海:上海译文出版社,1998年版,第 191 页。
③ 〔美〕波林·罗斯诺,张国清译,《后现代主义与社会科学》,上海:上海译文出版社,1998年版,第 192 页。
④ 郝拓德等,《情感转向:情感的类型及其国际关系影响》,《外交评论(外交学院学报)》,2011年第 4 期,第 40-56 页。

热潮的源头可以追溯到斯宾诺莎的《伦理学》。在这部著作中，斯宾诺莎开宗明义地反对笛卡尔的理性主义哲学，提出身心平行的二元论主张。①在后现代著作《资本主义与精神分裂（卷2）：千高原》中，德勒兹和加塔利致敬了斯宾诺莎，将他们的生成理论嫁接到斯宾诺莎的伦理学情感谱系之中，认为情感在本质上是一种生成。②

在现代新闻业的叙事传统中，理性始终占据主导地位。舒德森认为，在19世纪美国社会的许多领域，实证主义已经成为一种"理直气壮"的科学，"在科学正式成为一种制度、一套可操作的知识体系之前，民众就已经开始接受实证科学了"③。倒金字塔新闻叙事结构隐喻着世界是可以把控的，事实是可以依据重要性排序的，而理性可以决定何为重要的事实。无论"倒金字塔"结构，还是"华尔街日报体"的"钻石结构"，都是稳定、理性的现代性结构方式，而"5W"的新闻写作要素则规定了对这个世界的认知方式是以提供信息为主导的。舒德森这样引述19世纪90年代一位美国记者的抱怨："记者必须像机器一样报道新闻，不许有偏见，不许有色彩，不许有风格。所有的文章千篇一律。一旦在我们的报道中出现幽默或任何个性的迹象，就会被揪出来训斥，立刻被镇压。作为一名作家，在《晚邮报》工作的那些年给我造成了永久的伤害。"④情感和个人风格如此严格地被排斥在客观的叙事之外。

但是，在理性地把控世界和叙述事实的文体之外，情感化的、以"讲故事"告知事实的方式更接近人类文明的源头。故事的出现，可以追溯到早期人类社会，一些古老的神话传说便起源于此。几千年来，故事构成人类社会中不可或缺的一个部分，正如麦基所说，故事是有关永恒和普遍的形式。⑤在亚里士多德的修辞学中，"故事（story）"常常与"叙述（narration）"和"叙事（narrative）"这两

---

① 〔荷〕斯宾诺莎，贺麟译，《伦理学》，北京：商务印书馆，2011年版，第99页。
② 陆扬，《"情感转向"的理论资源》，《上海大学学报（哲学社会科学版）》，2017年第1期，第30-38页；〔法〕德勒兹、〔法〕加塔利，姜宇辉译，《资本主义与精神分裂（卷2）：千高原》，上海：上海书店出版社，2010年版。
③ 〔美〕迈克尔·舒德森，陈昌凤、常江译，《发掘新闻——美国报业的社会史》，北京：北京大学出版社，2009年版，第66页。
④ 〔美〕迈克尔·舒德森，陈昌凤、常江译，《发掘新闻——美国报业的社会史》，北京：北京大学出版社，2009年版，第68页。
⑤ 〔美〕杰克·哈特，叶青、曾轶峰译，《故事技巧——叙事性非虚构文学写作指南》，北京：中国人民大学出版社，2012年版，第1页。

个概念进行比较。"叙述"是一种广义的修辞模式（rhetorical modes），叙事是叙述方式达成的一种产物，是对发生之事的重述（words of retelling），叙事与故事基本可以等同。[1]基于这样的故事概念，我们可以用巴特关于叙事的表述来说明故事的意义："自人类有历史以来，所有阶级、所有群体都有他们的叙事，叙事是跨国家、跨历史、跨文化的"[2]，故事亦然。现有的"讲故事"的相关研究，源于俄国民俗学者普罗普的故事结构分析。1928年普罗普的《故事形态学》出版，其书主要观点为：凡是叙事皆有结构，人们可以从各种叙事模式中了解传播意义进而批评现实社会。[3]时至今日，人类生活的文化细节中故事无处不在，我们所讲的故事的范围，不仅包括艺术作品中的故事，还包括历史文化层面、新闻传播层面以及人们日常生活实践中的种种故事。

"它就在那里，它就是生活本身。"[4]作为人类的生命叙事，故事与各个领域均发生关系；但是，"故事"和"讲故事"的方式对人类社会更深刻的影响和更广泛的形塑则是经由新闻传播领域得以实现。在《牛津高阶英汉双解词典（第四版）》中，story除了有"故事"的意思，还可被释意为"(a) report of an item of news in a newspaper"，即"Journalism新闻"。[5]

一般认为，19世纪30年代，便士报引发的美国新闻业革命使"新闻"战胜了社论，"事实"战胜了观点，现代新闻概念由此诞生。[6]但是，当时的报业还未形成新闻的客观性原则，记者通过讲故事来吸引读者，舒德森称之为办报的"故事模式"。与当时的六便士报相比，便士报的发行量巨大，第一份便士报《纽约

---

[1] Barbara HerrnsteinSmith. Narrative versions, narrative theories. *Critical Inquiry*, 1980, 7(1), pp.213-236; 瞿海源等，《社会及行为科学研究方法（第二册，质性研究方法）》，北京：社会科学文献出版社，2013年版，第124-156页；转引自：刘子曦，《故事与讲故事：叙事社会学何以可能——兼谈如何讲述中国故事》，《社会学研究》，2018年第2期，第164-188、245页。

[2] Roland Barthes. Introduction to the Structural Analysis of Narratives. In S. Heath. *Image, Music, Text*. New York: Hill and Wang, 1997, p. 79.

[3] 〔俄〕弗·雅·普罗普，贾放译，《故事形态学》，北京：中华书局，2006年版。

[4] Roland Barthes. Introduction to the Structural Analysis of Narratives. In S. Heath. *Image, Music, Text*. New York: Hill and Wang, 1997, p. 79. 转引自：刘子曦，《故事与讲故事：叙事社会学何以可能——兼谈如何讲述中国故事》，《社会学研究》，2018年第2期，第164页。

[5] 〔英〕霍恩比，李北达译，《牛津高阶英汉双解词典（第四版）》，北京：商务印书馆、香港：牛津大学出版社（中国）有限公司，1997年版，第1506页。

[6] 〔美〕迈克尔·舒德森，陈昌凤、常江译，《发掘新闻——美国报业的社会史》，北京：北京大学出版社，2009年版，第10页。

太阳报》创刊后数月便成为纽约最大的报纸，其他便士报也迅速扩展至波士顿、费城和巴尔的摩等其他城市商业中心。[①]可以说，便士报使得"讲故事"与媒介发生了极其密切的关系，甚至成了一种强势的媒介逻辑。

19世纪90年代，与便士报的"故事模式"相对应，严肃的六便士报认为报纸应当不加修饰地提供事实，纯粹传达信息，坚持办报的"信息模式"。此时，"故事模式"和"信息模式"被不同风格的报社所采用。直到第一次世界大战后，资本主义社会对民主市场、事实的追求乃至人本身的失落感带来了新闻业对"客观性"的狂热追求，"信息模式"开始占据上风。本雅明指出，"信息"是一种新的交流模式，是成熟资本主义的产物，信息的明显特征为"立即可以验证"，是"与讲故事格格不入的"。[②]但是实际上，新闻与故事并非如此对立，报业对"信息"和"客观性"的推崇也非从来就有。舒德森甚至认为客观性作为一种理想，只是"用来遮掩我们在凝视现代社会时眼中流露出的失落感"[③]。凯瑞则从媒介史的角度提出，从"故事"到"信息"是人类从口语的面对面交流向被印刷品中介的交流方式的转变。[④]

本雅明在《讲故事的人》中，将"故事"与"信息"相比较，认为："信息的时效性超不过它之所以为'新'的那一刻。它只存活于那一刻；它必须完全地依附于那一刻，并且争分夺秒地向那一刻表白自己。故事则不同。它不消耗自己。它存储、集中自己的能量，即使在漫长的时间以后，还可以释放出来。"[⑤]从某种程度上说，倒金字塔是电报时代的产物，源于战争年代信息的匮乏和稀缺，信息即金钱，信息即权力。在信息越来越透明易得，甚至"超载"的今天，情感反而比信息更有价值，甚至更有力量。所谓"后真相"时代即指情感、情绪和立场的力量大过所谓"真相"。"讲故事"作为一种情感书写，其重心不在于理性的事

[①]〔美〕迈克尔·舒德森，陈昌凤、常江译，《发掘新闻——美国报业的社会史》，北京：北京大学出版社，2009年版，第13页。

[②] Walter Benjamin. *Illuminations*. New York: Schocken Books,1969, pp. 88-89. 转引自：〔美〕迈克尔·舒德森，陈昌凤、常江译，《发掘新闻——美国报业的社会史》，北京：北京大学出版社，2009年版，第79页。

[③]〔美〕迈克尔·舒德森，陈昌凤、常江译，《发掘新闻——美国报业的社会史》，北京：北京大学出版社，2009年版，第145页。

[④]〔美〕詹姆斯·W.凯瑞，丁未译，《作为文化的传播》，北京：华夏出版社，2005年版，第10页。

[⑤]〔德〕本雅明，李茂增、苏仲乐译，《写作与救赎：本雅明文选》，上海：东方出版中心，2009年版，第86页。

实呈现，强调的是情感上的共通和共鸣，强调表达方式的直指人心。在这个用互联网搭建起来的高度媒介化的社会中，讲故事的逻辑伴随着无处不在的媒介进入各个领域，甚至成为"内容创业者"安身立命的根本，成为媒介的主导逻辑。

与"讲故事"一起兴盛起来的，还有"非虚构写作"。在英国文化学者威廉斯那里，虚构（fiction）一词"具有有趣的双重意涵"，一方面是"想象的"（imaginative）文学（literature），另一方面是"纯然的——有时候是刻意欺骗的——虚构"。[1]既然虚构一词有捏造、杜撰之意，非虚构作为虚构的对立面，则具有写实的特征：基于真实事件和真实人物的写作。

这个被认为打通了新闻、文学、人类学的跨界概念在新闻业中可以追溯到20世纪的"新新闻主义（new journalism）"。在20世纪60年代，伴随着第二次世界大战后美国社会的变迁和发展，传统的客观报道方式已经越来越难以满足时代的需要，美国新闻业开始向文学借鉴和寻求创新的方法。一些写作者无意间扶植起一种新的文体，随着参与者的增多，在新闻界逐渐形成风潮。这些不同类型的写作都具有一系列被传统新闻忽略的内容："气氛渲染、个人情感、对事件的解释、宣传鼓动、各种观点、小说式的人物塑造和描写、少量的淫秽内容、对时髦事物和文化变革的关心，以及政治见识。"[2]虽然并不能在任何一个作家身上发现所有这些特点。"有时这些作家仅靠打破禁忌（不仅讨论禁谈的题目，而且更多地采用老式新闻教条所禁用的手段和写法）就形成了一种新声。"[3]新新闻主义既是一种新闻思潮，又是一种新闻写作方式。作为美国20世纪60年代新闻界的"叛逆者"，与传统的客观性报道形成强烈的冲突，这也是"非虚构写作"在新闻业最早的实践。

如前所述，与客观性报道相匹配的倒金字塔写作，是一种简洁、明快、朴素的新闻文体，时至今日已成为新闻写作的经典。但是，这种写作方式背后隐含的"信息崇拜""理性至上"的观念，以及对"什么是最重要的事实"近乎武断的选择和安排，流露出办报者的主体性气息。这种文体强化了主体和客体、理性和

---

[1]〔英〕雷蒙·威廉斯，刘建基译，《关键词：文化与社会的词汇》，北京：生活·读书·新知三联书店，2005年版，第181页。
[2]〔美〕莫里斯·迪克斯坦，方晓光译，《伊甸园之门：六十年代美国文化》，上海：上海外语教育出版社，1985年版，第133页。
[3]〔美〕莫里斯·迪克斯坦，方晓光译，《伊甸园之门：六十年代美国文化》，上海：上海外语教育出版社，1985年版，第133页。

情感的二元对立，同时也将新闻作为"事学"与文学作为"人学"区分开来。在传统现代性逐渐走向衰落之时，这种新闻报道方式也不断受到质疑和挑战。

新新闻主义就是有力的挑战者。新新闻写作者对于个人主观体验和情绪的重视，对于文学化的、富有想象力的文体风格的追求，对于报道对象生活的积极参与和介入，都在打破着传统新闻学的"客观性"。正如沃尔夫在《新新闻学》中所宣称的，新新闻学的目标是在理智和情感两方面席卷读者，是"给读者看真实的生活"，是说"来！看！这是这个时代人们的所思所想所为"。[①]

时至今日，非虚构写作作为新新闻写作的承继者，在 21 世纪的第二个十年大放异彩。2015 年，八家机构发起成立了"非虚构创作联盟"。非虚构写作的阵营，既包括传统的媒体平台，如《南方周末》《南方人物周刊》《时尚先生》等，也包括梁鸿、慕容雪村等一批优秀的非虚构自由撰稿人，以及非虚构创作专项平台，如腾讯支持的"谷雨"和"地平线"。近几年，国内非虚构写作的阵营逐渐由纸媒扩大到社交媒介上，而且产生了巨大的反响，打造出不少现象级的作品。如 2016 年《时尚先生》登出媒体人杜强的非虚构作品《太平洋大逃杀亲历者自述》，其微信号阅读量达到 3000 万+，电影版权卖了 100 多万。

广义上，一切以现实元素为背景的写作行为，均可称之为非虚构写作。非虚构写作的要义无非有二：其一，讲真实故事；其二，讲好故事。那么如何"讲好真实故事"？和文学创作相比，它更加"事真"，和新闻报道相比，它更加"情真"。

当我们说非虚构写作的时候，我们在说什么？从新闻写作的角度，我们其实是在表达对过度客观中立的报道方式的反拨；从文学创作的角度，我们又在表达对虚构文本的审美疲劳；从文本生成的角度，我们又在反对过去无交流无共同体验的文本形态。所以，中和了新闻与文学两种样态的非虚构文本，从真实和情感两个方面击中人心，每个人都能从自己的人生经历中去体会和理解当事人的人生境遇。咪蒙的文章大多就是如此，通过细节激发情绪，通过观点产生共鸣，轻易收割流量。但是，过度贩卖焦虑、阶层固化等等这类轻易就能引发共鸣的社会情绪，并不能促进社会的沟通和进步，反而撕裂了社会共识。

侠客岛的评价是："看完文章，感觉文章是这么写成的：作者把现在能让人

---

① 楼坚，《新新闻主义的复活》，《新闻大学》，1995 年第 4 期，第 48-50 页。

产生共鸣、扎眼醒目的关键词，什么寒门、状元、乳沟啦，不管雅俗，统统汇聚起来，把当前能引发人们焦虑的桥段，什么理想与现实的扭曲、阶层固化让人看不到希望、情怀操守已经一文不值等，甭管真伪，全都融合一块。然后，弄出来一个人物，把这些关键词串联起来，再把自己搁进去，好像是全程客观记述，其实是闭门造车，胡编乱造。"①

　　无论"讲故事"，还是"非虚构"，这种话语实践都与社会情境互相建构。借用 20 世纪 60 年代新新闻主义兴盛之时迪克斯坦的评价："各种时髦事物来去匆匆，掠过社会的表面，然后销声匿迹，甚至历史也无法挽救它们"，"但是变幻莫测的时髦事物中却蕴藏着社会情感、道德观念和政治气氛的深刻变革的线索，这些变革将会影响最偏远的社会角落"。②

---

① 佚名，《侠客岛评"寒门状元之死"：咪蒙咪蒙谁迷谁懵》，百度网，2019 年 1 月 31 日，https://baijiahao.baidu.com/s?id=1624130583455975774&wfr=spider&for=pc

② 〔美〕莫里斯·迪克斯坦，方晓光译，《伊甸园之门：六十年代美国文化》，上海：上海外语教育出版社，1985 年版，第 129 页。

第六章　重构舆论：从"可能"到"可见"

舆论是什么？它可能是卢梭在经历启蒙运动后对建立契约化平等的民主社会的殷切期望，可能是阿伦特眼中古希腊文明时代雅典广场展现的市民辩论，可能是哈贝马斯在咖啡馆、沙龙或是社交聚会上看到的理性而自由的对话，也可能是李普曼心目中的"幻影公众"——"不是上帝的声音，也不是社会的声音，而只是旁观者的声音"[①]。

虽然，在不同的文化语境中，对于舆论的解读意见纷呈，莫衷一是，但毋庸置疑，它已然在不经意间变成了一个被广泛使用的跨文本概念。有关舆论最为经典的教科书认为，舆论具有三个要素：舆论的主体是公众，公众是由社会中占大多数的具有独立自我意识的人组成的；舆论的客体是与公共利益有关的公共事务；舆论的本体是意见，即公众对公共事务的评价性意见。[②]然而，这样的判断在互联网，特别是移动互联网崛起下的现实环境和媒介环境中，变得缺乏解释力。波斯特早在20世纪90年代就敏锐地发现，"现代的分析范畴限制了人们对这些交流手段的理解"[③]。"现在正在形成一种探讨新传播技术的话语，这种话语在很大程度上受到现代性视野的限制。"[④]

第一节　舆论如何可能？

弥尔顿曾说道："杀人只是杀死了一个理性的动物，破坏了一个上帝的

[①]〔美〕沃尔特·李普曼，林牧茵译，《幻影公众》，上海：复旦大学出版社，2013年版，第13页。
[②] 姜红，《舆论如何是可能的？——读李普曼〈公众舆论〉笔记》，《新闻记者》，2006年第2期，第84-85页。
[③]〔美〕马克·波斯特，范静哗译，《第二媒介时代》，南京：南京大学出版社，2001年版，第46页。
[④]〔美〕马克·波斯特，范静哗译，《第二媒介时代》，南京：南京大学出版社，2001年版，第37页。

象。"①弥尔顿倡导言论出版自由的一个重要理由便在于他坚信人类是理性的动物,并且最重要的使命之一便是寻找真理。在寻找真理的过程中,每一个能够独立进行理性思考的个体都应该参与到讨论中,因为发表意见的过程便是知识形成和真理显现的过程。他还特别强调理性在自我选择中的重要性,当人们抱怨亚当逆命而行时,他反驳道:"这真是蠢话!上帝赋给他理智就是叫他有选择的自由,因为理智就是选择。"②密尔也相信,保护言论和思想自由特殊好处之一就是通过意见的交换可以发现真理,"从真理与错误冲突中产生出来的对于真理的更加清楚的认识和更加生动的印象"③,并且将其实现的条件诉诸"理性的保证"。虽然密尔开始意识到真理的可辩性,不相信真理总是战胜谬误,但他坚信通过公开的讨论所产生的公众意见仍然是抵达真理的方式:"真理所享有的真正优越之处乃在这里:一个意见只要是真确的,尽管可以一次再次或甚至多次被压熄下去,但在悠悠岁月的进程中一般总会不断有人把它重新发现出来……能够抵住随后再试图压制它的一切努力。"④在弥尔顿和密尔之后,依靠公开的辩论去发现真理这一观点成为支撑言论自由的核心观念,人们坚信诉诸理性的力量能够获得舆论的可能。

同样,启蒙时期的思想家们也提倡用理性来武装头脑。作为这一时期的集大成者,卢梭认为人类的理智足以产生理性的"公众意见",它是除政治法、民法、刑法之外的"第四种法律",也是建立民主政治的基石,"可以不知不觉地以习惯的力量取代权威的力量",并且"其他一切方面的成功全都有系于此"。⑤由此可见,公众意见在自由表达之后的理想的运作状态,应当是让公众舆论自然地成为社会共同体的法理和道义基础。

20 世纪以来,由于哲学元理论的不断发展和西方社会环境的巨大变迁,人们逐渐意识到,"舆论不再处于在理性指导下的自在自为的状态中,而是处于经验的观察下可知的那种复杂的、受控的和效果可向优劣两极伸缩的微妙的状态中"⑥。以李普曼为代表的现代舆论观不再像卢梭等人那样把舆论与"理性"和"真理"

---

① 〔英〕弥尔顿,吴之椿译,《论出版自由》,北京:商务印书馆,1958 年版,第 5 页。
② 〔英〕弥尔顿,吴之椿译,《论出版自由》,北京:商务印书馆,1958 年版,第 23 页。
③ 〔英〕约翰·密尔,许宝骙译,《论自由》,北京:商务印书馆,1958 年版,第 20 页。
④ 〔英〕约翰·密尔,许宝骙译,《论自由》,北京:商务印书馆,1958 年版,第 33-34 页。
⑤ 〔法〕卢梭,何兆武译,《社会契约论》,北京:商务印书馆,2003 年版,第 70 页。
⑥ 黄建新,《近现代西方舆论观的嬗变》,《复旦学报(社会科学版)》,1995 年第 3 期,第 233-236,244 页。

直接联系起来，因为"拟态环境"（pseudo-environment）和"刻板成见"（stereotype）的存在，公众无法依据完整的真相和剔除成见的理性做出真正意义上公正的判断，舆论中同时包含着"理性"与"非理性"的双重特征，犹如"悬在虚空中的大地"。这种舆论观认为，公众不能凭自身力量主导舆论，而要依靠媒介，依靠技术专家组织提供的"有组织的情报"来形成舆论。诺依曼也意识到舆论的形成不是社会公众的"理性讨论"的产物，而是"意见气候"的压力作用于人们惧怕孤立的心理的结果，她认为，舆论是强制人们对"优势意见"采取趋同行动这一非合理过程的产物。[①]

在大众媒介时代，先进的媒介技术不仅提供了大量的信息，同时还创造了让人不易察觉的控制技巧，特别是调查计算工具的普及，现代定量研究为测定舆论的动向提供了较为可靠的科学手段。盖洛普于1953年创立的著名的"美国舆论研究所"，被视作较为正式而科学化的舆论测定开端。舆论不再是难以捉摸的"幽灵"，而是可以准确测定、客观把握的各种指标。贝雷尔森认为这种舆论研究的趋势显示出该领域"日渐技术化、数量化、非理论化、分割化、特殊化、专业化和制度化、'现代化'、'群体化'——简言之，以行为科学为其特征，美国化了"[②]，成为科学的一个分支。无论是自由辩论的结晶，还是强制趋同的产物，抑或可被控制与计算的结果，舆论总体来说是明确而有迹可循的。直到今天，许多发达国家的政治体系仍然依靠这类调查的结论来及时了解政治气候和舆论环境的变化。

从启蒙时期崇尚言论自由的公共性到大众媒体时代青睐科学主义的实证性，舆论的内涵与外延已悄然发生了改变，与之而来的是，公众个体被集结的团体取代，公众消失在科学的数量统计之中。在现代性的视野下，启蒙运动的理性理想，在社会主导观念中已经被解释为以科学、理性和效率为名义的工具理性的规则，相信公众的理性已让位给了对公众舆论的科学管理。[③]这完全不同于古典时期对舆论公共意蕴和人文色彩的憧憬。

---

① 郭庆光，《传播学教程》，北京：中国人民大学出版社，1999年版，第219-222页。
② Bernard Berelson. The study of public opinion, the state of the social sciences. In Leonard D.White. *Illinois*. Chicago: University of Chicago Press, 1956, pp.304-305. 转引自〔美〕米尔斯，陈强、张永强译，《社会学的想像力》，北京：生活·读书·新知三联书店，2005年版，第58-59页。
③ 李欣人，《西方舆论观演化的现代性理路》，《山东大学学报（哲学社会科学版）》，2012年第2期，第151-155页。

然而，现代舆论研究残留下的问题尚未解决，如今我们又不得不直面媒介技术革新带来的众声喧哗。那么，在这嘈杂鼎沸的世界中，舆论还是否可能？

第二节 "可见性"：一种媒介研究的新路径

2013年，戴扬针对以虚拟网络为代表的新媒体出现后公共空间领域发生的转向，提出了"可见性"（visibility）的概念，尝试探索一种打破传统范式的新媒体阐释路径。"可见性"探讨个体能否被他人看见，能否获得他人注意力的权利问题，[1]这一概念极大地拓展了公共领域的内涵与外延，人们可以在"看见"的基础上重构人际关系，再造社会议题，创建公共领域，探索媒介生态的变革。

但visibility一词指向"看见"和"获得他人注意力"的意义本身其实并不新鲜，如福柯曾借用边沁的"全景敞视监狱"（panopticon）设想来探讨权力技术对空间的规训和管理，他认为监视（surveillance）这一行为给被监视者"造成了一种有意识的和持续的可见状态，从而确保权力自动地发挥作用"[2]，并强调，"在一种中心化的观察系统中，身体、个人和事物的可见性是他们最经常关注的原则"[3]。汤普森则倒置了福柯的"全景敞视监狱"的权力模型，他认为电视媒介往往把掌握权力的少数人置于多数人的眼前，将大众传播媒介的"可见性"视为具有对权力进行反制的潜能，"可见性的斗争"，亦即是对传播媒介中的可见性的斗争，从而探讨现代社会如何通过媒介交流得以重建的问题。[4]

如果说在虚拟传播手段出现之前，"可见性"的具体场景是实体的公共空间，那么在此之后，这一场景将无所不在，这一理论内涵也将得以有巨大突破。厄里认为，"公民权与社会秩序总是依赖于公民与政府相互之间的'可见性'"[5]。在

---

[1] Daniel Dayan. Conquering visibility, conferring visibility: Visibility seekers and media performance. *International Journal of Communication*, 2013, 7, pp. 137-153.

[2]〔法〕米歇尔·福柯，刘北成、杨远婴译，《规训与惩罚：监狱的诞生》，北京：生活·读书·新知三联书店，1999年版，第226页。

[3]〔法〕米歇尔·福柯，严锋译，《权力的眼睛——福柯访谈录》，上海：上海人民出版社，1997年版，第149页。

[4] John B. Thompson. *The Media and Modernity: A Social Theory of the Media*. Palo Alto: Stanford University Press, 1996.

[5]〔英〕约翰·厄里，李冠福译，《全球复杂性》，北京：北京师范大学出版社，2009年版，第141页。

中世纪和现代社会早期，君王通过种种亲身实践的身体在场，构建其可见的权力；通过宫廷典礼、队列等仪式，维持社会的象征秩序和权力关系。这种"可见"是通过面对面的形式呈现的。18世纪以来现代社会发展，公民和政府之间的"可见性"越来越通过现代媒介来实现。"现如今，公民不仅成为权力的看客，而且也成为政府（或权力）的监视者和监听者，存在一种不断被人们论及的'视觉自反性'（visual reflexivity），人们越来越期望公共权力的职能履行能够公开化和透明化；存在着各种新形式的'印象管理'（impression management），以应对不断增多的各种各样的媒体视觉冲击。"①在互联网时代，社交网络时刻存在的危机与福柯所言的"监视"恰恰相反，因为用户真正害怕的恰恰是可见性的风险渐渐变得不那么可见，变为无形的，甚至彻底消失。可见证明他们值得尊敬，而不可见让他们变得无足轻重。②可见性已经成为公众的一种追求，对于他们来说就像一座待攻克的"巴士底狱"。③国内也有学者意识到这个问题，并发现微博的问世给了无论是信息还是意见以最大的可视性，使得任何信息都必须随时准备直面可能的质疑、补充与修正，任何意见都必须随时准备直面可能的批评、解释与再解释。④传播手段的更新赋予了权力以新形式的可见性，从而使得权力处于一种永恒的公共注视（public gaze）⑤和公共监视之下。

在当下的媒介环境中，"可见性"似乎是一个研究媒体角色更为恰当的范式。在戴扬的理解中，媒介是赋予事件、个人、群体、辩论、争端、叙事等可见性的机构⑥，社会化媒体将"可见性"当作是公共生活中不可或缺的构成基础，这一概念将媒介话语从单纯地提供信息、生产文本的禁锢中解放出来，并赋予它全新的理论维度。在这层维度下，媒介的公共领域不仅仅是社会持续对话的有机组成部

---

① 〔英〕约翰·厄里，李冠福译，《全球复杂性》，北京：北京师范大学出版社，2009年版，第141页。

② Daniel Dayan. Conquering visibility, conferring visibility: Visibility seekers and media performance. *International Journal of Communication*, 2013, 7, pp. 137-153.

③ Daniel Dayan. Conquering visibility, conferring visibility: Visibility seekers and media performance. *International Journal of Communication*, 2013, 7, pp. 137-153.

④ 尹连根，《结构.再现.互动：微博的公共领域表征》，《新闻大学》，2013年第2期，第60-68页。

⑤ John B. Thompson. *The Media and Modernity: A Social Theory of the Media*. Palo Alto: Stanford University Press, 1996, p. 125.

⑥ Daniel Dayan. Conquering visibility, conferring visibility: Visibility seekers and media performance. *International Journal of Communication*, 2013, 7, pp. 137-153.

分，更是一种提供展现和表演的可见性空间，甚至在高度媒介化的社会中，可见性可等同于公共性。[①]可见性取代了对话，逐渐成为媒介公共性的核心元素。

至此，如果"可见性"足以作为一种研究新媒介的新路径，那么从这个框架去审度舆论，也许传统教科书中的舆论观就有了被"再书写"的必要。

第三节　"公众"："每个人都有被看见的权利"

追本溯源，舆论，译自英文 public opinion 一词，按照其本意，是"公众意见"。作为舆论的主体，公众扮演的角色具有本源性的意义，一切舆论皆来源于人类的头脑及其理智所作出的判断。

在传统的舆论观中，舆论之"舆"强调数量的众多，而"占大多数"的意见被"可见"则需要一个由量变达到质变的过程。正如刘建明先生认为，"按照感知事物比例的思维习惯，四分之一的比数通常被认为是较多的底数……四分之一人数的意志一致，表明一定范围内形成了一股意志力量，使公众意志显现出一定的显要度"[②]。只有当人们能够"可见"或可感知到一定数量的共同意见时，舆论才被认为成形。陈力丹先生更是将舆论的数量当作"辨别舆论存在与否、存在程度的一个客观标准"[③]，并对所谓的"大多数"也有明确的定量，"舆论的数量起点，在于一定范围内持某种意见的人数需要达到总体的约三分之一，这时，这种意见可称为'舆论'"[④]。

不难发现，传统舆论观所强调的"大多数人"的意见，其实恰与提倡"大多数人的意志"的传统民主观相契合。[⑤]然而，这种对公众数量作为舆论主体的强调受到了不少后现代学者的质疑。福克斯和米勒提出，多数人的对话只是"情感宣泄或无政府主义的杂音"[⑥]，当不同个体的观点可以被聚合在同一个"可见"的平

---

① John B.Thompson. *The Media and Modernity: A Social Theory of the Media*. Palo Alto: Stanford University Press, 1996.
② 刘建明等，《舆论学概论》，北京：中国传媒大学出版社，2009年版，第57页。
③ 陈力丹，《舆论学：舆论导向研究》，北京：中国广播电视出版社，1999年版，第17页。
④ 陈力丹，《舆论学：舆论导向研究》，北京：中国广播电视出版社，1999年版，第18页。
⑤〔古希腊〕亚里士多德，吴寿彭译，《政治学》，北京：商务印书馆，1965年版，第312页。
⑥〔美〕查尔斯·J. 福克斯、〔美〕休·T. 米勒，楚艳红、曹沁颖、吴巧林译，《后现代公共行政——话语指向》，北京：中国人民大学出版社，2002年版，第126页。

台上，多数人对话像是一种闲聊，尽管不具有强制性，但破坏了形成集体意愿的前景，阻止了一致的公众意见的形成。多数人的对话没有能汇集形成意愿的谋划。多数人对话的目的被手段吞噬了，对话本身就是目的。① 因而他们指出，"一些人的对话优于少数人的对话和多数人的对话，它的针对特定语境的话语和不愿遭受愚弄与任随差遣在某种程度上限制了参与。但是，切合情境的意向性和真诚性的提高大大地超过了它的缺点"②。因而，正是"一些人"而非"大多数人"的对话为民主话语提供了极大的可能性。社会学家孙本文先生在描述舆论的特性时，其中一点也提到，舆论是全体的意见、多数人的意见或少数人的意见，主要根据这种意见本身的力量。有力量的意见即使是少数人的主张，也可以成为舆论。③

如果说曾经的"全景敞视监狱"使得多数人为少数人所见，那么互联网则赋予了"每个人都有被看见的权利"。媒体的作用，主要是将权力行使的主体，而不是权力行使的对象置于新的视界之中。④ 互联网作为信息、观念、表达的平台，击穿了社会不同的横截面，令少数人为多数人所见成为可能。诸如近些年来网络上不断出现的"反转新闻"，导致许多事件发生逆转的关键力量往往源于少数人的质疑。正如有学者认为，"少数人的意见只要其所能成为更有力的意见，也可以成为舆论的"⑤。在身份相对匿名化的现实与虚拟交织的空间中，每个人都可以"自由言说"和"自我表演"，"通过言说和行动，人使自己与他人区别开来……这种有别于单纯身体存在的显现，建立在主动性的基础上"⑥。也就是说，个人通过言说与行动进入公共领域是为了获得主体性的存在，其中，获得"可见"和关注便成为其主体性的象征之一。在此基础上，每个人的意见能够被看见，舆论演绎成更加多元化的观点表达。也许，越来越难的并不是去感知意见数量由量变产生质变的临界点，而是在一切皆"可见"的环境中如何捕捉到某种共同的声音。

---

① 〔美〕查尔斯·J. 福克斯、〔美〕休·T. 米勒，楚艳红、曹沁颖、吴巧林译，《后现代公共行政——话语指向》，北京：中国人民大学出版社，2002年版，第134页。

② 〔美〕查尔斯·J. 福克斯、〔美〕休·T. 米勒，楚艳红、曹沁颖、吴巧林译，《后现代公共行政——话语指向》，北京：中国人民大学出版社，2002年版，第143页。

③ 孙本文，《社会心理学》，北京：商务印书馆，1946年版。

④ 约翰·B. 汤姆逊、徐方赋，《媒体新视界》，《马克思主义美学研究》，2009年第1期，第117-132页。

⑤ 叶明勋，《什么是舆论》，《生力旬刊》，1940年第29/30期，第20页。

⑥ 〔美〕汉娜·阿伦特，王寅丽译，《人的境况》，上海：上海人民出版社，2009年版，第138页。

界定舆论主体的另一个条件是"具有独立自我意识",在这种意识支配下,"公众舆论是社会秩序基础上共同公开反思的结果"[①]。很多学者提出舆论之主体为"公众",而非"群众"、"大众"或"民众"。"群众是一群人于同一个时候对一种或多种刺激能作直接之反应……且可造成暴动现象之发生。公众就不然;其意见全赖报纸等为其交换之媒介……但不受空间或时间之限制,可以作更广大之反应或是影响。"[②] "群体推理的特点,是把只是表面比较相似而本质各不相同的事物搅在一起,并且马上把具体的事物普遍化。……它不能区别真伪或对任何事物有正确的判断标准。"[③]据此,公众作为一个特别的群体,它起码要具备三个基本特征:一是共同面临一个"议题",二是对于如何处理这个议题有争议,三是就议题的解决会展开理性讨论。[④]陈力丹先生认为作为舆论主体的公众有两个重要标志,"由相近或相同的认知而关联、具有社会参与的自主性"[⑤]。从诸多分析中可见,舆论的主体倾向于理性的存在。正如哈贝马斯所言的"公众精神"、"批判"和"理性",理性的启蒙也可以看作是公众舆论形成的前提之一。追溯到卢梭的观点,人类首先是理性的,其次理性的个体必然产生理性的声音。在他看来,大多数理性的个人所表达的见解能够呈现出理性的"公众意见"。带有绝对理性主义色彩的"卢梭式"公众舆论观,来源于卢梭对罗马人民的日常集会的解读,因为在当时的社会背景下,将公民集聚起来处理某些事务或审批某些案件并不是一件难事。

当然,这在李普曼的眼中无异于天方夜谭,他对卢梭所提出的"公众意见是理性的表达,并可统治政权"的思想进行了反思,并提出了至今仍具影响力的"拟态环境"的理论,而这一理论的提出同样是基于他所处的时代环境,人们越来越多地依靠科技来了解外部世界,使用现代化的手段参与公共事务。"我们在看到世界之前就被告知它是什么模样。我们在亲身经历之前就可以对绝大多数事物进

---

① 〔德〕哈贝马斯,曹卫东等译,《公共领域的结构转型》,上海:学林出版社,1999年版,第113页。
② 叶明勋,《什么是舆论》,《生力旬刊》,1940年第29/30期,第20页。
③ 〔法〕古斯塔夫·勒庞,吴松林译,《乌合之众:大众心理研究》,北京:中国文史出版社,2013年版,第86页。
④ 余秀才,《网络舆论:起因、流变与引导》,北京:中国社会科学出版社,2012年版,第141页。
⑤ 陈力丹,《舆论学:舆论导向研究》,北京:中国广播电视出版社,1999年版,第13页。

行想象。"①或者说，理性本身就包含着完整的不能继续深入其中的存在，真正的理性就是它自己的存在方式，任何来自外部的理性都是想象的，没有根基的。比如"偶然看到的事实，创造性的想象填补，情不自禁地信以为真"②。"可见"本身不但让这些碎片化的信息无处藏身，并且使得现代人无法脱离关系这张巨大的"网"，把每个人都变成其中一个结点。在复杂而流动的网络之中，任何言说都更像一种"双向的行动"（a two-sided act），它是"讲者"与"听者"、发话者和接受者之间相互关系的产物③，每一个言说都为他者的观点所形塑，最终也为其所属的共同体的观点所形塑。

或许，"我们应当确切寻求能够对自律理性个体的特权加以质疑的构型，不要绕到这种个体背后的某种'理性主义者'立场"，应当站在新的主体立场上"检验解放的可能性"。④在"可见性"的维度中，"舆论"的产生属于一种开放范式，基于作为主体的人与人之间的交流本性。当公众置身于言行的网络中，绝对意义上"具有独立自我意识"的个体已不复存在，自我（the self）越来越被视为一种反思性的东西，人们比以往接触更多超越所在时空的非直接经验的象征物，于是在"可见性"的引导下，在与他者的互动和沟通中，在个体的想象和拼凑中，陈述和判断便产生了。

然而，对理性的追求和反思仍然没有逃脱传统民主观念的束缚，导致人们忽略了"情感"在现代公众形成过程中的重要作用。"情感"往往被简单地视为理性的对立面，成为被批判和排斥的对象。其实早有一些学者对此有所察觉，"社会公众通过大众传播媒介或集会、结社、论坛等形式来表达他们的意见、思想和情绪，这种表达制造了舆论"⑤。学者林郁沁也意识到，"研究中国的学者在探索'公众'问题时受到了法兰克福学派传统的持续影响，他们把注意力放在了寻找

---

① 〔美〕沃尔特·李普曼，阎克文、江红译，《公众舆论》，上海：上海人民出版社，2002年版，第73页。
② 黄旦，《舆论：悬在虚空的大地？——李普曼〈公众舆论〉阅读札记》，《新闻记者》，2005年第11期，第68-71页。
③ 〔美〕刘康，《对话的喧声：巴赫金的文化转型理论》，北京：中国人民大学出版社，1995年版，第15页。
④ 〔美〕马克·波斯特，范静哗译，《第二媒介时代》，南京：南京大学出版社，2001年版，第69页。
⑤ 沙莲香，《社会心理学(第二版)》，北京：中国人民大学出版社，2006年版，第282页。

一个真正理性的、独立的、且具解放作用的公众的证据中"[1]，"理智和情感并不总是相互排斥的"[2]。她反对"把理智和情感、理智和道德作二元划分的做法"[3]，并认为公众同情对舆论有着强大的动员作用。杨国斌教授通过对网络集体行动事件中的"悲情"和"戏谑"两种情感进行研究，也重新认识了网络互动中的情感因素，重新审视了公共领域中理性与情感的关系。[4]

我们应该看到，"情感"并不仅仅是个体的私人体验和心理过程，它也是政治、社会和文化建构的产物。[5]传统媒体的"同情"表达会塑造公众，公众通过阅读媒体而形成一个看不见（invisible）的社群。互联网让这一"社群"变得可见。[6]从某种程度来说，新媒体重构了公众的表达形态和情感关系，人们的"情感"可以被相互看见并相互感染，相较于理性动员，网民更容易受"情感"左右而聚集，社群可以随时形成。不管他们的同情对象是否一致，比较显而易见的是，正是因为共享的"同情"才使得他们构成了临时性的舆论共同体。[7]不可否认的是，在"可见性"赋权的条件下，"情感"被挖掘和放大，凝聚成足以动员舆论共同体形成的一股力量，这就颠覆了传统舆论观中人们因理性才得以聚集形成舆论主体的内在要求。在某种程度上，这也契合了后现代主义的理解模式，人并没有所谓一成不变的、共同的本质，"人的本义就是人本义的缺席，就是其虚无，或者是其超验性"[8]。在"可见性"的维度中重新审度作为舆论主体的"公众"，其成立的两个必要条件正在随着媒介环境的改变而不断被消解并重构。

---

[1]〔美〕林郁沁，陈湘静译，《施剑翘复仇案：民国时期公众同情的兴起与影响》，南京：江苏人民出版社，2011年版，第9页。

[2]〔美〕林郁沁，陈湘静译，《施剑翘复仇案：民国时期公众同情的兴起与影响》，南京：江苏人民出版社，2011年版，第10页。

[3]〔美〕林郁沁，陈湘静译，《施剑翘复仇案：民国时期公众同情的兴起与影响》，南京：江苏人民出版社，2011年版，第10页。

[4]〔美〕杨国斌，邓燕华译，《连线力：中国网民在行动》，桂林：广西师范大学出版社，2013年版，第268页。

[5] 袁光锋，《公共舆论中的"同情"与"公共性"的构成——"夏俊峰案"再反思》，《新闻记者》，2015年第11期，第31-43页。

[6] 袁光锋，《公共舆论中的"同情"与"公共性"的构成——"夏俊峰案"再反思》，《新闻记者》，2015年第11期，第31-43页。

[7] 袁光锋，《公共舆论中的"同情"与"公共性"的构成——"夏俊峰案"再反思》，《新闻记者》，2015年第11期，第31-43页。

[8]〔法〕让-弗朗索瓦·利奥塔，罗国祥译，《非人：时间漫谈》，北京：商务印书馆，2000年版，第4页。

第四节 "公共事务"："公"与"私"的领域重叠

舆论的客体通常被认为是"与公共利益有关的公共事务"。公共事务之所以容易引发舆论，是因为它触及人们关心的"普遍利益"。

按照德国社会学家诺依曼的考证，卢梭在1744年左右首次使用了"公众舆论"（l'opinion publique）一词，[①]他强调公众舆论来自理性的表达，其目的是维护公民共同的利益。[②]他将"公意"和"众意"作了区分，"公意"着眼于公共利益，而"众意"则关注私人的利益，公众意见是为了公民的公共福祉，而不是解决个人利益间的冲突。他希望公众通过持续地参与公共问题的讨论来彰显公共意志。作为启蒙运动之后的产物，卢梭的舆论观实际上反映了一种推翻封建制度、等级特权以及争取自由平等的战斗精神，舆论是用来建立民主政治的武器，而不是解决个人矛盾的工具。阿伦特崇尚古典时代的生活模式，并以古希腊城邦的公共生活为典范，强调公共领域和私人领域的二元区分，在她那里，政治的和公共的是在同样的意义上使用的。这种对政治本质的看法，使得阿伦特不关心经济问题、贫困问题，也不关心正义尤其是分配正义问题，她把分配正义的问题划归为社会问题。[③]尽管哈贝马斯在之后写出了《公共领域的结构转型》，但在论述"公众精神"的时候也强调，"它使个体对公共事务的关注和公开讨论成为一种信念、权力和义务"[④]。公共性表现为一种意见，这种意见是私人借助于报纸等媒介形成的。

阿伦特、哈贝马斯的"公共领域"意味着一种活动，一种通过陌生人之间的交流，认真、清楚地"说和听"而去除自我利益的活动。[⑤]也就是说，在传统舆论观里的公共事务与个人的私事或私利之间有着明确的界限。从public的词义上来

[①]〔美〕普赖斯，邵志择译，《传播概念·Public Opinion》，上海：复旦大学出版社，2009年版，第138页。

[②] 冯希莹，《公众舆论：理性与非理性的集合——解读卢梭与李普曼的公众舆论思想》，载《中国社会学会2010年年会："社会稳定与社会管理机制研究"论坛论文集》，吉林大学哲学社会学院，2010年版，第19页。

[③] 涂文娟，《复兴政治公共性——汉娜·阿伦特对政治本质的理解》，《云梦学刊》，2010年第2期，第67-71页。

[④] 陈勤奋，《哈贝马斯的"公共领域"理论及其特点》，《厦门大学学报(哲学社会科学版)》，2009年第1期，第114-121页。

[⑤] 孙玮、李梦颖，《"可见性"：社会化媒体与公共领域——以占海特"异地高考"事件为例》，《西北师大学报(社会科学版)》，2014年第2期，第37-44页。

看，"舆论"本身就强调公共性，"公共性本身表现为一个独立的领域，即公共领域，它和私人领域是相对立的"①。然而这种"公"与"私"的矛盾和对立随着媒介技术的革新正在逐渐被信息的延展力与渗透力所打破，个体的私人事件可以经由大众传媒而被转化为公共事件，反过来，公共事件也可以在私人的背景中得以经验。②这一改变在大众媒介出现以后就已经被人们所认识。进入新媒体时代以后，媒体的公共领域更是一种可见性的空间，"公"与"私"的边界更加交错、模糊和动态。"公共的"意味着可见的（visible）或可以观察到的，是在"前台"上演的；而"私人的"则是隐蔽的，是在私下或有限的人际环境中的言谈或行为。因为媒体提高了"可见性"，很多私人事件都可能扩展为公共事件，这在传统社会媒介技术不发达的时候是难以想象的。③

根据戴扬的理解，在大众传媒时代，媒介可以被定义为"公共注意力的权威管理者"（managers of collective attention），它通过"展演"（monstration）来"管理他人的可见性"，记者是公共领域里的重要存在，他们通过赋予"可见性"来唤起社会注意。新媒体不仅使公众获得可见性，并且是"以他们自己定义的方式"（on their own terms），④这就使传统媒体设置议程的权利被分散化，每个能够使用社会化媒体的人都可以定义自己被"看见"的方式，公共议题在从"遮蔽"走向"去蔽"的同时，其内涵与外延也发生了微妙的变化。

我们"可见"的不仅仅是对象本身，也是那些使"可见"成为可能的条件。近些年来，很多公共事件最早进入人们视野，正是源于微博等社会化媒体的率先发声。人民网舆情监测室发布的《2015年互联网舆情分析报告》中明确提到，"'两微一端'（微博、微信、移动客户端）成为了解新闻时事的第一信息源"⑤。在曾备受关注的"上海女逃离江西农村""魏某西之死""和颐酒店女子遇袭"这类引发全国性舆论浪潮的典型事件中，事件的爆发地均为社会化媒体，而发声人皆

---

① 〔德〕哈贝马斯，曹卫东等译，《公共领域的结构转型》，上海：学林出版社，1999年版，第2页。
② 陶东风，《大众传播与新公共性的建构》，《文艺争鸣》，1999年第2期，第28-32页。
③ 薛强、陈李君，《传媒与现代性——浅论约翰·B.汤普森的传播思想》，《广西大学学报（哲学社会科学版）》，2011年第6期，第133-136页。
④ Daniel Dayan. Conquering visibility, conferring visibility: Visibility seekers and media performance. International Journal of Communication, 2013, 7, pp. 137-153.
⑤ 《2015年互联网舆情分析报告发布"两微一端"主导社会舆论议程》，中共中央网络安全和信息化委员会办公室 中华人民共和国国家互联网信息办公室，2015年12月29日，http://www.cac.gov.cn/2015-12/29/c_1117611770.htm。

是当事人本身，尽管第一个事件之后被认定为不实，但从事件的最初性质来看，当事人都选择了"他们自己定义的方式"进入公众视野，无论是上海女孩的"诉苦"，魏某西的记录，还是和颐酒店女生的爆料，事件发酵之初实质上皆属于个人事务的范畴。

在大众媒体时代，记者通常出于职业要求、社会良知和公共利益去揭发丑恶、伸张正义，而现在，传统媒体的主导地位和权威正在不断被消解和解构，"以'作者'为主宰的单极文本世界，将随着'作者-文本-读者'各自主体性的获得，建立新型的主体间性关系，文本世界不再只是'作者'的存在之所，而是它们三者的存在之所，是一种'共在'"[①]，因对事实真相的强烈渴望、对社会正义迫切的期待，个体不断尝试以一己之力推动事件的解决，所以我们看到，他们在舞台上"展演"的内容往往以个人事务为开端。正如魏某西质疑百度竞价排名体系，和颐酒店女子讲述自己遇袭经历，他们的最终目的是通过集体呼吁来获得社会对个人事务的关注并产生具体行动，来唤起公众的普遍关注、认同心理和社会舆论力量，这在更大程度上属于手段，而非初衷。也许在某个层面上，他们都代表了一定范围的利益集体，但不容忽视的是，他们登场方式的个体化和戏剧性，即利用过度"展演"去不断获得自己的"可见性"。就像"汤普森强调传播媒介赋予个人一种权力的作用，远远超越传播媒介本身的象征权力，无论是个人使用中介的信息与形象用来打造自我的象征计划，或是积极主动参与公共领域的公民，传播媒介中介都是增强个人能力的象征来源"[②]因而，社会化媒体大量生产着这种"权力"的同时，个体的光芒被一定程度地放大，必然会带来"公"与"私"的界限模糊化，就像随着社会领域的兴起，那些在古典时期被贬低的劳动和经济因素开始进入公共领域，当社会化媒体的触角伸进个人的生活，个人事务和公共事务之间鸿沟也在逐渐消失。过去被我们斩钉截铁地排除在公共利益之外的事务，也能在"可见性"赋予的契机下以全新的表演方式进入公众视野，并掀起舆论狂潮。"看见"本身的价值在于它建构了公共生活的意义，也是人类获得存在感、确认

---

① 张富宝，《后时代"作者"的命运——对罗兰·巴特〈作者之死〉的一种解读》，《宁夏师范学院学报》，2010 年第 2 期，第 49-53 页。

② 张学标、严利华，《大众传播媒介、公共领域与政治认同》，《新闻与传播评论》，2009 年刊，第 57-65，259，265-266 页。

自身以及这个世界的方式与源泉。[①]

第五节 "意见"："不可控"的多元表达

舆论的本体通常被认为是具有一定共同倾向的评价性意见，或是"公众公开表达的言语意见"[②]，或是"一切不同见解、信仰、想象、成见与渴望等的综合体"[③]。

在大众媒介掌握话语权的时候，人们从狭义上倾向于将大众媒介发表的意见视作舆论。2009年版的《中国大百科全书（第27卷）》中明确提到，舆论"通常指在一定范围内的多数人的意见；有时也特指大众传播媒体发表的意见，人们常把媒体视为舆论的承载者"[④]。反观英文"public opinion"的解释和定义，《媒介与传播研究词典》第五版中对其的解释直接追溯到了古希腊，媒体和舆论的关系，主要是媒介如何更好地表达和传播公众意见，如何更好地塑造公众，从19世纪中期开始报纸成为公众意见的主导。[⑤]在社会化媒介普及之前，我们将引导舆论、进行舆论监督的权利更多地赋予大众媒体，使它们成为舆论的载体。从报纸、广播、电视，到当今的互联网，技术和传播手段的更迭，也引发了舆论形态的变化。过去，大众媒介通过议程设置选择性地将议题呈现在公众面前，通过单向传播引导舆论，即便公众有不同意见也无法突破渠道的限制进行表达。互联网为人们提供了一个开放的舞台，在这个舞台上，公众不仅可以自由抒发异见，还可以自行设置议程，因为新媒体同样能使个人定义他人的可见性，使个人成为可见性的组织者。[⑥]以微博的"话题"功能为例，用户可以在上面根据个人意愿主动发布话题，这一行为本身就在创造议题，进而制造舆论，打破了传统意义上只有大众

[①] 孙玮、李梦颖，《"可见性"：社会化媒体与公共领域——以占海特"异地高考"事件为例》，《西北师大学报（社会科学版）》，2014年第2期，第37-44页。

[②] 陈力丹，《舆论学：舆论导向研究》，北京：中国广播电视出版社，1999年版，第14页。

[③] 时蓉华，《现代社会心理学》，上海：华东师范大学出版社，1999年版，第444页。

[④] 中国大百科全书总编辑委员会，《中国大百科全书(第27卷)》，中国大百科全书出版社，2009年版，第210页。

[⑤] James Watson, Anne Hill. *Dictionary of Media and Communication Studies*. 5th edition. London: Arnold, 2000, pp. 254-255.

[⑥] Daniel Dayan. Conquering visibility, conferring visibility: Visibility seekers and media performance. *International Journal of Communication*, 2013, 7 , pp. 137-153.

媒体才能发布新闻的格局，因而现代意义上的"舆论"更倾向于"公众公开表达的意见"。媒介上的言论可能代表了一定范围内的舆论，也可能并不反映现实公众的意见，尽管大众媒介有"舆论界"的别称。①

无论是在实体空间人们通过对话产生的舆论，还是大众媒介议程设置下引发的舆论，其核心都指向话语、想法或观点，是一种相对显性的表达。然而，在互联网的世界里，随着话语模式的变迁，人们感到身边的舆论往往并不是明显而清晰的言语。其实陈力丹先生对此早已有所察觉，他所理解的舆论自身就是"信念、态度、意见和情绪表现的总和"②，不过在当时的理解框架中，他强调的情绪是"由体态语、行为语（例如抢购、流行时尚）和流露的冲动性只言片语等形式来表现"③，但基于社会化媒体的解读，这里的"意见"还可以由其他非语言的符号所代替。例如在诸多灾难性事件的微博留言或转发中，人们倾向采用"蜡烛"这个表情以代替具体的言论，在表达同情时以"哭泣的脸"，表达支持时以"鲜花"或"竖大拇指"等类似的表情符号呈现。社会情绪以一种符号化的表达开始进入公众的视野，并构成社会态度的一个面向。

除此以外，过去被称为"潜在舆论"的意见由于"可见性"的赋权，也变得不再隐蔽。有学者曾将舆论分为两类，即"显在性舆论和潜在性舆论"，并认为潜在性舆论是"只是在亲人、熟人范围之间谈论、散布的意见"，"有明显的情绪性"。④喻国明对此的解释是"多属社会不容公开议论的内容"⑤。新媒体保证了每个人的话语能够得到倾听，每个人的发言权能够得到尊重，并且施受双方可以达成交互，过去被认为是"潜在"的舆论也逐渐浮出水面。相比微博全景式的"可见性"，微信在诞生之初所倡导的是基于真实社交圈的信息传播，它所提供给用户的是半封闭的空间，人们可以在自己的小圈子里畅所欲言，在这里产生的言论相比微博而言是"隐蔽"的。但作为近些年发展势头最迅猛的社交媒体之一，微信的用户群逐渐庞大，它所构建的网络关系更加错综复杂，个体在微信里发布的言论很容易通过其他个体的截图、转发等行为，在不知不觉中从"隐蔽"走向

---

① 陈力丹，《舆论学：舆论导向研究》，北京：中国广播电视出版社，1999年版，第26页。
② 陈力丹，《舆论学：舆论导向研究》，北京：中国广播电视出版社，1999年版，第14页。
③ 陈力丹，《舆论学：舆论导向研究》，北京：中国广播电视出版社，1999年版，第14页。
④ 沙莲香，《社会心理学(第二版)》，北京：中国人民大学出版社，2006年版，第282页。
⑤ 喻国明、刘夏阳，《中国民意研究》，北京：中国人民大学出版社，1993年版，第280页。

"祛蔽"，引发一定规模公众的广泛讨论，正如网络上流传着的那句话"上了网的东西就删除不掉了"，信息只要在网络的平台上传播，即使后期通过删除或其他各种手段抹去，也无法否认它的存在。在"可见性"的维度里，被遮蔽的角落越来越小，过去我们只能感知却无法"看见"的，那些弥漫着的社会情绪和态度也能够被记录下来，成为舆论的构成因素。

进一步来看，在社会化媒体出现之前，舆论的形成往往需要一段时间的酝酿，戴维森将其概括为10个阶段，不论所思考的形成过程是简单还是复杂，意在揭示舆论形成中个人与社会的心理互动。[1]由于新媒体有着即时和交互的特性，当下很多事件从一出现实际上就伴随着"可见"的舆论，且在信息不断流动的过程中，更多的个体将自己所获取的事实因素和观点展现出来，这些内容被置于同一个"可见"的平台之上，相互碰撞、交织、融合再裂变，原有的事实框架被解构，出现替代性的信息构成，引发出一系列新的话题，致使"舆论呈现多中心且在流动中此起彼伏"[2]。例如，在2014年"湖南湘潭产妇死亡事件"中，有微博网友率先发声，称"湘潭县妇幼保健医院惨无人道，将产妇活生生地弄死在手术台上"[3]，紧接着媒介助推报道，舆论开始强烈讨伐医院，一度愈演愈烈难以缓解；而当事件被深入调查后显示并非构成医疗事故，舆论又转向对死者家属的指责和对大众媒介新闻专业理念及其实践的批评。另一起"和颐酒店女子遇袭"的事件，其舆论核心点从"女子遇袭"事件本身发酵到对视频中酒店工作人员的言行指责、对"女孩在外自我保护措施"的探讨、对"酒店管理行业"的质疑和对"家庭暴力"的法律思考等等，一个事件演变成一系列与此相关的话题。舆论不再是一成不变的意见，它随着"可见"事实的展演和"可见"观点的碰撞而不断被重构。

如果说，卢梭所见的公众自由聚合在一起通过持续地讨论产生公意的空间，实质上是相对封闭和固定的；而李普曼所见的舆论是大众媒介和公众相互影响和渗透的结果，更趋于开放和日常化；那么现如今，舆论的产生不仅是大众媒介和公众的互动结果，更多的是人们利用社会化媒体进行博弈的过程。在这个媒体视

---

[1] 陈力丹，《舆论学：舆论导向研究》，北京：中国广播电视出版社，1999年版，第39页。
[2] 黄旦，《重造新闻学——网络化关系的视角》，《国际新闻界》，2015年第1期，第75-88页。
[3] 《人民网评湘潭产妇死亡事件：不客观报道激化事态》，新浪网，2014年8月20日，https://news.sina.com.cn/c/2014-08-20/132130715971.shtml。

界时代，行为和事件的透明公开以及所公开文字和图像造成的影响，即普通民众如何理解远方发生的事件、对此形成何种评论和道德评价，已经成为展示和公开这些事件本身的有机组成部分。[①]

在互联网时代，被赋予"可见性"的主体不再仅限于大众媒介，而是扩展到了社会个体。从某个意义上来说，这又回到了卢梭认为的舆论产生情境——公众自由地聚合。但现代意义上的聚合，其空间意义和内涵发生了颠覆性的转变，它不再是固定的某个实体场所，它可以来源于日常生活的每个流动场景。它不再是公众就某一事务展开持续的讨论，而倾向于一种伴随性的状态，人们可以随时中断和继续某个话题且在某个时间段展开对各不相同事务的讨论，甚至"一切意见的再现，都需要随时准备为自己的真实性和正当性进行辩护"[②]。早前汤普森将大众传播创造的可见性看作是一把"双刃剑"，认为它是一种"不可控制的可视性"（uncontrolled visibility）[③]，现如今社会化媒体的出现则让这种权力得到了前所未有的扩散，让信息的控制和一元化意见的形成变得更加困难，被释放的公众表达愈发具备不可测与不可控的特性。那么，一旦舆论产生的情境从静态走向动态，从持续走向间歇，由此而得出的"意见"便会轻易分崩离析，呈现碎片化的特点。因而社会化媒体的"可见性"让信息日趋可见的同时也让意见日趋可辩，这或许也回到了阿伦特对公共生活的愿景，"被他人所见所闻，其意义只来自这一事实：每个人都是在不同的位置上去看去听的。这就是公共生活的意义"[④]。"可见性"使得这些不同位置上所看所听的"意见"在同一个舞台上得以全部展现，通过交流和分享的行为，每个人在不断"赋予他人可见性的权利"的同时又在进行更加多元化的表达，各种针锋相对的观点都得到了"展演"的机会，丰富了舆论的要素。在众声喧哗的广场之中，人们也许越来越难寻求到一种共同的声音。

---

① 约翰·B. 汤姆逊、徐方赋，《媒体新视界》，《马克思主义美学研究》，2009 年第 1 期，第 117-132 页。

② 尹连根，《结构. 再现. 互动：微博的公共领域表征》，《新闻大学》，2013 年第 2 期，第 60-68 页。

③ John B. Thompson. *The Media and Modernity: A Social Theory of the Media*. Palo Alto: Stanford University Press, 1996, p. 147.

④ 〔美〕汉娜·阿伦特，竺乾威等译，《人的条件》，上海：上海人民出版社，1999 年版，第 44 页。

第六节 结　　语

　　长久以来，围绕着"舆论是否可能"这个问题，学术界一直存在广泛的争议。悲观的理解是，舆论是不可能的，基于李普曼在《公众舆论》中抛出的诸多观点，把舆论看作"虚无缥缈"的存在；积极的观点则认为，舆论是可能的，立足当下新媒体技术的发展，在传统媒体时代几乎不可能的公众舆论正在一步步接近可能。其实，与其争执"舆论是否可能"，不如换个维度重新审度"何为舆论"。如果舆论的内涵与外延在新的情境中发生了微妙的变化，那么我们再继续探讨可能性这个问题的时候，立足点也必须发生转换。

　　利奥塔尔把后现代定义为对元叙事的一种"不信任态度"（incredulity），尤其是对衍生于启蒙运动的进步及变体的不信任态度。他提倡向"小叙事"转变，这使差异合法化，使"不可呈现之物"受到重视。[1]这一观念转向的前提是"多重话语或歧见的百家争鸣状态（agon）的接受"。[2]孙玮教授对波斯特称为后现代公共性的解读，也提到了这类观点，即不是以达成共识为依归，而是展现不同主体的共同存在。个体作为主体、新媒体作为技术支撑的赛博空间叙事是后现代叙事的典型。[3]当私人空间与公共空间之间的界限不再分明，后现代社会背景下的民主更强调维护因此而带来的种种差异。"可见性"便成为一种"评估传播媒体是否包含多元声音的一种判断标准，尤其在多文化的社会，对美好生活与正义有着各种不同诠释与要求的声音能否在公共领域中发声，可以作为对传播媒介公共领域的一种规范性的观点"[4]。

　　循着这种思路，在"可见性"的维度中去理解舆论，"可见"的不仅是大多数人的理性观点，也可以是每个人的"自由言说"和情感表达；不仅是触及社会群体利益的"公共事务"，也可以是基于个体利益诉求的"个人事务"；不仅是大众媒介的"专业表演"，也可以是个人充分设计的"自我展演"；不仅是某种

---

[1]〔美〕马克·波斯特，范静哗译，《第二媒介时代》，南京：南京大学出版社，2001年版，第50页。
[2]〔美〕马克·波斯特，范静哗译，《第二媒介时代》，南京：南京大学出版社，2001年版，第72页。
[3] 孙玮、李梦颖，《"可见性"：社会化媒体与公共领域——以占海特"异地高考"事件为例》，《西北师大学报（社会科学版）》，2014年第2期，第37-44页。
[4] 张学标、严利华，《大众传播媒介、公共领域与政治认同》，《新闻与传播评论》，2009年版，第57-65，259，265-266页。

明确的话语表达，也可以是难以名状的社会情绪和态度；不仅是有共同倾向的意见整合，也可以是动态而多元化的观点碎片。我们关注的不仅仅是论辩的合理性或共识的普遍性，更是"透过众多不同的公共领域不间断的叙述，和对自我存在的再描述"①，能逐渐增强整个社会的认同力量。所以，"可见"的不仅仅是多重叙事本身，还是多种叙事之间的赤裸裸的、无法弥合的断裂。②

改革开放以来，中国社会变迁意义最重大、最引人关注之处就是社会结构的剧烈、持续、深刻的分化③，它所带来的是社会利益格局和社会诉求的多元驳杂。当社会化媒体的勃兴遇上中国转型期的社会表达方式，舆论的鼎沸将成为一种常态。一个理性的社会，应该有各种话语言论的博弈，否则，任何不据事实的偏袒都会造成阶层之间新的裂痕，使裂口越拉越大，终至断裂到无法修复。④换言之，"'割裂'中国的不是差异化的话语表达，而是对表象'共识'的盲目的固执追求"⑤。或许有一种担忧是，过分关注"差异"本身会陷入历史的虚无主义，陷入碎片化的混沌之中。但是我们以"可见性"的框架去重新审度新媒体时代下的舆论，并不把达成舆论的"共识"看作一条可望不可即的地平线⑥，我们更希望它像是罗尔斯基于西方社会合理多元主义事实所提出的对"重叠共识"的美好憧憬⑦，把"合理"与"共识"之间的关系松开一些，而把"合理"与"分歧"连接起来，只有"可见"充分展现这种"分歧"，并使得"差异"变得"合理"，成为社会上一种见怪不怪的常态，让每个人在"看见"这种"分歧"的时候淡然处之而非暴力抵之，才可能促成平等而温和的对话，达成所谓的舆论"共识"。

---

① 张学标、严利华，《大众传播媒介、公共领域与政治认同》，《新闻与传播评论》，2009年版，第57-65，259，265-266页。
② 孙玮、李梦颖，《"可见性"：社会化媒体与公共领域——以占海特"异地高考"事件为例》，《西北师大学报（社会科学版）》，2014年第2期，第37-44页。
③ 孙立平，《断裂：20世纪90年代以来的中国社会》，北京：社会科学文献出版社，2003年版，第4页。
④ 喻国明，《呼唤"社会最大公约数"：2012年社会舆情运行态势研究——基于百度热搜词的大数据分析》，《编辑之友》，2013年第5期，第12-15，21页。
⑤ 孙玮、李梦颖，《"可见性"：社会化媒体与公共领域——以占海特"异地高考"事件为例》，《西北师大学报（社会科学版）》，2014年第2期，第37-44页。
⑥〔法〕让-弗朗索瓦·利奥塔，岛子译，《后现代状况：关于知识的报告》，长沙：湖南美术出版社，1996年版，第179页。
⑦〔美〕约翰·罗尔斯，万俊人译，《政治自由主义》，南京：译林出版社，2000年版，第152-183页。

下 篇

当代中国新闻传播观念实践

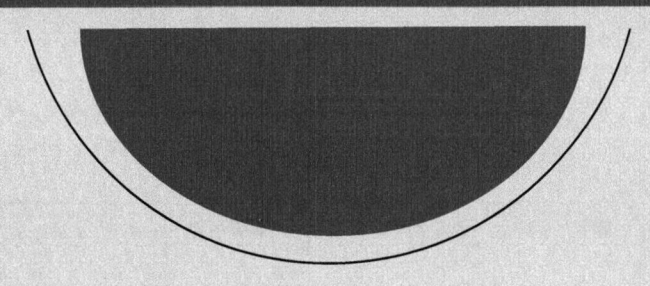

第七章 媒介中的技术逻辑："算法"与行动者网络

第一节 引　　言

2017 年 1 月，中国互联网络信息中心（China Internet Network Information Center，CNNIC）发布了《2016 年中国互联网新闻市场研究报告》。报告显示，2016 年，算法分发逐渐超越编辑分发，成为网络新闻主要的分发方式。另外，在移动新闻行业，市场格局已经初步形成，腾讯新闻和今日头条的竞争优势明显。[①]

时至今日，算法已经成为国内资讯类 APP 的"标配"，今日头条、一点资讯、天天快报等，无不以算法作为其核心配置。但是，以算法分发为主的互联网公司，却不愿意承认自己是"媒体"，而更加强调其作为信息聚合平台的特征。今日头条原 CEO 张一鸣在接受《财经》专访时不断说明今日头条不是媒体，而是"平台"。但不可否认的是，今日头条具有强烈的媒体属性。2016 年，今日头条作为当时中国最宽广的媒体渠道，每个月可为 1.5 亿用户提供服务，每天有 7000 多万人花 76 分钟在该平台上观看新闻、视频。[②]无独有偶，Facebook 的 CEO 扎克伯格也一直否认 Facebook 是一家媒体公司，更否认 Facebook 在 2016 年的美国大选中对民众舆论进行过干扰。

算法在网络新闻生产中的热度已经引起了业界和学界的关注。业界围绕算法讨论较多的是技术是否中立和有无价值观。2016 年 12 月 14 日，《财经》杂志刊发对今日头条创始人张一鸣的专访，采访中提到了今日头条的技术算法、内容分

[①] 中国互联网络信息中心，《2016 年中国互联网新闻市场研究报告》，2017 年 1 月 12 日，http://www.cac.gov.cn/2017-01/12/c_1121534556.htm。

[②] 宋玮，《对话张一鸣：世界不是只有你和你的对手》，雪球网，2019 年 1 月 27 日，https://xueqiu.com/5208862748/120356565。

发、价值观等问题。张一鸣表示今日头条是企业不是媒体，媒体需要有价值观，头条只关注提高分发效率，满足用户需求。①2016年12月22日，人民日报评论部在微信公众平台推送了《算法盛行，更需"总编辑"》，认为"算法主导的时代，更需要把关、主导与引领的'总编辑'，更需要有态度、有理想、有担当的'看门人'"。②当日，豌豆荚的联合创始人王俊煜在知乎上公开表达："技术是有价值观的，取决于你想用来做什么。"③

目前国内关于算法的研究主要集中在计算机、数学以及互联网技术等领域，新闻传播领域的研究开始于2016年下半年。在《数据与算法驱动下的欧美新闻生产变革》中，中国政法大学的王佳航主要探讨大数据时代数据与算法对新闻生产的影响，她认为数据与算法正在重塑新闻业的整个生态系统，使得新闻生产模式从单向型新闻生产转化为闭环式新闻生产。数据与算法提升传统编辑室新闻效率的同时也带来诸多行业难题。④清华大学的彭兰则更关注大数据时代人与机器的关系，她认为机器与算法将是未来新闻生产的常态，它会在一定程度上将人从那些简单重复的信息生产中解放出来，因此在机器时代，人的价值的重新认识与定位，变得更为重要。⑤上海社会科学院的方师师则以"Facebook偏见门"事件为例，剖析了平台型媒体动态新闻推送的算法机制，她认为Facebook的算法是一种基于用户社交关系的协同过滤机制，目的在于过滤出对于用户"有意义"的信息；该机制有可能会在当前的社会条件下产生算法审查、信息操控与平台偏向，从而影响受众态度。这样的推送机制也挑战了传统的新闻价值观。⑥上海大学的郝雨、李林霞认为，算法推送可以在海量的数据中帮助用户快速找到其可能需要的内容，有利于节省用户时间，但是完全依靠机械的数据和机器的计算进行推送，会导致

---

① 宋玮，《对话张一鸣：世界不是只有你和你的对手》，雪球网，2019年1月27日，https://xueqiu.com/5208862748/120356565。
② 人民日报评论部，《算法盛行，更需"总编辑"》，2016年12月22日，https://mp.weixin.qq.com/s/pEHbp2ZKcKDwX9SGi-pWag。
③ 王俊煜，《如何看待张一鸣的〈财经〉采访？》，知乎，2016年12月22日，https://www.zhihu.com/question/53658703/answer/136690009。
④ 王佳航，《数据与算法驱动下的欧美新闻生产变革》，《新闻与写作》，2016年第12期，第38-42页。
⑤ 彭兰，《机器与算法的流行时代，人该怎么办》，《新闻与写作》，2016年第12期，第25-28页。
⑥ 方师师，《算法机制背后的新闻价值观——围绕"Facebook偏见门"事件的研究》，《新闻记者》，2016年第9期，第39-50页。

人的扭曲和异化。[1]国外学者在新闻传播领域关于算法的研究早于中国学者，早在 2009 年，英国的比尔就提出，以算法为基础的应用已经渗透到用户的生活中，这些算法以人们日常生活中的代理者身份出现，形成新的复杂的数字鸿沟，也造成了技术性的无意识。[2]2014 年，罗格斯大学的纳布勒斯把算法看作和媒介机构功能类似的"机构"，她认为以算法为核心的搜索引擎以及内容推荐机制已经深刻影响了媒介的内容生产和用户的消费行为。[3]来自阿姆斯特丹大学的赫尔贝格尔意识到算法介入分发系统，导致新闻媒体由公共信息的中介转向为个人信息服务，造成媒体与其用户之间新的不平衡。因此，她提出一种"公平媒体做法"（fair media practices）：即应该树立价值观和原则来引导媒体和用户之间的关系，规范算法向媒体呈现内容和推送给用户的方式。[4]加拿大学者麦凯尔维认为算法越来越多地控制媒体和信息系统的骨干。这种控制发生在不透明技术系统的深处。它也挑战了传统的公共理论，因为算法的技术操作不能提供给公众所必需的反思和意识。[5]

本书感兴趣的问题是：算法这种技术是中立的吗？其背后的技术逻辑是什么？在行动者网络的框架中，算法对传统专业化媒体的新闻生产有何种颠覆？对传统的新闻观念有何冲击？对人又会有何种影响？

第二节　技术的意志与算法的价值观

在传统的技术观念中，技术是人类的一种工具。正如米切姆所说，"关于技术的流传最广的老生常谈是：技术本身无所谓善恶，它是中性的，其价值完全由使用它的人决定"[6]。"根据目的或意图的不同，技术几乎总是与科学相区别：据

---

[1] 郝雨、李林霞，《算法推送：信息私人定制的"个性化"圈套》，《新闻记者》，2017 年第 2 期，第 35-39 页。

[2] David Beer. Power through the algorithm? Participatory web cultures and the technological unconscious. *New Media & Society*, 2009, 11(6), pp.985-1002.

[3] Philip M. Napoli. Automated media: An institutional theory perspective on algorithmic media production and consumption. *Communication Theory*, 2014, (24), pp. 340-360.

[4] Natali Helberger. Policy implications from algorithmic profiling and the changing relationship between newsreaders and the media. *Javnost-The Public*, 2016, 23(2), pp.188-203.

[5] Fenwick McKelvey. Algorithmic media need democratic methods: Why publics matter. *Canadian Journal of Communication*, 2014, (39), pp. 597-613.

[6] 〔美〕米切姆，《技术哲学》，载吴国盛，《技术哲学经典读本》，上海：上海交通大学出版社，2008 年版，第 30 页。

说科学旨在认识世界，技术则旨在控制或操纵世界。"[1]

但是，海德格尔认为，"技术并不只是某种特殊类型的人造物、过程或科学理论，而是面对现代世界的整个意志态度"，"现代技术是一种实践的意识"。[2] 在海德格尔的存在主义哲学中，技术并非对象化的"物"，在现代社会，"技术"已成为无冕之王，人生存的本源已不再是"存在"而是"技术"。技术将存在挤出世界，使自己成为这一世界的主宰。技术的本质是"Ge-Stell"（座架、框架）："座架摆置人，亦即挑动人把一切在场者都当作技术的持存物（Bestand）来订造（bestellen），就此而言，座架就是以大道之方式成其本质的，而且座架同时也伪造（verstellen）大道。因为一切订造看来都被引入计算性思维之中了，从而说着座架的语言。说受到挑动，去响应任何一个方面的在场者的可订造性。"[3]此处的"大道"也即"存在"。那么何为"座架的语言"？"被摆置的说便成了信息。信息探察自身，以便用信息理论来确证它本身的行动。座架乃无往而不在的现代技术之本质，它为自身订造了形式化语言；后者就是那种通报方式，据此方式，人便被构形也即被设置于计算性技术的本质中，并且逐步牺牲掉'自然语言'。"[4]

我们平常认为：人说话，人说语言，人通过语言说话。这是不言自明的常识。但海德格尔却要挑战我们的常识，他说"语言说"（Die Sprache Spricht），[5]也即语言自己言说，语言自己说话，语言言说着。海德格尔提示我们，语言不是人类的工具和奴仆，恰恰相反，语言左右着人，把自己交给何种语言去言说就是把自己交给何种生存方式去生存。同样，在技术时代，媒介也不是人的工具和手段，媒介左右着人，深刻影响着人和人的生活方式。

根据西班牙哲学家敖德嘉的解释，技术是人性的一个本质要素。人通过技术

---

[1]〔美〕米切姆，《技术哲学》，载吴国盛，《技术哲学经典读本》，上海：上海交通大学出版社，2008年版，第31页。

[2]〔美〕米切姆，《技术哲学》，载吴国盛，《技术哲学经典读本》，上海：上海交通大学出版社，2008年版，第34页。

[3]〔德〕马丁·海德格尔，《走向语言之途》，载〔德〕马丁·海德格尔，孙周兴选编，《海德格尔选集》（下），上海：上海三联书店，1996年版，第1143-1144页。

[4]〔德〕马丁·海德格尔，《走向语言之途》，载〔德〕马丁·海德格尔，孙周兴选编，《海德格尔选集》（下），上海：上海三联书店，1996年版，第1144页。

[5]〔德〕马丁·海德格尔，《语言》，载〔德〕马丁·海德格尔，孙周兴选编，《海德格尔选集》（下），上海：上海三联书店，1996年版，第983页。

这一行动系统，力图实现人本身这样一种超自然的筹划。技术是为了人的某种理想而进行的一种物质活动。[①]"敖德嘉试图将物质发明与生产建立在一种先行的精神发明的基础上，认为其根源就在于人的某种理想的自我创造或意愿。"[②]

温纳则认为，技术在三种意义上可以理解为自主的："首先，它可看作是一切社会变化的根本原因，它逐渐改变和覆盖着整个社会；其次，大规模的技术系统似乎可以自行运转，无须人的介入；最后，个人似乎被技术的复杂性所征服和吞没。第一点是历史学的，第二点是政治性的，第三点是认识论的。"[③]

如果说技术是一种"面对现代世界的整个意志态度"。那么，算法这种技术的意志态度如何？它自身的技术逻辑是什么？

早在二十年前，尼葛洛庞帝就在《数字化生存》中预言了一份可以高度定制化、个性化的报纸形态——"我们可以从另外一个角度来看一份报纸，那就是把它看成一个新闻的界面……想想看，未来的界面代理人可以阅读地球上每一种报纸、每一家通讯社的消息，掌握所有广播电视的内容，然后把资料组合成个人化的摘要。这种报纸每天只制作一个独一无二的版本……这份报纸将综合了要闻和一些'不那么重要'的消息，这些消息可能和你认识的人或你明天要见的人有关，或是关于你即将要去和刚刚离开的地方，也可能报道你熟悉的公司。……你可以称它为《我的日报》（*The Daily Me*）。"[④]

在今天，《我的日报》已经成为现实，所谓的"界面代理人"就是算法。如果技术逻辑也是一种"天命"的话，网络和计算机技术在这 20 多年中的发展正是循着越来越个性化、越来越连接万物的路径奔涌向前。

腾讯、今日头条等互联网公司成功的背后，是技术的逻辑在起作用，算法的技术逻辑让"你关心的，才是头条"。所以，声称技术没有价值观，平台是中立的观点，要么是一种自我保护和自我辩解，要么是对现代技术的误读。

[①]〔美〕米切姆，《技术哲学》，载吴国盛，《技术哲学经典读本》，上海：上海交通大学出版社，2008 年版，第 6 页。

[②]〔美〕米切姆，《技术哲学》，载吴国盛，《技术哲学经典读本》，上海：上海交通大学出版社，2008 年版，第 7 页。

[③]〔美〕米切姆，《技术哲学》，载吴国盛，《技术哲学经典读本》，上海：上海交通大学出版社，2008 年版，第 47 页。

[④]〔美〕尼古拉·尼葛洛庞帝，胡泳、范海燕译，《数字化生存》，海口：海南出版社，1997 年版，第 181-182 页。

第三节 "行动者网络"中的算法

20 世纪 80 年代中期，以法国社会学家拉图尔、卡龙、劳为核心的科学知识社会学的巴黎学派，在分析"科学"和"知识"的形成时，提出了一种新的研究纲领，即行动者网络理论（Actor Network Theory，ANT）。该理论最初产生于知识社会学领域，之后发展成一种重新看待"社会"的认知方法——"把社会看成是联合的科学"[①]。后来，行动者网络理论作为一个分析框架和系统的方法，被应用到地理学、经济学、教育学、人类学和哲学等学科领域。

近几年，该理论也开始被应用到国内新闻传播学科领域。例如，复旦大学田新玲、黄芝晓认为在大数据时代，突发危机事件噪音的行动者网络协同治理原则，在突发危机事件噪音各种形态的转化环节体现得尤为明显，主张"关联问题、赋予利益、联盟成员、动员代言"来建构行动者网络，实现协同治理。[②]除此之外，上海交通大学的易钟林、姚君喜在《新媒体产品创新的行动者网络理论研究》中，引入了行动者网络理论，探讨在内外因素相互作用下，各行动者如何通过构建共同的行动者网络以促成新媒体产品创新的顺利进行。[③]王辰瑶、喻贤璐以《人民日报》《中国青年报》《新京报》微新闻生产为例，研究编辑部创新的内在机制时，以行动者网络理论为视角，把编辑部本身看作一个由各类行动者相互关联的"网络"，而不是一个被简约的"对象"。她们认为编辑部创新正是在这样的行动者的相互"强制性"关联中发生和实现的，并且发生在人（各种工作角色）与非人（如技术、规章、空间）的行动者并置的网络中。[④]

国外行动者网络理论引入新闻传播领域较早，2013 年就有学者把专业记者作为行动者，引入行动者网络理论，探讨随着互联网和相关数字技术的发展，专业

[①] 成素梅，《拉图尔的科学哲学观——在巴黎对拉图尔的专访》，《哲学动态》，2006 年第 9 期，第 3-8 页。

[②] 田新玲、黄芝晓，《大数据时代突发危机事件噪音治理——基于行动者网络理论的视角》，《新闻大学》，2015 年第 4 期，第 34-42 页。

[③] 易钟林、姚君喜，《新媒体产品创新的行动者网络理论研究》，《当代传播》，2015 年第 5 期，第 77-80 页。

[④] 王辰瑶、喻贤璐，《编辑部创新机制研究——以三份日报的"微新闻生产"为考察对象》，《新闻记者》，2016 年第 3 期，第 10-20 页。

记者作为行动者在新闻生产中应当承担的角色。[1]也有学者认为行动网络理论中的主体虽然并不是行动者,但是它是行动者的可能结果。转译过程造成了主体间的区隔。驳斥了行动者网络理论缺乏主体性的存在的看法。[2]

有学者引入行动者网络理论,把新浪微博的技术特征、用户文化和平台的系统自我检查做法,以及偶尔的政府干预相互联结,探讨中国网民如何通过新浪微博平台进行政治参与。[3]

行动者网络理论认为社会是许多异质性事物之间联系构成的复杂网络。其概念主要有三个核心:行动者(actor)、网络(network)、转译(translation)。"任何通过制造差别而改变了事物状态的东西都可以被称为'行动者'。"[4]行动者既可以指人类,也可以指技术、观念等非人类的一切存在和力量。[5]

网络在拉图尔这里是一系列的行动(a string of actions)。这种网络不是如互联网般纯技术意义上的网络,而是一种描述连接的方法,它强调工作、互动、流动、变化的过程,所以应当是 worknet,而不是 network。[6]

行动者组成的网络是如何连接的?转译是网络连接的基本方法。转译是一种角色的界定,是指行动者不断努力把其他行动者的问题和兴趣用自己的语言转换出来,所有行动者都处在这种转换和被转换之中。也就是说,只有通过转译,行动者才能被组合在一起,建立起行动者网络。[7]

"任何行动者都是转义者(mediator)而不是中介者(intermediary),任何信息、条件在行动者这里都会发生转化","如果行动者不能造成任何差异,他

---

[1] Lia-Paschalia Spyridou, Maria Matsiola, Andreas Veglis, et al. Journalism in a state of flux: Journalists as agents of technology innovation and emerging news practices. *The International Communication Gazette*, 2013, 75(1), pp.76-98.

[2] Joost van Loon. Networked Being in the Runescape Economy: Critical Reflections on the Role of the Medium in Actor Network Theory.*The annual meeting of the International Communication Association,TBA, Montreal, Quebec, Canada,2008.*

[3] Thomas Poell, Jeroen de Kloet, Guohua Zeng. Will the real Weibo please stand up? Chinese online contention and actor-network theory.*Chinese Journal of Communication*, 2014, (1), pp.1-18.

[4] 吴莹等,《跟随行动者重组社会——读拉图尔的〈重组社会:行动者网络理论〉》,《社会学研究》,2008年第2期,第218-234页。

[5] Nick Couldry. *Actor-Network Theory and Media: Do They Connect and on What Terms?*. Hampton: Hampton Press Inc, 2008.

[6] 吴莹等,《跟随行动者重组社会——读拉图尔的〈重组社会:行动者网络理论〉》,《社会学研究》,2008年第2期,第218-234页。

[7] 王增鹏,《巴黎学派的行动者网络理论解析》,《科学与社会》,2012年第4期,第28-43页。

就一定不能被称为行动者"。①进行信息分发的聚合平台,如今日头条、一点资讯等,虽然同样是基于算法,但是由于算法设计方法不同,到达用户的内容就不同,内容在算法这里发生了转化。同时,算法本身处于动态变化中,随着用户在不同情境下各种数据的持续输入,仅靠一套算法系统并不能完全"了解"一个人,因此算法需要不断地调整和改进以适应用户的变化。②因此笔者认为,把算法看作是一个"非人类行动者"是合适的。

因此本书希望探讨作为非人类行动者的算法,如何与其他行动者一起构建行动者网络?它如何改变人类的传播活动,乃至改变人类的生活方式?

拉图尔认为行动者必须到行动的过程中去寻找。③当人开始利用算法进行信息分发时,用户得到的推送不仅是算法计算的结果,也是推送者意图的结果。到达用户的内容,是二者的联合的结果。因此,推送者和算法都是行动者,用户对接收的内容进行点击与否会作为数据被算法收集,同样,用户也是行动者。推送者、算法、用户都同样参与着传播活动网络的构建。

在互联网信息选择、传播与交流的网络中,行动者既包括专业的新闻机构和组织,也有个人自媒体,而算法这样一种非人格的计算机信息计算的方式,已经具有比肩机构传播者的行动者特征。在行动者网络中,算法作为一种非人类的行动者,与个人、机构同时存在,他们在行动中互相影响,相互建构,共同编织着一张"传播之网"。

第四节 算法与"内容生产者"

在强大的算法技术面前,传统的新闻媒体与算法推送平台的关系是互相依存,但又"相爱相杀"的。传统媒体既是算法的同行及竞争者,又是其内容生产者及信息源。离开了传统媒体(门户网站与 APP 相比,也属于传统媒体)的新闻生产

---

① 吴莹等,《跟随行动者重组社会——读拉图尔的〈重组社会:行动者网络理论〉》,《社会学研究》,2008 年第 2 期,第 218-234 页。

② Philip M. Napoli. Automated media: An institutional theory perspective on algorithmic media production and consumption. *Communication Theory*, 2014, (24), p. 344.

③ 吴莹等,《跟随行动者重组社会——读拉图尔的〈重组社会:行动者网络理论〉》,《社会学研究》,2008 年第 2 期,第 218-234 页。

和内容服务，即使有再强大的算法也是无源之水、无本之木，但算法远高于人工的高效信息选择方式和推送方式，又对传统的新闻职业规范、生产方式、运行逻辑等构成了挑战。

算法与传统新闻业的博弈早期是体现在版权上，今日头条曾经遭遇传统媒体与门户网站的联合抵制。2014年6月3日，今日头条宣布完成C轮融资1亿美元。当日，《广州日报》起诉今日头条。两天后，《新京报》发表社论《"今日头条"，是谁的"头条"》，抨击其版权侵权。随后，搜狐起诉今日头条侵犯著作权和不正当竞争行为。腾讯宣布停止与今日头条合作。[1]传统纸媒也刻意回避对其的报道。但是，随着纸媒的衰落，移动互联网的兴起，个人自媒体生产新闻方式的大量涌现，传统媒体已经无力制衡算法。

算法与同为网络行动者的门户网站之间的关系体现在机器推送与人工推送的矛盾上。面对算法分发的快速崛起，从2015年开始，先后有腾讯推出天天快报弥补算法领域短板，新浪及网易升级客户端版本根据用户阅读偏好推荐新闻内容，算法开始进入门户网站，辅助人工分发。[2]2017年，四大门户网站只有腾讯拥有和今日头条相匹敌的竞争优势，当然也离不开其特有的QQ、微信等社交渠道优势，为何门户网站的算法+人工推送还比不上今日头条的算法推送呢？目前门户网站算法推送的精准度不够高，无法实现真正的精准化内容推荐。但是仅依靠算法推送只能凭借用户之前的阅读习惯进行推荐，无法满足实时性的推送需求，也无法保证推送内容的质量。人工编辑可以根据自身的新闻专业主义来判断新闻是否具有价值，确保用户可以准确地获取有价值的信息。笔者预测，未来互联网分发将采用机器推送+人工推送的方式，这样才能提供个性、精准、有质量的推送服务。但是，如何拿捏推荐的平衡点，也是个值得思考的问题。

目前看来，作为行动者的算法对传统新闻业的冲击主要表现在以下几个方面。

第一，算法解构了传统新闻业的"把关人"角色，将"把关"的权力交给机器。媒介的"议程设置"权力受到冲击。以算法为核心的推荐系统，通过计算，得出符合用户定位的内容排序，这种优先序次影响受众关注哪些事实，决定受众

---

[1]《今日头条和他的"敌人们"》，凤凰网，2014年7月7日，https://finance.ifeng.com/a/20140707/12663344_0.shtml。

[2] 中国互联网络信息中心，《2016年中国互联网新闻市场研究报告》，2017年1月12日，http://www.cac.gov.cn/2017-01/12/c_1121534556.htm。

讨论的顺序，把关的权力也由人（编辑）转移到了系统。

第二，算法解构了传统新闻选择的价值标准，主要突出要素——趣味性。这种价值观的突出体现是迎合兴趣，从公众兴趣到个人兴趣，消解了公共利益，培养了"吃瓜群众"。算法的价值观就是基于人想要的东西而非人需要的东西进行推送。客观上造成对感官刺激的东西、猎奇、标题党等的盛行。如同微博此前140字的限制导致的语言方式。

第三，算法解构了"公共性"。其实，新闻业自诞生以来一直有着两种传统，精英和大众的传统。舒德森曾在《发掘新闻：美国报业的社会史》一书中梳理美国报业史，提出两种新闻模式："故事"模式和"信息"模式。他认为，"一般而言，受过良好教育的中产阶级同信息取向相关联，而中间和工人阶层则与故事取向相关"[1]。专注娱乐的《世界报》营造出"全新、奇异、不可预料的生活体验。对新近接受教育的群体、刚从乡村进城的群体、工人阶层和中产阶层而言，这种体验恰好忠实地反映了他们的日常生活"[2]。"《时报》奠定其'高级新闻'的基础在于它迎合了特定阶层的生活体验"，该阶层对自己的生活有较强的操控力。[3]不可否认的是，传统的新闻观念中，新闻的"大众化"是要让位于"化大众"的。传统新闻业视公共利益、公共服务为最高追求，而公共性理论本身就是建立在理性、独立、关心公共利益的"公共人"的前提之上。与此相对，大众化的取向往往被诟病为"低俗"。

第五节　算法与"被推送者"

在行动者网络中，作为非人类行动者的算法与人类行动者的关系也是"互为主体"的，算法依据每一个用户的阅读习惯和内容进行大数据收集，"算出"用户的需求，对用户进行个性、精准的推送服务，用户既具有主动性，又是被动的，但用户和算法同时都处于动态的变化中。

---

[1]〔美〕迈克尔·舒德森，陈昌凤、常江译，《发掘新闻：美国报业的社会史》，北京：北京大学出版社，2009年版，第80页。

[2]〔美〕迈克尔·舒德森，陈昌凤、常江译，《发掘新闻：美国报业的社会史》，北京：北京大学出版社，2009年版，第107页。

[3]〔美〕迈克尔·舒德森，陈昌凤、常江译，《发掘新闻：美国报业的社会史》，北京：北京大学出版社，2009年版，第107页。

具体来说，算法根据用户的行为数据建立用户的兴趣标签，推送匹配的内容，形成用户的媒介环境，用户获取内容后，点击、浏览、评论等行为都会作为数据反馈给算法，每一次搜索和点击行为都会不断更新算法对用户建立的信息模型，用户模型的每一次更新都会精准化推荐内容。由于用户的行为处于动态的变化之中，为了保证推荐内容的精确性，算法自身也需不断更新，其所连接的网络也处于流动和变化之中。用户行为的动态变化导致算法的改进，而算法的改进带来推送内容的变化从而改变了用户的行为[1]。算法与用户的实践呈现着结构二重性特征。

但是，这种高度重视用户需求的算法推荐又会带来另一个问题，即信息的闭环。由于每一次推荐系统的推荐都是建立在之前用户行为数据的基础上，搜索、点击、评论、点赞等行为，算法都默认为读者的兴趣。换言之，用户点击什么，算法就会默认用户对该内容感兴趣，并给用户推荐相似内容，相似内容的大量推送导致用户点击量增加，点击量的增加造成推荐系统的持续推荐，形成一个顽固的循环。[2]即使用户的兴趣是多元化的，推荐系统能够做到覆盖用户感兴趣的内容，但是同质化内容的持续推送造成内容输出多样性的减少。千人千面，每个人不同的头条，虽然传递了每个人想要的信息，却仅覆盖用户个人的兴趣点，没有与用户意见相左的信息，也没有可以使用户视野开阔的信息，算法成了一个"过滤气泡"，使每个人都成了一座信息孤岛，人与人之间形成了区隔。[3]

芝加哥大学法学院教授桑斯坦在其著作《信息乌托邦——众人如何生产知识》中提出了"信息茧房"的概念。他认为，公众的信息需求，并非全方位的，往往是跟着兴趣走，"我们只听我们选择的东西和愉悦我们的东西的通讯（信）领域"，我们"自己的先入之见将逐渐根深蒂固"，我们将不可能考虑周全，久而久之，会将自身桎梏于像蚕茧一般的"茧房"中。[4]算法通过单一化、同质化的信息推送

---

[1] Philip M. Napoli. Automated media: An institutional theory perspective on algorithmic media production and consumption. *Communication Theory*, 2014, (24), p. 346.

[2] Philip M. Napoli. Automated media: An institutional theory perspective on algorithmic media production and consumption. *Communication Theory*, 2014, (24), p. 344.

[3] 伊莱·帕里泽提出了过滤气泡的概念。网络公司为努力迎合个人喜好调整其服务，我们现在都依赖于一种个性化的算法和推荐，如果这些量身定制的过滤器，根据我们的点击和点赞，只传递我们想要的信息，同时删除所有与我们相左的观点以及可以打开我们视野的信息，我们就会困在自己的信息世界里。参见：Eli Pariser. *The Filter Bubble: What the Internet Is Hiding from You*. London: Penguin Group, 2011, pp. 6-291.

[4] （美）凯斯·R. 桑斯坦，毕竞悦译，《信息乌托邦——众人如何生产知识》，北京：法律出版社，2008年版，第8页。

不断在加固这种"信息茧房",茧房可能是在工作场所、学校之中,互联网扩大了它的范围,将人封闭在狭小的空间中[①],隔绝了多元化的信息来源和多元化的世界。这种所谓的"千人千面"实质上造成了"单向度的人"。

第六节 结　语

作为一个非人类的网络行动者,算法,正在和人类的传播活动编织在一起成为新型的"行动者网络"。并且它正在悄悄改变人的传播活动,改变人的生活方式,乃至改变人本身。

罗马神话中有一尊名叫雅努斯的神,前后各有一副面孔,一张脸看向过去,一张脸注视着未来,一手拿着开门的钥匙,一手握着警卫的手杖。今天,与人类所相遇的现代技术,正如这尊两面神,有着截然不同的面孔。

海德格尔说,"技术的本质只是缓慢地进入白昼。这个白昼就是变成了单纯技术的白昼的世界黑夜"[②]。在这样一个技术时代,媒介不再仅仅充当人类器官的延伸、想象的延伸。某种程度上,媒介不仅摆脱了人,具有自主性,而且与人一起参与人类活动,甚至反过来以"座架"的方式规制人,塑造人。我们熟悉的麦克卢汉的名言"媒介是人的延伸",并没有道出技术时代媒介的本质,也许,它应该改写成——"人是媒介的延伸"。

[①]〔美〕凯斯·R.桑斯坦,毕竞悦译,《信息乌托邦——众人如何生产知识》,北京:法律出版社,2008年版,第97页。

[②]〔德〕马丁·海德格尔,孙周兴选编,《海德格尔选集》(下),上海:上海三联书店,1996年版,第435页。

第八章 "反转新闻"：不确定时代的新闻观念调适——重思新闻的知识类型

第一节 引 言

"反转新闻"概念最早出现在新华网2013年推出的《盘点2013十大"反转剧"：有图未必有真相》。此后随着反转新闻的不断出现，形成对传统新闻机构专业权威的挑战，这一概念迅速引发行业关注和学界的讨论。相关的讨论基本上集中在两个方面：其一，分析造成反转新闻的原因，主要集中于对新闻生产的技术路径层面的批判；其二，由反转新闻出发，重新思考互联网新传播语境下新闻与真相的关系。

李斌、陈勃的研究显示，反转新闻自身的传播特性——极具话题性、与社会热点问题关联——造成"传播范围广、受众数量大、媒体热情高，舆论在演变过程中多呈现高度一致性和极端变化性"，同时他们研究认为造成反转新闻的主要原因在于："直筒式传播""片面化传播""自由化传播"。[1]陆学莉的研究显示，反转新闻在话语设置上"短、平、快"趋势明显，同时具有明显"'煽情'的叙事倾向"。[2]刘先根、彭应兵的观点代表了一个更加普遍的看法：造成反转新闻的主要原因在于"传统媒体在新媒体时代的迷茫与不适应"，由此出现"盲目追求时效""记者对公众成见的刻意迎合""部分媒体对自身定位和价值的迷失"。[3]曾祥敏、戴锦镕在对2014年到2020年初35个新闻反转事件进行分析时发现，移动社交平台语境造成个体作为社交传播节点的放大，"公众的情感诉求"是反转

---

[1] 李斌、陈勃，《"反转新闻"的成因及其规制》，《编辑之友》，2016年第8期，第58-61页。
[2] 陆学莉，《反转新闻的叙事框架和传播影响》，《新闻记者》，2016年第10期，第41-49页。
[3] 刘先根、彭应兵，《也谈"反转新闻"频现，传统媒体如何保持"定力"》，《中国记者》，2016年第5期，第104-105页。

新闻爆发的关键条件。[①]由此,研究者们从新闻生产的技术路径层面提出各种应对举措,诸如"优化新闻报道的规则规范"[②],建立"严格的发稿流程"[③]"真相确认机制"[④]等等。不难看出,如上对反转新闻出现的原因分析重点聚焦于技术层面:新媒介技术和大众化自传播(mass self-communication)[⑤]的崛起引发的传统机构传播危机,造成对传统机构媒体新闻生产流程、新闻伦理的破坏。同时,由此提出的应对方法也基本聚焦于如何恢复和强化"新闻专业主义"对新闻实践的规范作用。

有关反转新闻的另一类研究则主要集中于由反转新闻引发的新闻与真相的关系讨论上。技术革命使新闻"真实"和"新鲜"两大特性之间的张力明显加剧。反转新闻的出现则昭示着"新闻真实"的理念本身发生了某些变化,每个个体都成为参与者、阐释者和监督者。[⑥]张华的研究也显示,网络舆情的形成、反转是一个社会心理过程,公众对舆情热点事件存在所谓"认知参照点"(cognitive reference points),选择参照点和运用参照点能力的不足都会导致对事件认识的不足、偏差乃至谬误。[⑦]有研究者提出,"反转新闻的本质规定性,不在于是否失真,而在于如何失真和归真的反转过程",它是"新闻真相的一种过程化呈现","报道者的情感和观点成为新闻真相的构成要素"[⑧],从而引发"后真相"的关联性讨论:"如果权威知识本身已经陷入了解释学冲突,民间信息又出现泛滥和过剩的话,如何获得真相就成为社会的难题。"[⑨]总而言之,反转新闻似乎是"后真相时代"的一种必然。

反转新闻的出现以及反转的过程在本质上与网络社会崛起所造成的新闻观念

---

① 曾祥敏、戴锦镕,《新媒体语境下新闻反转、舆论生成机制和治理路径探究——基于 2014—2020 年典型反转新闻事件的定性比较分析(QCA)研究》,《社会科学》,2020 年第 7 期,第 168-184 页。
② 宋祖华、李艳,《反转新闻再思考》,《新闻爱好者》,2016 年第 11 期,第 24-27 页。
③ 陈瑶,《新闻反转并非都是"狼来了"》,《中国报业》,2016 年第 11 期,第 68-69 页。
④ 李理、陈香颖,《移动互联时代反转新闻的真实确证机制和困境——基于 48 个案例清晰集定性比较分析》,《中国出版》,2022 年第 2 期,第 34-38 页。
⑤ Manuel Castells. *Communication Power*. Oxford: Oxford University Press, 2013.
⑥ 陆学莉,《反转新闻的叙事框架和传播影响》,《新闻记者》,2016 年第 10 期,第 41-49 页。
⑦ 张华,《网络舆情反转现象中的"参照点效应"——基于对"大学生掏鸟窝获刑十年半"微博舆情的研究》,《新闻界》,2016 年第 7 期,第 28-32 页。
⑧ 宋祖华,《新闻真相的别样呈现:反转新闻与新闻真相关系的再思考》,《新闻界》,2017 年第 12 期,第 39-43 页。
⑨ 汪行福,《"后真相"本质上是后共识》,《探索与争鸣》,2017 年第 4 期,第 14-16 页。

与产业的"解体-重构"紧密相关。但就目前的研究来看,对新闻生产技术路径反思以及对新闻与真相关系的讨论都基本局限在工业化时代所形成的传统新闻观念当中,具体来说有以下几点。①对于反转新闻出现原因的追究大多最终退回到对新闻生产专业化的反思。其背后的基本预设是反转新闻的出现是对新闻生产惯习、价值以及伦理的破坏,应对的方法也是进一步对新闻专业主义精神和新闻生产流程的强调。②对新闻与真相的讨论中则明显存在着某种"真相"神话。正如研究者所言,"应该破除这种新闻真相情境中的新闻真实神话,或者说谦虚地纳入民族志对于语境化和多元性的反思,以求恢复新闻叙述中'被遮蔽的多元性和差异性,让新闻释放更多平等的意义'"①。

如上的研究不乏理论上的启发性与实践上的指导性,但它们一定程度上又局限于工业化和现代化时期出现的围绕"制度性媒介"所形成的新闻观念,即一种围绕"报刊"建立的知识系统。②笔者认为:首先,反转新闻不等于"假新闻",它并不是传统意义上的新闻造假,而是对于所谓"新闻真相"和"新闻事实"的过程化展现,与新的媒介技术和传播环境的出现关联紧密;此外,"反转新闻"代表了新的媒介环境下的一种全新的知识生产和秩序格局,为我们理解当下新闻观念的流变提供了突破口。因此,本书以近年来的"反转新闻"案例为对象,尝试在此基础上从"知识类型"的理论视野出发来反思互联网出现以后新的媒介变革给当下新闻观念带来的冲击和转型。

第二节 回到起点:"新闻作为一种知识类型"

1892年,杜威与福特等筹办《思想新闻》,虽然报纸很快夭折,但是这次基于"有机整体"的社会观而实施的,以知识的组织和知识社会化为目标的新闻改革试验为后续芝加哥学派的传播研究赋予了知识创造的原动力。③后来研究

---

① 虞鑫,《语境真相与单一真相——新闻真实论的哲学基础与概念分野》,《新闻记者》,2018年第8期,第32-37页。
② 黄旦,《媒介变革视野中的近代中国知识转型》,《中国社会科学》,2019年第1期,第137-158,207页。
③ 王金礼,《作为知识的新闻:杜威、帕克与"夭折"的〈思想新闻〉》,《学术研究》,2015年第3期,第32-39页。

者从杜威当初在《思想新闻》声明中的表述可以揣摩出杜威"有机知识"新闻观的基本内涵：新闻"要揭示事件对人们共同生活甚至上升到'人类生活'的意义上来"①。席勒认为，福特对杜威产生了深远且持久的影响，具体说来就是将新闻视为一种"有机知识"，进而将之作为调和或舒缓社会分化之弊的本源手段。②

作为杜威的弟子，帕克延续并发展了杜威的思想——在1940年发表的《作为一种知识类型的新闻：知识社会学的一章》一文当中，帕克将新闻视为一种"知识类型（form of knowledge）"③。他这一观点借鉴了詹姆斯对于知识类型的划分："知晓（knowledge of acquaintance）"和"理解（knowledge-about）"④。所谓"知晓"主要指一个人依靠感觉、直觉获得的对于世界的理解，是我们对于世界的一种反应的结果；"理解"是基于"思想"和"理智"而形成的知识类型。帕克认为前者不需要通过任何正式的、系统的调查研究就可以获得并且运用于实践，而后者由于可以通过实验来检验，因此可以被交流传播。⑤

在詹姆斯的基础上，帕克认为知识是一个"连续体（continuum）"，由不同程度的知识相对构成的点（points）组成，所有类型的知识都是其中的一个点。并且帕克认为新闻是一种特殊的知识类型——介于詹姆斯的两种知识之间，同时兼有两种知识的特点。⑥在帕克看来，一方面，相对于自然科学，新闻（news）并不是一个系统性的知识（systematic knowledge），同时也不是哲学和形而上学。另一方面，新闻只关注现实发生的单个事件，并不像"历史"那样在因果论和目的论的基础上建立一事件与另一事件的联系，除非与现时的事件有直接的关联，并且过去与将来的因素也不在新闻的关注视野之中。

---

① 孙藜，《作为"有机知识"的新闻：杜威和"夭折"的〈思想新闻〉》，《现代传播（中国传媒大学学报）》，2014年第2期，第47-52页。
② [美] 丹·席勒，冯建三、罗世宏译，《传播理论史：回归劳动》，北京：北京大学出版社，2012年版，第40-43页。
③ Robert E. Park. News as a form of knowledge: A chapter in the sociology of knowledge. *American Journal of Sociology*, 1940, 45(5), pp.669-686.
④ [美] 威廉·詹姆斯，郭宾译，《心理学原理》，南昌：江西教育出版社，2014年版，第309页。
⑤ 王颖吉、田婉莹，《试论帕克新闻知识社会学研究的背景和观点》，《毕节学院学报》，2010年第5期，第71-75页。
⑥ Robert E. Park. News as a form of knowledge: A chapter in the sociology of knowledge. *American Journal of Sociology*, 1940, 45(5), pp. 669-686.

第八章 "反转新闻":不确定时代的新闻观念调适——重思新闻的知识类型

总的来说,帕克确认了别于其他形式的知识的主要特征在于:短暂性、变动性以及孤立的事件。罗斯科对于帕克对新闻作为知识的认识表示赞同,他提出,"在所有传播媒体出现之前,早已存在的'新闻',基本上不应因媒体的差别,而在定义上有所不同"①。帕克的研究不仅仅是关注个别新闻对受众的影响问题,而且从更为广泛的社会学分析中归纳"新闻"的知识类别,以及新闻形成的社会、机构以及技术背景。帕克的路径是:要想认清新闻业对社会的意义,就必须要回到新闻业向社会提供的"新闻"本身,在知识谱系中为"新闻"寻找恰当的位置,并试图理解新闻的"知识形态"特征。②

此后,随着传播学芝加哥学派的逐渐淡出,哥伦比亚学派出现,聚焦传播的效果研究,在一定程度上继承了芝加哥学派的思想遗产。默顿在《社会理论和社会结构》一书中对比了知识社会学与大众传播研究。他认为,尽管知识社会学和大众传播研究在研究主题和问题的定义、资料的概念、研究方法的采用以及研究行为的社会组织等方面有所差异,并且从认识的角度来看,知识社会学的研究对象是知识,主要考量可为少数人掌握的知识的总体结构,而大众传播研究的对象是信息,主要研究可以被大众所掌握的信息的孤立片段③,但是,它们并不是两门不可交流的学科,两者都可以看作是研究社会结构与信息传递之间相互影响的分支学科。④但是,随着哥伦比亚学派的结构功能主义的研究取向日渐走远,其后的研究基本上抛弃了大众传播研究与知识社会学的理论联系。

但是不可忽视的是,帕克的研究为我们提供了审视新闻形态的全新视角——从知识类型的角度重新理解新闻形态的变迁问题。那么,我们回到当下,回到数字技术兴起造成的传播环境巨变条件下,频繁出现的"反转新闻"所代表的新闻形态究竟给传统新闻在形态和观念上带来怎样的挑战与变革?

---

① 〔美〕伯纳德·罗斯科,姜雪影译,《制作新闻》,台北:台北远流出版事业股份有限公司,1994年版,第19页。

② Robert E. Park. News as a form of knowledge: A chapter in the sociology of knowledge. *American Journal of Sociology*, 1940, 45(5), pp. 669-686.

③ 〔美〕罗伯特·K. 默顿,唐少杰等译,《社会理论和社会结构》,南京:译林出版社,2015年版,第661-663页。

④ 〔美〕罗伯特·K. 默顿,唐少杰等译,《社会理论和社会结构》,南京:译林出版社,2015年版,第659页。

第三节 "反转新闻":各类新闻要素的"再造"

对于新闻观念转型的探讨往往首先考察"新闻生产""传播者""受众"等关键性新闻要素的变化。因此,为有效地展开讨论,笔者首先选取"罗某笑事件"作为主要的分析样本,对"报道者""传播过程""传播渠道"等诸要素进行分析。

2016年11月25日,《罗某笑,你给我站住!》出现在微信公众号中,随后的两天时间内这篇文章刷爆朋友圈。文章主要讲述了深圳地区作家罗某的5岁女儿罗某笑对抗白血病的历程,同时罗某希望通过网友转发文章的方式为罗某笑筹集治疗款。11月30日,舆情开始出现反转,随着治疗费用、罗某的家庭财产和个人情感经历等信息的不断曝光,整体的社会舆论开始快速转向对罗某的谴责。最后,罗某将所获得的全部资助退还给网友,整个事件告一段落。到12月24日,整个事件在整个舆论中已然平息。

笔者认为,"罗某笑事件"是极具代表性的反转新闻。案例中初始事件和舆论都发生戏剧性反转,传统机构化媒体则处于边缘,因为文章出自当事人的自媒体,推动事件出现反转的是网友,以及部分"大V"和自媒体。基于此,笔者总结出一些反转新闻与传统的新闻报道相区别的特征,如表8-1所示。

表8-1 传统新闻报道与"反转新闻"的对比

类型	传播者	渠道	受众	生产方式	形态
传统新闻报道	机构化媒体(职业记者)	传统大众媒体	读者、订阅者、观众、听众	科层化、机构化	线性的、静态的文本
"反转新闻"	大众化自媒体	网络化媒体(包括大众媒体的"网络化")	用户("产消者")	个人化、机构化的混合	非线性的、网络化的、流动的文本

从表8-1我们不难看出,"反转新闻"在"传播者""渠道""受众""生产方式""形态"等五个方面与传统的新闻报道有截然不同之处。具体来说,传统的新闻报道依托机构化和科层化的媒体机构(主要包括报刊、广播、电视),生产者(传播者)是经过专业训练的职业媒体从业者,遵循一整套相对完备的采编流程和制度,完成报道文本(文字的、音频的、视频的)并传递给受众。"反

转新闻"在这些环节上则颠覆了传统新闻报道。第一，以自媒体形态出现的"大众化自传播"已经成为重要的新闻生产方式。由本书选取的反转新闻案例来看，大众化自传播主导了议程设置或者推动事件的反转。第二，自媒体、社交媒体等正在成为核心的资讯传播渠道，同时传统的机构化媒体也正在进行"网络化"转型。从选取案例来看，推动事件反转的主要是微信公众号、网友以及机构媒体的网络端，传统的大众媒体在事件发展的过程中往往处于相对边缘的状态。第三，"反转新闻"的发生过程中，已经不存在传统意义上的"受众"，网络"用户"的出现消解了传统意义上界限分明的"传-受"关系，网络用户"传-受一体"，也即所谓"生产型消费者"[1]。第四，"反转新闻"的生产方式不再是科层化和机构化的媒体生产，而是以个人化和机构化混合的形式进行，个人、网络媒体、机构媒体都成为"反转新闻"生产网络中的"产消节点"。第五，从新闻形态来看，"反转新闻"不再是传统的线性生产下的静态文本，新闻反转的过程不再受限于线性事件，"网络的非线性在于它更容易打捞那些已经成为历史的事件，更容易穿越时间并在事件与事件之间形成互文关系，这就使得未来新闻有能力把不同时间的事实性知识'结构'成新闻，以满足当下社会对真相的需求"[2]。

从"反转新闻"案例分析中我们能初步看出，以数字技术为核心的新传播事件挑战了传统的新闻生产流程、职业权威、产业模式以及新闻形态。在部分学者看来，这种"挑战"具有某种价值——"恰恰是这些挑战促使我们暂时停下来，重新定位，或者继续从事我们过去的事情，也可能是转变方向"[3]。然而在笔者看来，"反转新闻"就是这个"挑战"，以此为契机我们可以对新媒介技术下新闻形态和观念的转变进行一个探索。现有的研究相对局限于以媒介形态为划分基准，尽管媒介特性对新闻形态的影响巨大，但是笔者认为新闻形态的转变不能被化约为媒介形态转变，媒介形态的变化更多属于新闻形态变化的外部动力。新闻形态更多指的是"新闻的存在方式与状态"，"从客观存在的新闻事实到信息形态新闻事实的符号化建构、传播，再到对符号化新闻事实文本的解读、接受"[4]，新闻

---

[1] 陆臻，《传播政治经济学视野中的"生产型消费者"——以网络小说"粉丝"为例》，《学术月刊》，2017年第4期，第113-119页。

[2] 王辰瑶，《未来新闻的知识形态》，《南京社会科学》，2013年第10期，第105-110页。

[3] Barbie Zelizer. Terms of choice: Uncertainty, journalism, and crisis. *Journal of Communication*, 2015, 65(5), pp.888-908.

[4] 杨保军，《新闻形态论》，《国际新闻界》，2004年第4期，第61-65页。

经历了"三态"的演变。杨保军立足于内在机制的转变对新闻形态进行考察,此种转变是新闻形态变迁的内生动力。

从上文的案例分析来看,新闻形态变迁在外部动力和内生动力之外,本质上更是知识特征(形态)层面的转变,因此笔者接下来将以社会学家帕克的研究为起点,从新闻的知识特征入手,探讨数字技术下"新闻作为一种知识类型",其形态发生了怎样的变革。

第四节 "反转新闻":一种不确定的知识

帕克提出的"新闻作为一种知识类型"的观念可以说为我们提供了一个理解新闻的"理想类型"(ideal type),但是随着传播环境的不断转变,尤其是数字技术的快速发展越来越多样化的新闻形式出现,这些形式各异、种类繁多的新闻形式,尤其是本书重点关注的"反转新闻",与帕克建构的"理想类型"是否产生冲突?或者说它们还是不是帕克意义上的"作为知识的新闻"?这成为接下来我们需要重点探讨的问题。

仅就上文的案例分析来看,当前的"新闻"在如下几方面与帕克时代的"新闻"产生差异。

一、知识环境:从报纸向网络的变革

今天,我们感受到了新闻对于"现时"的关注越来越强烈,甚至可谓是"激进",对于首发新闻的争夺已经精确到以秒来计时。但是与此同时,新的传播技术同时也为各类"解释性报道""数据新闻""VR 新闻"这样相对复杂和深度的新闻形式的发展提供了可能。并且这些新形式正是为了克服传统新闻形式在认识论上的不足而出现的,与传统的新闻形式相比它们提供了更为丰富的"理解"层面的知识。

帕克的理论的时代背景是报刊盛行、报业繁荣的 20 世纪三四十年代的美国社会。报纸是现代性背景下的典型产物,因为办报纸的人拥有对信息的独占性和垄断性,所以报纸是一点向多点、组织向个人的信息撒播,此后的广播和电视虽然分别诉诸的是听觉和视觉,但并没有改变这种一点向多点、组织向个人传播的格局。这种格局和媒介本身与现代性的高度理性化、制度化的时代特征是联系在一

起的。报纸的使命是启蒙，自上而下，呈现的是被办报人把关过的、处理过的完整的世界。在报纸的时代，信息是稀缺资源，掌握信息就能把控世界。因此，报纸的确定性和时代的坚固性是互构的关系。

与"报纸逻辑"形成鲜明对比的是当下的"互联网逻辑"是一个网状信息系统铺开，个人可以平等分配信息，共同分享信息，实时交互讨论的媒介技术逻辑。特别是移动互联网，既拥有报纸的便携性特征，又打破了信息的独占。所以，网络上的信息传播，与其叫传播或撒播，不如叫共享和交流，与其叫控制，不如叫聚集。移动互联网的信息是碎片化的、即时性的、充分交互的，没有报纸那般严整的集纳性。

笔者认为，从报纸到网络，媒体转型背后是对一种强烈确定性逻辑或者说确定感的消解。因此，以社交媒体为代表的新媒介技术快速崛起背景下所形成的一种数字化的媒介环境在内在逻辑上有别于帕克所面对的媒介环境——人们越来越多地通过互联网（或移动互联网）浏览新闻，并主要从门户网站、搜索引擎以及社交媒体获取信息。数字化新闻呈现的碎片化状态很难系统地向我们提供什么、谁、什么时候、何地以及如何的信息，而是以一种内容流的形态直接接入我们个体的生命体验。

二、知识内容：对流动性事件的建构

媒介变迁以及内在逻辑的转变对于新闻生产、价值以及职业伦理都造成巨大冲击，这一点我们也可以从不同时代不同学者对于新闻概念的界定窥见一二。

报纸时代最为经典的新闻定义是"新闻是新近发生的事实的报道"，在这个定义中，新闻由三个要件构成："新近""事实""报道"。[1]从这三个要件我们不难看出报纸时代新闻的特征是：报纸这种媒体决定了报纸上的新闻是一次性的、线性传播的、偏于静态的；报纸的版面有限，决定了新闻的呈现更多是"事实"而非事件发展过程。因此，新闻便以确定的"事实"的形式存在。

进入数字时代，我们尚未形成一个被广泛接受的定义，我们只能仿照陆定一的定义结构对当前的新闻进行一个尝试性的界定：新闻某种程度上成为对新近或

---

[1] 黄旦，《中国新闻传播的历史建构——对三个新闻定义的解读》，《新闻与传播研究》，2003年第1期，第24-37，93页。

正在发生的事件的呈现与建构。这个定义同样包含了三个基本要件："新近或正在发生""事件""呈现与建构"。与报纸时代的新闻三要件进行对比我们可以看出数字时代的新闻发生了某种程度的变化：互联网所呈现的新闻很少是一次性的、单一视角的、静态的；互联网上的新闻是动态发展的，事件的后续发展如何，公众的关注如何，社会情绪如何，共同推动事件向前发展。所以，作为事件的新闻更加接近当下社会的"生活方式"。新闻成为流动的、液态的、过程式的呈现，更加不确定。笔者认为"反转新闻"就是数字时代新闻的典型案例。

"反转新闻"其实需要深究的不是新闻真假的问题。新闻之所以反转，大致有两个理念层面上的原因。其一，我们依然在用"确定性"的眼光对待不确定性的事物，把新闻看成静态事实，事实发生了变化，于是反转。其二，舆论的反转。伴随事实的变化，或看待事实的角度的变化，舆论变化了，我们也称之为反转。如果把新闻看成事件、过程、行动的文本，一言以蔽之，实践的文本，反转便是其题中应有之义。

从报纸时代进入数字时代，新闻的知识内容经历了一个从"事实"向"事件"、从静态到流动、从单一到复杂多元、从客观真实到情感真实等方面的转变。这样的转变无疑使现下的新闻观念产生巨大的变化：新闻所面对的是一个不确定时代，是对不断流动的事件的关注，新闻不再仅仅是确定无疑的结果，也是生产的过程，生成的过程，流变的过程。

三、知识生产者："个人被激活"

伴随着工业社会日趋细致的社会分工，现代新闻的兴起，与其他职业一样，新闻业和职业记者与编辑垄断了新闻作为一种知识产品的生产。帕克在分析新闻的知识形态时已经天然地将"新闻"与其提供者"职业记者"绑定在一起。[1]数字化媒介的兴起无疑松了绑，新闻的知识生产与传播不再被专业机构所垄断，非职业化的个人得以介入知识生产与传播环节。

传统的媒体人是组织化、机构化以及专业化的"人"，而数字化媒体改变了以往以"机构"为基本单位的社会传播的格局，取而代之的是以"个人"为基本单位的社会传播。个人操控社会传播资源的能力被激活、个人被湮没的信息需求

---

[1] 王辰瑶，《未来新闻的知识形态》，《南京社会科学》，2013年第10期，第105-110页。

与偏好被激活以及个人闲置的各类微资源被激活。[1]从传统媒体人到新媒体人,专业化的分工被全媒体化的技能取代,采写编评制录播能力被激活。从专业传播者到公共传播者,从业门槛降低,专业门槛提高。媒体人的职业也在流动之中,现实中的离职潮背后是不确定感、不安全感的弥散。

霍尔等学者曾指出,大众传媒其实还只是"二级定义者",它们"复制那些有特权接近媒介的'可靠消息来源'的定义",而权势机构才是原始定义者。[2]我们从知识生产者的转型来看,数字化媒体时代,传统的、原本处于传播中心的机构的地位显然是受到了来自以社会化媒体为代表的冲击。在互联网时代,赋予"可见性"[3]的主体不再仅限于大众媒介,扩展到了社会个体。知识生产者的转型,必然导致传播权力结构的变化,由此会引发对于"何为新闻"的界定者究竟是谁的争夺。同时,对事实的评价主体发生转变,对事实的界定与评价从专业从业者转向一般公众。

知识环境、知识内容以及知识生产者,三个方面的转型是具有内在逻辑链条的,三个方面共同结合构成了数字化背景下的新闻作为知识的全新转型。以帕克对作为知识的新闻的研究为起点,他所强调的短时的、孤立的以及不带目的论的公共记录在当下的数字化时代已经遭受冲击。例如"反转新闻"这样的"数字新闻"或者"网络化新闻"的出现意味着对确定性的消解,新闻与知识的关系已经发生转变,新闻作为一种知识的理念需要被进一步重新审视。

第五节 结　　语

正如"书与刊,是两种不同的媒介,代表着两种不同知识和文化"[4],当下互联网与报刊更是两种截然不同的媒介,出现于互联网时代的"反转新闻"正是"数

---

[1] 喻国明等,《"个人被激活"的时代:互联网逻辑下传播生态的重构——关于"互联网是一种高维媒介"观点的延伸探讨》,《现代传播(中国传媒大学学报)》,2015年第5期,第1-4页。

[2] 〔英〕霍尔等,《作为社会生产的新闻》,转引自谢静,《微信新闻:一个交往生成观的分析》,《新闻与传播研究》,2016年第4期,第10-28,126页。

[3] Daniel Dayan. Conquering visibility, conferring visibility: Visibility seekers and media performance. International Journal of Communication, 2013, 7, p.137-153.

[4] 黄旦,《媒介变革视野中的近代中国知识转型》,《中国社会科学》,2019年第1期,第137-158,207页。

字新闻"或者说"网络化新闻"的典型代表，它的出现在很大程度上是对于我们长久以来所习惯的"报刊新闻"所建构的"确定性"的消解。报刊新闻是现代性的产物，以线性的时间结构为基础，建构起我们对于所处环境的确定性的认知。随着新的媒介技术的崛起，社交媒体、移动互联网、5G 这些全新的信息与通信技术带来的是社会整体知识系统的转变，新闻作为知识网络中的节点之一，必然难逃被重构的命运。

如今我们越来越强烈地意识到新闻正在成为一种社会表达、一种生活方式[①]，数字化中介的出现解构了"报刊新闻"，将其击打成碎片并融入我们的日常生活。上文所考察的"反转新闻"向我们清晰地展示了这一点，个人的表达、日常生活的场景、情感都成为新闻的构成部分。通过对帕克的"新闻作为一种知识类型"理念的重新反思，我们可以看到"网络化新闻"逐渐成为一种包含了社会关系、语境的新的知识类型，已逐渐超越了詹姆斯"知晓"和"理解"的知识类型分类。随着新闻知识类型的变化，基于此确立起来的新闻观念和知识边界都需要我们更进一步反思和重构。

---

① 谢静，《微信新闻：一个交往生成观的分析》，《新闻与传播研究》，2016 年第 4 期，第 10-28、126 页。

第九章 新媒体内容生产者的"再组织化"：以梨视频为例

第一节 引 言

新闻行业从生产理念、媒介形态到传播链条都面临挑战，而对于新传播技术所带来的最大变化，研究者们几乎形成共识，即个体的崛起与组织的下沉，比如喻国明教授认为，对于以"个人"为基本社会传播单位的赋权与"激活"是互联网对于我们这个社会的最大改变[①]；陆晔教授研究发现，组织化新闻生产逐渐演变成"协作性新闻策展"，这一新闻生产模式的特点在于生产过程的去组织化、去科层化以及开放、多节点、动态的个体化实践。[②]因此，在已有的讨论中，互联网作用下的"个体"成为观察和解释当下传播实践的关键词，而对"组织"的探讨主要集中在信息传播"去组织化"的论断中，这无形之中将"个体"与"组织"置于二元对立的位置上，并导致对于新媒体实践的观察多是围绕"个体""节点"的"网络"建构的，忽略了新媒体的组织化特征。笔者在观察中恰恰发现，新媒体的内容生产呈现出"再组织化"的趋势。在卡斯特看来，新的信息技术范式极其富有弹性，并且具有重构组织的能力。[③]吉登斯更是强调用动态的观点看待社会结构与社会行为，提醒我们观察组织结构的变迁。[④]因此，笔者试图将媒介传播形态的演变置于组

---

① 喻国明，《互联网是高维媒介：一种社会传播构造的全新范式——关于现阶段传媒发展若干理论与实践问题的辨正》，《编辑学刊》，2015年第4期，第6-12页。

② 陆晔、周睿鸣，《"液态"的新闻业：新传播形态与新闻专业主义再思考——以澎湃新闻"东方之星"长江沉船事故报道为个案》，《新闻与传播研究》，2016年第7期，第24-46，126-127页。

③ 〔美〕曼纽尔·卡斯特，夏铸九、王志弘等译，《网络社会的崛起》，北京：社会科学文献出版社，2001年版，第84页。

④ 〔美〕W. 理查德·斯科特、杰拉尔德·F. 戴维斯，高俊山译，《组织理论：理性、自然与开放系统的视角》，北京：中国人民大学出版社，2011年版，第28页。

织研究的视角下进行考察，重新发现新媒体实践的"组织"特征。

本章以资讯类短视频平台梨视频作为观察对象①，主要因为梨视频以原创内容生产为核心，其"专业编辑+全球拍客网络"的核心框架形塑了不同于简单用户集群的组织形态，可以作为很好的个案对当下围绕新媒体内容生产的网络实践进行观察。截至2017年4月，梨视频的拍客数量已经由最初遍及国内外520个城市的3100名扩大至近15000名，活跃度较高的拍客约占30%，梨视频每日能够发布原创视频接近150条。②

第二节　外部扩张：梨视频拍客网络的组织建构

新媒体技术激活了各类微资源以及规模庞大的社会个体，"拍客"作为互联网时代的短视频创作者并不是一个全新的词语，曾经以秒拍、美拍等为代表的娱乐社交型工具应用所遵循的 UGC 模式造就了大规模的网络拍客，各类新媒体平台通过对拍客资源的争夺来扩大网络规模，"用户集群"成为新媒体运作实践的基本思路之一。然而，当个体资源被激活之后，如何组织整合个体资源使其成为新媒体平台的核心竞争力？不同的集群方式可能会演化出不同的结构形态。

一、从金字塔到甜甜圈：内容生产结构的扁平化

传统媒体采用科层制的管理方式，以职业记者为生产主体，通过层层"把关"，形成金字塔式的组织结构和单向传播链条，在这种结构中，媒体组织层级间信息传递链条较长，往往很难适应当下信息传播瞬息万变的动态实践。同时，传统媒体在对个体资源的集群方面存在组织结构上的缺陷，难以通过技术路径和结构安排将社会大众嵌入生产网络中。新媒体的渠道优势使得社会个体的信息资源更容易融入具体的内容生产中，即个人参与内容生产的方式更加灵活，门槛相对较低，获取收益也更为容易。相对于传统媒体的金字塔结构，梨视频的拍客网络体现出

---

① 梨视频由东方早报社前社长兼澎湃新闻前 CEO 邱兵创办，于 2016 年 11 月上线。本章数据主要来源于笔者对梨视频部分区域主管及总部编辑的访谈和收集的资料，涉及商业信息，应受访人要求，名字均以化名处理。

② 数据来源：《邱兵首讲梨视频全球拍客网络，年内将扩充到 5 万人》，微信公众号"刺猬公社"，2017 年 4 月 27 日，https://www.sohu.com/a/136636707_141927，以及笔者对梨视频 H 省拍客主管 A 的访谈（访谈时间：2017 年 5 月 4 日）。

新的结构特点。以 2017 年 4 月为例，梨视频由国内拍客完成的发稿量约 3716 条（表 9-1）。

表 9-1　梨视频国内发稿拍客分布（以 2017 年 4 月为例）

分布区域	发稿拍客数量/人	发稿量/篇	分布区域	发稿拍客数量/人	发稿量/篇
北京	42	107	河南	84	247
上海	37	87	湖北	63	190
重庆	53	110	湖南	54	142
山西	26	56	广东	95	275
辽宁	34	170	四川	68	220
黑龙江	42	164	贵州	54	126
江苏	53	207	云南	48	113
浙江	80	158	陕西	52	147
安徽	53	153	甘肃	65	162
福建	56	110	青海	19	32
江西	78	253	广西	41	98
山东	107	293	新疆	55	96

如表 9-1 所示，1359 名发稿拍客分布在 24 个省（区、市），这种大规模的专业生产与一定的组织运作是分不开的。笔者在调研中发现，梨视频的生产网络处于一种扁平化的状态，并形成具有弹性的饼圈结构，类似于食品中的甜甜圈。

梨视频在 24 个省（区、市）设置了 24 名区域主管，这些主管在拍客集群的过程中起到重要的"桥梁"作用，他们分布在甜甜圈的圈体位置上，负责联络、整合拍客资源，以及组织生产。甜甜圈的内部则是组织的内核，由高管团队和编辑部组成，包括选题统筹和专业编辑；甜甜圈的外部是分布密集的拍客群体，即嵌入到生产网络中的社会个体。针对拍客上传的短视频，区域主管会在第一时间对选题进行把关，然后将选题发送至工作微信群或通过内部系统上传，一旦选题通过，统筹组会安排总部的一名编辑与区域主管对接，主管会围绕最初的视频核对信息，指导拍客补充镜头，最后由专业编辑进行加工。

与传统媒体的金字塔结构相比，梨视频的饼圈结构更加扁平化，编辑部与社会大众之间的层层障碍在很大程度上被消解，专业编辑团队通过区域主管与拍客进行高效率的意见交换和信息反馈，从而使得生产结构中的层级以及不对称性减少，控制更为简化，协作更加灵活。同时，作为生产网络中意见与信息频繁交流的重要地带，连接内核与外围的圈体部分使得梨视频的集群方式要优于简单的 UGC 模式，正如邱兵所言，"以往，它（拍客）只是某个平台、机构商业运营的一种形式，不太会在业务上跟平台形成互动。这次，梨视频花了大力气来搭建拍客系统，是希望它成为我们视频拍摄和创作的骨架。我们的团队跟拍客之间会有紧密的沟通，比如帮他们策划选题和角度"[①]。所以，梨视频的饼圈结构布局体现出新媒体平台对拍客的组织化的运作，并且具有一定的弹性，便于对外部环境的变化做出快速敏捷的反应。

二、产品经理人：网络权力的分层

相对于传统媒体，新媒体传播对社会个体的技术赋权使得原有的控制逻辑发生变化，在以 UGC 模式为代表的新媒体网络中，大规模的用户或拍客与新媒体平台之间直接建立关系，特别是以娱乐社交为核心的平台应用，网络结构中的控制权力被极度简化，实现大规模用户集群的同时，"把关人"的角色逐渐缺失。以生产专业资讯为目标的梨视频在建构拍客网络的过程中，一方面通过扁平化的结构来减弱信息传播的科层式控制，提高内容生产的效率；另一方面则在新媒体平台与拍客之间通过区域主管进行网络权力的分层，实行组织化运作。

梨视频分布在各个区域的主管在整个传播网络中被赋予多重身份。第一，在内容的专业生产上扮演编辑和把关人的角色，区域主管需要对拍客上传的视频进行初步把关，并根据生产要求对拍客进行指导和培训，从选题的挖掘到拍摄的细节，从如何核实信息到如何叙事，等等。在调研中发现，梨视频的区域主管几乎都是传统媒体的记者、编辑等转型过来的，他们本身具有新闻实践的丰富经验，因此在组织生产的过程中能够发挥出专业的优势。第二，区域主管负责联络当地的拍客资源，区域主管相当于该区域的人事主管。一方面，主管会主动寻找拍客，建构该区域的拍客网络，这与 UGC 模式下的"平台-用户"结构是完全不同的，主管通过与拍客建立人际关系，形成互惠合作的紧密关系，从而不断强化拍客作为节点对整个网络的依附，并且，主管在一定程度上可以决定拍客的收益，特别

[①] 甘恬、李戈辉，《邱兵首谈梨视频：上个世纪的报人，要做下个世纪的产品》，《传媒评论》，2016 年第 10 期，第 10-13 页。

是多名拍客协作生产中的稿酬分配；另一方面，如果一些用户直接通过客户端上传视频成为拍客，梨视频总部会直接将拍客的信息转给其所在区域的主管，由主管负责联系和协调，从而将拍客纳入该区域的组织管理中。可见，梨视频的拍客资源以区域为单位逐步向各位主管这一节点集中。第三，区域主管对于发稿量承担一定的责任，区域主管类似于产品的销售总监。梨视频会依据区域的发稿量对区域主管进行绩效考核。主管为了保证发稿量，必须在该区域对各种社会资源进行整合，建立有效的生产网络，并不断对拍客群体进行动员，包括人际交往和专业指导，从而实现梨视频对拍客的组织化运作。

因此，透过专业编辑、人事主管、销售总监这三重身份可以看出，区域主管的运作思维是围绕产品展开的，区域主管类似于商业生产中的产品经理人，其在梨视频网络建构中的功能在于，将拍客有效引入资讯生产的流水线上，实现高效率的产出。"产品经理人"的引入体现了新媒体传播网络演进中的一个重要特点：分层治理，即通过让渡部分网络权力形成分层，便于利用组织化的运作将拍客群体这一分散化的资源进行有效的整合与利用，从而提高资源的生产效率，实现各方主体的价值共创。

三、资源整合：拍客的位置分布与社会协作

新媒体拍客来自规模庞大的社会个体，具有非常广泛的覆盖面，其社会资源的构成存在差异，即作为网络中的节点，每位拍客实际能够连接和辐射的范围会因自身的资源积累和传播能力的差异而有所不同。在简单的集群平台上，新媒体拍客是较为模糊的一个群体，其自身的资源关系和组织背景没有被利用起来，而梨视频不同，高效率的专业生产促使其在建构拍客网络的过程中要充分利用社会各方面的资源，借助不同个体的传播优势增强网络的功能。

以H省为例，梨视频在该省布局了202名拍客，覆盖全省所有城市，笔者对此进行了问卷调查和访谈，拍客具体构成如下：首先，分布在各个角落的社会拍客约占41%，包括自媒体人、职业爆料人、民间团体、公司员工、大学生等；其次，媒体从业者约占27%，其中报社记者最多，约占54%，商业网站从业者约占32%，而电台、电视台以及新闻网站记者很少；最后，来自官方机构宣传部门的拍客约占32%，包括公安、消防、路政、学校、医院等。通过这一拍客构成，可以看出梨视频在布局拍客的过程中会考虑两个重要因素：现场资源和生产能力。

首先，媒体从业者本身就具有内容生产的专业优势，他们具备很强的新闻敏感性和采编能力，因此能高效率地产出；其次，以公安、消防、路政等为代表的官方拍客，往往能够最早接触新闻现场，并获得权威通告，从而提高了信息采集和发布的效率，是资讯生产的重要资源；最后，梨视频在布局社会拍客的过程中会考虑到其生活和工作的多元场景，使信息源延伸至各个角落，聚集了很多社会拍客，如出租车司机、保险理赔员、救护中心、商场员工、婚庆摄影师、淘宝店主等。在 H 省主管看来，"这些拍客所在领域都属于人多事多的地方，也是最容易发生新闻的地方"。①从具有专业能力的媒体从业者，到能够最早接触现场的官方机构，再到分布在社会各种场景的大量个体，梨视频通过区域主管，以"人工聚合"的方式将各种资源整合进生产网络。这种布局试图让合适的节点分布在合适的位置上，通过利用不同个体的资源优势形成节点集群，从而有利于资讯生产中的社会协作。

第三节　内部演化：个体的重塑与传播边界的凸显

新媒体网络的建构是一个持续动态的过程，网络中的节点具有一定的流动性，虽然梨视频的拍客网络在初期建构的过程中体现出对个体资源的整合，但如何强化网络的功能以及节点的依附性，并在新媒体平台对个体资源的争夺中，完成网络的持续建构，是梨视频运作实践中必然面临的问题。

一、个体的重塑：同心圆的动态演化

按照资源积累多少和传播能力的大小，梨视频的拍客构成呈现出同心圆的状态，即最具有传播力的媒体从业者位于同心圆的中心区域，来自官方机构宣传部门的拍客位于次核心区域，而社会拍客处于同心圆的外围。这种同心圆式的分布体现了梨视频上线初期，为了保证高产出而对拍客资源的整合。然而，这种资源分布及排序仍然处于不断的演化中。媒体从业者作为具有专业优势的个体，更容易以拍客的方式进入新媒体的生产网络，从而被梨视频列为核心资源，但是由于媒体从业者的自组织能力很强，对网络的依附性反而较弱，并且在新媒体传播中

---

① 内容来自笔者对梨视频 H 省区域主管 A 的访谈，访谈时间：2017 年 4 月 1 日。

已经成为各类平台重点争夺的对象，因此具有更大的流动性。那么，如何稳定生产网络的核心资源成为拍客管理的重要问题。

笔者在调研中发现，梨视频一方面通过互惠交往与拍客建立更高的信任度，避免核心资源的流失，另一方面则是通过对社会拍客的专业重塑来扩大自身的核心资源，在每条短视频生产的过程中，专业编辑、区域主管以及社会拍客三者会进行频繁的沟通与互动，从而使社会拍客在不断磨合的过程中提升自己的专业能力，其资源优势逐渐向同心圆的核心部分靠近。并且梨视频从 2017 年 3 月份开始设置打榜，每周都会根据站内统计的点击量对原创拍客进行排名，通过引入竞争机制来不断强化拍客的生产能力，从而使核心拍客资源始终处于一种动态的稳定状态中，比如 A 主管告诉笔者，H 省核心拍客的比例始终稳定在 20%～30%，"刚上线的时候，我们很看重媒体从业者的专业优势，因为他们能够直接上手，快速产出，可称为专业拍客，而社会拍客需要一个磨合的过程，但是在后期运营的过程中，我们在有意扩大社会拍客的比例，并将社会拍客往专业拍客的方向上培训。同时，我们很看重与官方拍客的合作与沟通，比如公安、消防、路政，他们都是很重要的信息源"。[1]围绕拍客群体的同心圆构成，区域主管在管理过程中会有一个无形的表格，用来记录拍客发稿的数量、潜在的流动性、个体资源的优势以及核心资源的动态变化，而对于社会拍客与官方拍客的专业重塑推动了同心圆的动态演化。

更为重要的是，梨视频对拍客专业重塑的过程就是新媒体平台通过大量的互动协作使社会个体资源内化到网络创新的过程，这一过程本身带有组织支持的特点。在互联网时代，雇佣关系发生变迁，长期的、情感性的交换关系不复存在，取而代之的是短期的经济交换关系[2]，原有的关系型契约逐渐向交易型契约转变，这种变化在新媒体行业表现更为突出，特别是新媒体平台利用网络众包开发社会资源，使得短期化、弹性化的雇佣模式成为一种常态。因此，面对新型的雇佣关系，新媒体平台对参与者提供组织支持可以看作是对行业竞争及外界流动性的一种应对，试图避免节点的流失，尽力确保组织绩效目标的实现。

---

[1] 内容来自对梨视频 H 省区域主管 A 的访谈，访谈时间：2017 年 5 月 31 日。
[2] 郭文臣等，《新型雇佣关系结构模型构建及实证研究》，《南开管理评论》，2016 年第 4 期，第 181-192 页。

二、边界的凸显："梨味儿"视频与业余者共同体的建构

新媒体技术塑造了一个多元化的、在任何节点都可以沟通的信息网络媒介，即卡斯特所言的"网络化逻辑"的结构形态，各种社会资源在网络中流动，而"什么是节点根据我们所谈的具体网络种类而定"[①]，即对于节点的界定、功能建构以及节点的集群，在不同的网络类型和特定情境中存在差异。虽然新媒体技术对个体的激活使得原有的传播边界被消解，然而随着网络的演进，集群的路径和目的也在发生变化，梨视频对拍客的专业重塑及其组织化运作，使得边界又凸显出来，并直接体现在梨视频的终端内容上。

首先，到 2017 年 4 月，梨视频拍客网络的运作实践已经形成了特有的内容生产逻辑，比如，在选题把关上，编辑们会首选那些能够表现人性复杂并具有现场感的视频，特别是那些能在社交平台上引发现象级讨论的话题或故事；内容制作上，视频长度被要求控制在 90 秒内，片头 7 秒迅速切入全片亮点，背景优选节奏感明亮的配乐，字幕简洁明了；叙事方法上，力求讲好故事，拒绝坐而论道式的说教……[②]这些特质正是梨视频对拍客的培训内容，并最终使得梨视频的内容具有了一定的辨识度，邱兵及其团队将其称作"梨味儿"[③]。因此，梨视频的内容生产逻辑，使其与网络平台中大量没有经过组织生产的短视频泾渭分明。

其次，梨视频平台在拍客集群的过程中试图建构一个业余者共同体。"梨视频与 UGC 创作者之间的关联，不应只系于流量和收入，更重要的是，在专业性和价值观上，形成高度的协同交互……打造更符合梨视频拍摄标准和价值追求的短视频创作者生态。"[④]这种创作者生态已经不同于以简单的集群方式建立的完全开放式传播网络，而是逐渐显现出新的边界。梨视频的拍客群体在生产过程中经过多次培训之后，会逐渐形成与其他网络拍客不同的特质和价值判断力，并直接作用在短视频的创作上。同时，梨视频的打榜机制与可见的拍客位置分布会促进

[①]〔美〕曼纽尔·卡斯特，夏铸九、王志弘等译，《网络社会的崛起》，北京，社会科学文献出版社，2001 年版，第 570 页。

[②]《邱兵首讲梨视频全球拍客网络，年内将扩充到 5 万人》，微信公众号"刺猬公社"，2017 年 4 月 27 日，https://www.sohu.com/a/136636707_141927。

[③]《邱兵首讲梨视频全球拍客网络，年内将扩充到 5 万人》，微信公众号"刺猬公社"，2017 年 4 月 27 日，https://www.sohu.com/a/136636707_141927。

[④] 甘恬、李戈辉，《邱兵首谈梨视频：上个世纪的报人，要做下个世纪的产品》，《传媒评论》，2016 年第 10 期，第 10-13 页。

拍客们对于自身群体的想象，有助于业余者共同体的形成。因此，由梨视频组织起来的业余者共同体所生产的短视频不再是 UGC 模式下用户随意上传的视频，而是经过层层筛选、把关以及组织化的运作，最终产出的"梨味儿"视频，这恰恰体现出新的传播边界。

第四节　机制转变：从去组织化到再组织化

在互联网作用下，大规模的社会个体崛起，传统媒体组织化的内容生产面临挑战，从组织化机构化的专业媒体在传播场域中的一家独大到个体与组织并存的共生网络，这一过程体现了"去组织化"的转变，然而，随着新媒体平台对分散个体的专业重塑及组织化管理，其内容生产又体现出"再组织化"的趋势。事实上，梨视频平台"再组织化"的运作实践并非孤立的个案，其他案例如：腾讯公司在 2021 年成立腾讯在线视频，在娱乐、游戏、知识、融媒体版块分别通过"繁花计划""星光计划""π+Σ 计划""见正计划"对创作者进行扶持；同年抖音推出"创作者成长计划"，帮助一千万创作者在抖音上获得收入；西瓜视频、抖音、今日头条 2022 年共同推出激励中视频创作的"中视频伙伴计划"。

笔者试图借助组织研究理论的三重视角分析新媒体内容生产的再组织化结构，及其与传统媒体机构化组织的差异。20 世纪中期以来，组织研究逐步发展形成三种理论视角：理性、自然和开放系统观。[①]"理性"的组织被视为追求特定目标的高度正式化集体，犹如一部设计精良的机器，从泰勒的科学管理、法约尔的行政理论到韦伯的科层制以及西蒙的行政行为理论，理性系统观强调组织的规范结构，即规则与角色的正式化，并推崇控制逻辑；自然系统观则是将组织视为自寻生存的社会系统，代表理论包括梅奥的人际关系学说、巴纳德的协作系统、帕森斯的 AGIL 模型等，他们更关注组织的行为结构，即基于个体特点和人际关系的非正式结构，以及组织底层的"非理性"关系；开放系统视角将组织视为根植于更大环境下的不同利益参与者之间的结盟活动，比如系统设计学派、权变理论、维克的组织模型等，这一理论视角强调组织对环境的开放性。这三重视角并非完

---

① 本书关于组织研究的三种理论视角的阐述参见：[美] W. 理查德·斯科特、杰拉尔德·F. 戴维斯，高俊山译，《组织理论：理性、自然与开放系统的视角》，北京：中国人民大学出版社，2011 年版。

全相互排斥，而是构成了观察组织结构和行为实践的三个面向。

现代工业社会背景下的传统媒体具有规范而正式的组织结构，并试图通过强调新闻记者的专业化生产和职业权威（比如新闻专业主义）构筑起较为封闭的边界，新闻机构对信息资源的垄断、媒介组织的生产规训，以及职业记者的身份建构体现了"理性"组织的控制逻辑和规则与角色的正式化，因此传统媒介组织更接近于理性系统组织结构。进入互联网信息时代之后，媒介组织的边界并非完全消失了，而是演化的机制发生了转变。

首先，个体的崛起促使传播网络朝着开放性系统的方向不断演化，斯科特认为：越是开放的系统，其边界越像一个筛网，而不是甲壳，从而能够阻挡不适宜或有害的要素进入，允许需要的要素流进来。[1]新媒体平台对个体资源的激活、过滤、分类，甚至重塑，比如梨视频按照特定的内容生产逻辑和组织化运作方式进行集群，逐渐形成业余者共同体，正是体现了筛网式的组织运作方式。与传统媒介组织甲壳似的边界不同，新媒体筛网式的边界有助于以组织化的方式重新组合个人，激发个人的创新性，并保留了个人的独立性。

其次，从传统媒体的机构化组织到新媒体的再组织化结构，除了朝着开放性系统的方向演进之外，理性组织强调的规范结构逐渐被弱化，而自然组织系统的特征开始凸显。与职业记者的正式化角色相比，新媒体拍客则是一个非正式化的群体，而具有多重身份的"产品经理人"则凸显了执行者及其行为结构的复杂性，并代替了科层结构的复杂性。同时，规范结构所生成的控制逻辑发生转移，新媒体所依循的社会协作路径更能适应互联网时代信息传播瞬息万变的动态实践，比如梨视频平台利用社会网络对大规模拍客进行精心布局。劳伦斯曾指出，经典的理性系统比较适用于稳定的环境，而注重人际关系的自然系统则更适用于动态的环境。[2]伯恩斯也认为：环境越同质、越稳定，组织的正式化和层级程度就越高；环境越多样化、越常变，正式化程度低和有机化程度高的组织就越能适应。[3]

最后，新媒体的再组织化结构呈现出融合的趋势：筛网式的组织边界体现了

---

[1] 〔美〕W. 理查德·斯科特、杰拉尔德·F. 戴维斯，高俊山译，《组织理论：理性、自然与开放系统的视角》，北京：中国人民大学出版社，2011年版，第172页。

[2] Paul R.Lawrence, Jay W. Lorsch. *Organization and Environment: Managing Differentiation and Integration*. Boston: Graduate School of Business Administration, Harvard University, 1967.

[3] Tom Burns, George M. Stalker. *The Management of Innovation*. London: Tavistock, 1961.

新媒介组织的开放性特征，以及与社会环境的互动；新媒体主导的用户集群与协作生产则带有自然组织系统人际交往的特点；而理性组织结构则保留在内容生产的深加工区域，依然由专业人士完成。这种组织融合体现了媒介对当下环境变迁的应对，可能为媒介融合提供一个新的视角或路径。

第十章 超越"受众":互联网时代的用户及其三重身份

第一节 引 言

威廉斯曾提醒道,"事实上没有所谓的群众:有的只是把人视为群众的观察方式"[①]。关于"受众",也是如此,因为就经验的层面来看,每个人都从自身出发,他们并不将自己还原为数据报告中被统计、计算和分析的数据,而是以一种连贯性的日常经验去理解和使用各种媒介。然而,正是这样一种方式,却霸据着学界的视域,成为众多讨论和研究不证自明的预设和前提。因此,以这种方式考察受众研究的开端、又何以到达我们当前之所在,可以提供反观这些研究的立足点,也就为寻找其他的缝隙和不同的立足点至少提供了认识的可能。

国内对于用户出现的关注,可以看作是进入移动互联网之后受众研究出现的变化,它还同时囊括了社交、游戏以及购物等内容,也因而成为具有丰富素材的领域。用户本身从受众中挣脱出来而成为一个个自我表达的个体,个性化的特征在用户身上十分明显。在库尔德利[②]看来,新近的受众研究正是基于这种技术对社会生活和文化活动强烈的渗入与碰撞,关注与媒介相关的、开放的实践对于身份建构的过程。

本章试图通过具体案例的讨论将"用户"划分为三种具有代表性的类型,呈现出目前已有的几种"看待"用户的方式。在此基础上,试图为如何看待"用户"的出现提供受众范畴之内和之外的对比,尤其是当这种张力被拉回到以个体(而

[①] 〔英〕雷蒙·威廉斯,高晓玲译,《文化与社会:1780-1950》,长春:吉林出版集团有限责任公司,2011年版,第315页。

[②] 〔英〕尼克·库尔德利,何道宽译,《媒介、社会与世界:社会理论与数字媒介实践》,上海:复旦大学出版社,2014年版,第41页。

非"受众")发展为向度的对于行为方式和习惯的塑造层面时，我们该如何权衡关于技术的乐观和悲观的两极态度，或是转向尚不明朗的其他可能。当然，若是将这些角色放回到一个个生活场景之中，他们则是彼此交叉和有所重叠的。需要认识到的是，"用户"的出现，在突破受众概念既有的限制时，也同时将自身引入了新的处境。

本章所梳理的三种用户身份类型，在横向上可以相互比较和区别，以显示不同的行为方式和习惯，在纵向上则又呈现出关联和递进的深入，这是他们在个体之上的叠加并从各个面向所呈现的交织的场景，不过在后面这种情况中，还需要读者依靠自身的体会去将三重身份融会贯通于现实的经验。

"用户"原来指的是电、水、煤气、电话等的订阅者或使用者，后来则被用来指代使用计算机或者软件的人。如果受众是位于传-受框架之中的话，那么用户则是被置于一种技术的设备使用情境之中，是与设备、装置、机器打交道的人，因而，在计算机出现之后，受众变成了用户，重点不再是人们是看报纸、看电视还是听广播，而是如何使用那个小小的盒子，其带有各种按钮、屏幕和操作的界面，往往让人沉迷不已。与"用户"使用相关如移动终端的操作体验、界面设计、科技美学等已经成为专门的领域，新闻媒体早已不单纯是某一个行业领域，而是得以系统储存、传递和处理文字、视频、图片等数字信息内容，涵盖人们日常生活的各个方面的互相关联的交叉领域。因此，用户之于受众最大的区别在于前者同技术设备本身有着紧密的关联。同时由于技术设备在物理上的便携性和联网性能，人们几乎全天候地把手机放在身边，聊天、听歌、看新闻、刷淘宝等，这已经使得手机成为人的"第二器官"，如果出现脱离手机的状况，很多人已经无法适应。但是这在大众媒介时期，是根本不可能出现的情况，因为那个时候的看书读报，还仅仅是生活中的一个部分，而现在，主要的生活都通过手机展开，这显然会使移动互联网时代的用户和大众媒介时期的受众之间存在着较大的差异。媒介和人的关系，似乎发生了根本性的转变。

用户出现的信息技术的物质基础，从硬件到软件的生产重新布局了通信产业，比如后来出现的互联网行业、手机品牌苹果、社交媒体Twitter、Facebook，又或是国内的华为、阿里巴巴等，都或多或少地参与着对这个新兴行业游戏规则的制定。那些传统的手机制造商，如诺基亚、摩托罗拉或者是黑莓，早已成为历史，虽然这一切只不过发生在短短的几十年内。这是硬件对硬件的颠覆，更是关系对关系的颠覆。

也因此，用户作为一切终端设备的购买者、内容的消费者和软件的使用者，他们如何被定义、如何被统计和吸引，则成为人们竞相争夺的话语资源。从这个角度来看，在传者和受众之间，已经加入了手机厂家、互联网企业，甚至是政策行规等制定者，一盘更大的局被布开，也因此无论如何，我们没法再通过那个"受众"认知，包括它所预设的传受框架来框定用户。

第二节 "体验"：形式与内容的分庭抗礼

从阅听到使用的信息接收过程，反映了当前信息应用化的发展趋势，这种应用化使得媒介技术本身的物理特性和硬件设施的地位更加凸显。用户的体验，依赖于设备的支持、内容的更新以及最终用户的操作，而这些都集中于一个方便携带的黑匣子当中。

从新闻客户端的普及开始，人们对于新闻信息的选择不再仅仅是依靠内容本身，还催生出了"用户体验""体验经济"等说法。[1]学界对于用户体验还没有统一的定义。但概括来看大致包括三个层次的含义，首先是通过连续的信息刺激，让用户确认体验发生，其次是存在让用户满意的体验之处，最后，该体验被用户储存为一次经历，这便涉及经历发生时的具体情境，通过反馈和设计团队的反复修改，该情境被不断完善和共享，成为普遍的经历。[2]

以2015年占据中国移动资讯客户端市场排名榜首的腾讯新闻为例[3]，每篇新闻内容配有分享、评论、点赞等功能，伴随着各类社交媒体的日常化使用，与用户结合得更加紧密。对于用户来说，这些功能的设置可以使其与信息内容、与传播者以及其他用户之间的关系发生变化。

不同于大众媒介的传播时期，如今用户可以对内容进行分享、自主地提供新

---

[1] 蔡雯，《从面向"受众"到面对"用户"——试论传媒业态变化对新闻编辑的影响》，《国际新闻界》，2011年第5期，第6-10页。

[2] 邓胜利、张敏，《用户体验——信息服务研究的新视角》，《图书与情报》，2008年第4期，第18-23页。

[3] 《艾媒咨询：2015年中国移动资讯市场研究报告》，艾媒网，2015年12月30日，https://www.sohu.com/a/51374367_185924。

第十章 超越"受众"：互联网时代的用户及其三重身份

闻线索，以及选择他所关心的信息类型进行接收。腾讯新闻的合作社交平台就包括微信、朋友圈、QQ、QQ空间，并在具体的频道管理中进行分类，将大众可能感兴趣的议题囊括其中。

作为体验者的用户，追究其本质，实际上指向的问题在于受众与媒介技术的关系。自人们进入工业社会以来，这个问题也被诸多学者进行过反复的讨论。只不过在当时，技术的发展主要集中于生产工具的更新换代，从而带来了人力在基本生产层面的解放，但是问题就转移到了与机器之间如何相处。

与之前学者所不同的是，麦克卢汉并未将视角限定在生产工具的发展上，而是聚焦在媒介技术与人的使用之间的关系上[1]。他的很多思想也都受到伊尼斯的传播观的影响。对于媒介技术本身的属性，麦克卢汉认为很多人忽视了媒介形式本身的变化所带来的人们关系的变化以及人们自身的变化。例如，印刷术的同一性、连续性和线条性原则，压倒了封建的、口耳相传文化的社会的纷繁复杂性。

技术的影响不是发生在意见和观念的层面上，而是要坚定不移、不可抗拒地改变人的感知模式。从用户与客户端应用之间的关系来看，客户端除了之前广播、电视、报纸等媒介所承载的不同形式的内容之外，媒介内容呈现的形式、应用的界面、设计的逻辑，甚至色彩的配合，都成为可以影响信息传播和接收的因素。在此基础之上，整个媒介机构的工作内容还扩展到设计、美术、计算机技术等其他学科和领域，形成相应的体验经济，这一新的经济诉求从生活和情景出发，塑造感官体验以及心理认同，以改变消费行为，为产品和服务找到新的空间。

从新闻信息的客户端化来看，用户对信息的接收变化，首先体现在内容的更新上，他们拿到的不再是固定不变的内容，也不再为线性的内容呈现顺序所束缚，通过指尖的滑动、点击等互动行为可以即时刷新内容，用户会持续处于被源源不断的信息刺激的状态中。他们可以传播，可以评论，可以反馈，他们尚无法对整个信息传播链条进行质的改变，但从新闻信息的娱乐化倾向可以看出，影响也在不知不觉中产生。再到用户与传者之间的关系的变化。当用户一方的情绪、言论以及意见也可以出现在公开的场合之后，也即意味着受众一方在传播活动中地位的提高，而这也会对未来传播活动实践中传者与受众之间的关系带来进一步的影响。

---

[1] 〔加〕马歇尔·麦克卢汉，何道宽译，《理解媒介：论人的延伸》，北京：商务印书馆，2000年版。

其次，对于信息内容的可处理与反馈，增强了用户的主体性地位，对用户的使用形成积极的鼓励。在大众媒介时代，受众通过收看、收听、购买等行为来影响媒体的收视率、收听率、销量。现在则是通过客户端的下载量和点评机制进行影响。点评内容是公开的，所有用户在下载之前都会看到，虽然不排除会有水军发挥作用，但更多地释放了用户对于媒介内容评价的权利。

最后，与其他用户之间的可连接，用户提供了动员群体行为的线上基础，为塑造新的认同方式提供可能和途径。用户彼此之间进行讨论，他们的情绪、意见都是可见的、公开的。围绕同样的地理位置、共同感兴趣的话题，或利益相关的公共事件，零散的用户被激活形成新的关系网络，关系网络则进一步催生社会资源的聚集。这些资源可以转化成舆论或是亚文化共同体。

作为体验者的用户，更加深入地以多感官刺激来接受信息，使得形式与内容并重；作为体验者的用户，开始建立其与内容、传者以及其他用户之间的关系；作为体验者的用户，不再是"多杂散匿名"，只存在于统计数字中的一群人，而是切实地存在于传播的另一端，并对改变大众媒介的传播活动跃跃欲试的人。

第三节　产消者："话题"即规则

最早提出产消者概念的是托夫勒，他在《第三次浪潮》中谈到后工业时代，消费者的身份会出现与生产者身份融合的趋势，消费者开始参与到生产的过程，并对最终服务和产品产生影响。

事实上，生产与消费在一开始就是硬币的两个面，彼此无法纯然地分割。对消费行为的日益强调，在很大程度上来自整个经济结构所发生的变化，相较于原来的生产，现在消费才是带动经济发展的主要动力。以互联网为代表所催生出的以用户自主生产内容为基础的聚集或共享经济，打造出了新浪微博、豆瓣、Facebook、Twitter 等互联网企业，在后续的互联网产业发展中，它们也极大地左右着整个经济的生态，关键在于，它们从根本上提供了最开始的技术框架和随之而来的行业规范，也有学者将其称为"维基经济（wikinomic）"[1]，在这一经济

---

[1] Don Tapscott, Anthony D. Williams. *Wikinomics: How Mass Collaboration Changes Everything*. London: Penguin, 2007.

之中，用户或者说消费者把产消者看作新的"维基经济"模式的一部分，在这一模式中，消费者的行为本身构成了可产生效益的可能性。

与 Web1.0 时代相比，Web2.0 时代不再是提供者来生产内容，用户拥有了与他人协作生产内容的能力，因此也在互联网上带来了产消行为的爆炸性增长。Web2.0 带来的新的用户权利应该被认为是导致产消行为的重要因素。

产消行为的融合，受到了来自传播政治经济学学者的诸多关注，他们将用户处于其中的行为看作是生产性的[①]，其中比较经典的是斯麦兹提出的受众商品论。不过，这一领域所关注的是特定产业中的从业者，与该产业中的文化产品和服务的消费者的身份是有所区别的，而真正应该关注的是在这一现象背后存在的两种不同的行为，以及对此所作出的区别性的分析，尤其是应该认识到，消费者或用户身份下的"行为"所发生的变化，以及引发这一变化的不同因素。[②]

这也为从其他方面着眼去审视用户行为给出了提醒。"产消者"从"体验者"身份进一步蜕变，成为拥有主动权限的用户，用户不仅仅局限于成为信息的体验者，还开始自主地进行内容的生产，进行更具日常化的传播行为。这些活动大多存在于以用户生成内容聚合为基础的平台，比如新浪微博、百度百科等。相较于整个社会的信息采集机构，用户从原本被动的受众变为具有生产权利的受众。

新浪微博的出现，使得用户可以及时地将发生在物理空间的事件记录到网上，用户也不同于其他媒介时期的受众，对于媒介内容不仅仅是进行"消费"，他们也可以在任何时间生产出自己的微博内容。在很多层面上，自从所有的微博内容都会实时出现在互联网上之后，用户利用微博生产出来的内容比他们消费了什么内容更为重要。在以微博构建的互联网关系中，成千上万的用户可以突破时空了解到现实当中所发生的碎片化的事件以及人们附着在事件之上的情绪与表达。曾经一度，微博促生了"围观改变中国"的力量。

微博的低门槛和接近权，在除去权威的绝对性的同时，也赋予了普通人发声的机会，这一类人又被称为草根。微博不仅使草根阶层获得了"信息的接近权"，使原本沉默的大多数获得了发声的机会，更使他们获得了与意见领袖同样的被倾

---

① Christian Fuchs. Dallas Smythe and digital labor. In Richard Maxwell(Ed.), *Routledge Companion to Labor and Media*. New York: Routledge, 2015, pp.51-62.

② George Ritzer, Paul Dean, Nathan Jurgenson. The coming of age of the prosumer. *American Behavioral Scientist*, 2012, 56(4), pp. 379-398.

听的机会。如果说，传统媒体以及博客是少数人的话语场的话，那么，微博则最大可能地为草根阶层话语的有效传播提供了舞台。[①]可以想到，在一个类似于广场的大平台之中，每个人都在就某些事或者人发出评论或意见，不过由于规模过大，大多数时候人们只能关心到自己所触及的部分，而无法在整体上对于讨论的所有话题和相应的热度进行把握，因此，为了让人们可以发现受到最多关心的话题，微博打造了热门话题榜的功能。

任何用户都可以自行生产任何"合适"的话题内容，话题形成后，按照该话题的用户参与数、阅读数、转发数等数据，形成榜单的排名。微博话题榜的初期主要规则有四条，"1. 话题榜是小时榜，每小时更新一次。2. 榜单推荐页面：由用户所感兴趣的分类话题、用户所在地本地热门话题、榜单推荐话题组成。3. 榜单排序以单位小时内话题的阅读量增量及用户参与量为标准。4. 无线\PC 榜单一致"[②]，到了 2015 年 5 月 27 日，进行了一次热门话题榜单规则的升级，"新榜单排序规则除了会考量话题的真实阅读传播覆盖能力外，还会注重话题在传播过程中引发的用户参与度（例如讨论人数、微博数），以及话题参与用户构成多样性"[③]。这次更新实际上是为了避免用户主观上通过外力对排名进行介入。

"话题"存在的本身，形成了一种悖论。一方面，热门话题涉及大多数人都会关心或参与讨论的事物，从平台性质应然具有的功能来看，"话题"为大多数人提供了对于日常生活中关切的各种问题讨论的平台，另一方面，呈现出的"话题"榜单是经过算法、筛查而选择性呈现的结果，这一筛选和呈现，与大众媒体中的"看门者"（gatekeeper）有着类似性，但是在技术操作性上又留有用户、平台、政府、媒体等不同主体之间较量的空间，而较量的展开，必须都遵循平台技术逻辑的本身，也因此形成了不同主体间具有策略性的合作和竞争。比如粉丝为自己喜爱的明星刷榜、明星购买僵尸粉，以及形成了水军产业。话题带来的热度造假问题也同样存在于诸多平台上，在 2019 年的 1 月，来自行业内部的曝光，即自媒体流量造假的事件最终爆发。作为一个公开的秘密，话题榜确实需要人们在数的指标与质的标准中找到更加平衡的立足点。

如果回到技术发展的初衷，人们预想到的答案可能是推动社会进步，保证个

[①] 张跣，《微博与公共领域》，《文艺研究》，2010 年第 12 期，第 95-103 页。
[②] 参见新浪微博-话题介绍 https://huati.weibo.com/about/intro。
[③] 参见新浪微博-热门话题榜单规则升级，https://weibo.com/p/1001603847097966306098。

体的自由发展等。但是在现实与理想之间，横亘的是无法对接的以运算逻辑为核心的复杂场域。这也正是我们在思考受众在互联网时代所发生的变化，所需要注意到的现实环境。

作为"产消者"的用户，实际上是通过微博本身的变迁，来反思所谓的媒介赋权或者是技术决定论（虽然对于后者的误解也同样带来了极端化的态度和偏见）。作为产消者的用户是从"内容生产"这一行为出发，它作为一个显著的结果向所用的用户开放，但是带来数量巨大而质量上又参差不齐的 UGC 之后，仍然会进一步形成新的游戏规则（或者选择机制），这种选择机制的产生、运作以及最后的呈现，在甩开传统媒体"玩家"的同时，会卷入新的"游戏玩家"，比如微博、微信，以及其他跃跃欲试的平台，并再次形成相应的游戏规则。这一游戏规则会进一步与传统媒体、广大用户发生作用，或是角逐，或是竞争，或是合作。

第四节 玩工：从"二次元"走出来的弹幕网站

"玩工"来自学者库克里克所创造出的 play 和 labour 的结合——playbour[①]，在针对电脑游戏的研究领域中，学者们对网瘾、游戏对玩家的影响、游戏本身的发展等问题产生了极大的兴趣，尤其是"游戏"（play）本身，在人们的成长和行为当中也扮演了重要的角色，是一个让人捉摸不透的谜。从 play 的词源来看，它具有"扮演"的含义，其次是由此衍生出的游戏、玩耍等。[②]最初的含义来自原始氏族和农业社会，是指人们的祭祀、宗教仪式中的特定行为，它同时被认为是人们维系与神明、自然等事物之关系所应尽的义务，是一份不可亵渎的工作（work），在仪式之中所包含的各种活动，如体育竞技、艺术创作等，在小规模社会被取代，进入大规模的工业社会阶段之后，逐渐变成了人们自主选择的休闲（leisure）活动。[③]当然这只是从最表面的关系勾勒出关于 play 的一条线索。不过

[①] Julian Kücklich. Precarious playbour. *Fibreculture Journal*, 2013-2-13, http://five.fibreculturejournal.org/fcj-025-precarious-playbour-modders-and-the-digital-games-industry.

[②] Falassi A. Festival: Definition and morphology. In Falassi A (Ed.), *Time out of Time: Essays on the Festival*. Albuquerque: University of New Mexico Press, 1987, pp.1-10.

[③] Turner. *From Ritual to Theatre: The Human Seriousness of Play*. New York: Paj Publications, 1982.

在进入工业化社会之后，这种个人的游戏、玩乐等休闲活动，逐渐转变成新的经济产业，进入移动互联网时期以手机游戏和网络游戏为代表，二者巨大的经济效益使得游戏规模和产业不断扩大。也因此，有学者认为，休闲活动，尤其是玩游戏这一活动可以被看作是一种劳动行为。[1]

这也导致目前相关的研究主要集中在一种政治经济学的视角之下，围绕着交换价值和使用价值、劳动和休闲、生产和消费等关系而展开，还提出了消费劳工、数字劳动等概念[2][3]。但这些概念，包括本书所提到的玩工的概念所存在的一个问题是，命名行为本身决定了研究者的立场和视野，同时也限制着他们对于经验的观察和分析。这也是需要对此类名词、概念保留有辩证和批判的态度的原因。

伴随着中国"90后""00后"的成长，在他们的生活环境和经验中，媒介技术和文化是游戏和兴趣成长的重要土壤，这意味着附带着一种个性、碎片化和混合性的技术使用的特征，也会表现在它孕育出的文化环境和产物之中。也正是基于此，我们得以将不同媒介主导时期所盛行的文化产物加以比较，把握住人们的使用经验与观念所发生的变化。

工业和信息化部信息中心发布的《2017年中国泛娱乐产业白皮书》显示，"90后"和"00后"的消费能力快速提升，已经成为二次元粉丝的核心群体，二次元文化和IP正在逐步主流化。[4]

在国内以二次元文化发家的弹幕网站B站，更是经历了十多年的发展。起源于日本ACG文化的网络社区，最早是AcFun（别称：A站），于2007年6月上线，视频内容以ACG内容为主，还包括网友二次创作的视频内容，很快就发展成为国内ACG文化爱好者的重要据点。2009年6月，AcFun网友"⑨bishi"创建了MikuFans，并于2010年1月更名为Bilibili（别称：哔哩哔哩或B站）。2015年，B站已成为国内最大的视频网站，根据2021年1月27日Visual Capitalist的

---

[1] 邱林川，《新型网络社会的劳工问题》，《开放时代》，2009年第12期，第128-139页。

[2] Bruns A. The future is user-led: The path towards widespread produsage. *Fibreculture Journal*, 2008, (11), http://eleven.fibreculturejournal.org/fcj-066-the-future-is-user-led-the-path-towards-widespread-produsage/.

[3] Fuchs C. Digital prosumption labour on social media in the context of the capitalist regime of time. *Lecture Notes in Computer Science*.2013, 23(1), pp.97-123.

[4] 工业和信息化部信息中心，《2017年中国泛娱乐产业白皮书》，2017年2月，http://miitxxzx.org.cn/n955514/n955524/c957080/part/957082.pdf。

统计，B 站访问量在中国排名第 3 位，全球网站排名第 42 位[①]，令国内很多大型门户网站都无法小觑。

在 20 世纪八九十年代，官方引入了来自日本和其他国家的多部优秀动漫作品，使得"80 后""90 后"对于 ACG 文化有着一定的感情基础。之后为支持本国动画产业的发展，日本 ACG 文化逐渐消失于主流媒体之中，而恰好伴随着互联网的发展转移到虚拟空间，也为日后的发展奠定了重要的用户使用基础，准备了 ACG 内容的传播渠道。同时，带有强烈文化印记的 ACG 文化在潜移默化中影响着年轻一代用户的价值取向和喜好。

伴随媒介技术的支持，用户不再仅仅满足于对于内容的接收，而是通过自主地加工、创造和分享来表达其对主流文化以及自身存在的反馈。B 站正是在这样的背景下，由 ACG 爱好者从最初的分享网站发展成为弹幕视频网站，当参与的用户达到一定的数量和质量规模，整个平台便具有了经济价值。

B 站的发展过程中，用户从网站的建立开始，到网站内容的生产，以及网站的发展扩大都发挥着重要作用，而追根溯源到最初的建立和之后网站的运营，用户的忠诚度以及关系网络都凭借用户们共同拥有的对日本 ACG 文化的兴趣来维系。

B 站董事长陈睿提到过网站的运作方式，"上 B 站——看视频——感动到'燃起'——利用碎片的闲暇时间自己做视频——通过审核后排版上站——收到了点赞与'请收下膝盖'的弹幕点评——激发热情继续创作，不断积累，最终越来越走向专业职业化的队伍，他们是被市场考验出来的一批人，未来将成为中国动漫产业的核心团队"[②]。这种具有持久性的来自内在的动力是支持网站运营的重要因素，而在 B 站中，这种动力表现为对于特定文化的喜爱以及与具有相同旨趣的其他用户进行交流的需要。对于 B 站具有的经济效益，用户并不是不知道。

对于 B 站来说，"情怀"是一张有名无实的空头支票，要想网站继续发展下去，还需要资金的支持，用户数量和质量决定了平台的盈利能力，因而面对来自 A 站的竞争，如何吸引并维护用户是 B 站创办之初急需解决的问题。2010 年左右，

---

① Dorothy Neufeld. The 50 Most Visited Websites in the World.Visual Capitalist.2021-01-27. https://www.visualcapitalist.com/the-50-most-visited-websites-in-the-world/.

② 王攀、俞菀，《B 站：进击的"二次元"与千亿蓝海市场》，经济参考报，2016 年 3 月 18 日，http://www.jjckb.cn/2016-03/18/c_135199448.htm?from=singlemessage。

国内版权意识尚不明确，B 站便积极利用新番和直播来吸引用户，最著名的莫过于 Fate/Zero 的直播事件。对于用户来说，整体社会环境的影响造成了其普遍较弱的版权意识，当时的主要内容来自三个方面：第一，国外 UP 主录下当地直播的视频内容经过技术处理后上传到 B 站；第二，采用盗链的方式将其他视频网站的链接放到 B 站上；第三，UP 主们自己通过视频剪辑软件进行素材的加工和处理再进行上传。可以看出，这三种方式都存在版权内容不合法之处，而作为网站的运营方对此默认，采取钻空子的态度，对于用户来说，则是法不责众的心理。若真追究法律责任的话，也最终会落到用户的身上，而非网站运营方。

在逐渐解决版权问题，拥有足够的资金购买番剧和直播之后，B 站和用户之间开始出现分歧。事实上，从"大小姐"事件等，都可以看出核心用户非常清楚自身作为 UP 主之于网站的价值所在。一方面，在强势的网站运营方的管理之下，核心用户不太可能拥有渠道去获取经济效益，另一方面，核心用户是出于纯粹的对于 ACG 内容的热爱和情怀来完成一件具有"意义"的工作。他们在其中更多的是为了收获来自其他用户的认同以及自我价值的实现。

B 站的用户结构中，学生占据了很大比重，他们在社会层面上不具有生产力，因而休闲时间也更为弹性化，而对于时间的不同分配，正是体现了他们作为"玩工"的时间和精力投入。他们既是传播内容的提供者，也是广告商的目标受众，还是网站周边服务的消费者。简言之，凭借一颗热爱 ACG 文化的心为 B 站提供了重要的经济价值。对于 B 站运营方来说，他们所需要提供的是一个平台（虽然这平台也来自最初的 ACG 爱好者），在这之上的多数传播内容及活动，都依靠作为"玩工"的用户完成和支持。再回到这样一个 ACG 文化平台的诞生，可以看出，由文化所构建的凝聚力在当前的互联网传播活动中赋予了用户以源源不断的能量和动力。

从 B 站运营的角度来看，随着平台本身影响力的不断扩大，站方对于番剧内容的选择，原创内容的管理，不再单纯依靠用户的喜好来决定，更多地会考虑到经济效益及其他问题。

年轻一代的受众群体在媒介使用权利上看似主动的境地，也并没有看上去的那么"美好"。当然，从 B 站的案例中，我们也可以发现，用户中有对于自身处境保持比较清晰认识的存在。

作为信息传递工具的媒介技术，对于人们生活的各个维度都开始产生显著的影响。媒介内容也不只是聚焦于具体的信息，还在塑造着人们的生活环境，在这种虚拟的环境中，无论是个体的需求或是喜好，都在很大程度上受到来自外界的影响。

第五节　超越受众，从自媒体流量造假说起

我们如何讨论"受众"，潜在地折射出我们如何理解"媒介"。在今天，这两个概念仍然充满了继续存在下去的必要性，但是并不是一成不变的。

大众传播时代所引发的传播模式、组织架构、新闻职业规范、受众观念都非唯一的标准，虽然这些总是被无意识地贯穿在我们对于移动互联网时期的讨论之中。

英国学者利文斯通认为，虽然 audience 研究受到了来自媒介技术变革导致的传播活动变化的挑战，但是这并不意味着受众概念就是该被抛弃的。在讨论中越来越多地使用"用户"代替"受众"，一味追求话语之"新"，反而忽略了历史的延续性，也并未重新发明媒体和传播研究的动力之"轮"。进一步地，利文斯通认为，在区别受众和用户之时，我们需要明确的重要问题是，"互联网和其他新媒体用户"的出现带来了一个新的写作的维度吗？有没有新的阅读实践出现呢？这些对于既有的观点和差异会更加包容吗？更为普遍的层面上，新媒体用户所呈现出来的新的技巧和实践是什么？[1]

2018 年的中国互联网产业经历了几多动荡。2018 年被誉为 Vlog 元年，新浪微博也进入了它诞生的第 9 个年头并推出了微博 9.0 版本，拼多多用社交电商撬动"五环外"消费者，抖音则又掀起了一波短视频潮流。社交和电商平台裹挟着娱乐与消费向三四线城市不断渗透，而"显现"出的惊人用户量更是上演了一部魔幻现实主义的网民反差剧。这些平台本身所附着的不同用户，是在消费层次、审美能力方面与主流网站用户不同的群体，但是数量上巨大的优势使得它们在很短时间内以"流量"胜出。另一个突出的特征在于，图像时代的零门槛信息方式，是否可以被视作一种区别于"受众接收"理论的用户"接收"实践，则是值得我们关注的新鲜事。或许在回答利文斯通的那个问题时，我们有了一些可供争论的

---

[1] Sonia Livingstone. The challenge of changing audiences: Or, what is the audience researcher to do in the age of the Internet?. *European Journal of Communication*, 2004, 19(1), pp. 75-86.

素材。同时，利文斯通所注意到的，区别于大众传播时期的受众研究，如今关于新媒体的研究需将文本（texts）和受众摆在并置的位置，即被阐释的文本和被使用的技术……而另一个值得深思的问题是，当人们的身体以及可见的参与在传播过程中消失的时候，不管是文本还是接收（reception）都将在第一时间不复存在[①]。

再回过头来看，我们今天所面对的互联网市场的竞争中所存在的共性，都是对于"流量"的争夺，而在2018年底由"撕纸虎"微信公众号所揭露的自媒体流量造假的乱象，揭示了自媒体内部早已人尽皆知的"潜规则"。这背后更是暴露了自媒体信息内容的运作逻辑，但是"数据维护"无异于饮鸩止渴，会使得整个信息生态呈现恶性循环的趋势，优质的内容更难突出重围，而用户也更难辨清内容的真伪优劣。

自媒体流量造假事件反映出的是互联网内容生产产业中的普遍的生态特征，对用户数量的强烈追求已经产生了买粉丝、刷流量的规模化操作，而这些在业内公众号、媒体艺人以及多频道网络（Multi-Channel Network，MCN）[②]之间也是公开的秘密。不仅仅如此，在衣食住行的各个方面，用户们都会被数字化的网络所笼罩，人们的搜索记录、喜好，在这些机构和组织看来，用户的意义在于变现。

纵观国内互联网产品的发展历史，可以发现从最开始的腾讯（社交平台），到百度（搜索引擎），再到阿里巴巴（购物平台），它们所开辟的分别是社交、信息获取以及日常生活消费场景，基本上囊括了生活中可能涉及的主要场景，除此之外做得比较成功的如豆瓣、知乎、网易、新浪、饿了么、美团外卖等均是这些领域中细分出来的应用场景，还有视频和音频平台的出现，将视频、音频内容的信息供给转变为娱乐消费场景。每年会有一两款爆红的产品像浪花一样闪现，也会有一两款产品随风逝去。这些不同产品、应用、服务的更替，潜在地表现出来自人们生活实践中像筛子一样的日常活动能够做出一定的"选择"，如淘汰或保留。在既有的互联网格局稳定下来之后，后面想要突围的企业愈是需要挖掘潜在的市场。

---

① Sonia Livingstone. The challenge of changing audiences: Or, what is the audience researcher to do in the age of the Internet?. *European Journal of Communication*, 2004, 19(1), pp. 81-83.

② MCN 源于国外成熟的网红制作模式，最初由前 YouTube 员工西蒙斯提出，是一种多频道网络的产品形态，将专业生产内容（Professional Generated Content，PGC）联合起来，在资本链条的支持下保障有竞争力的内容的持续输出，从而实现稳定的商业变现。

在 2018 年，以短视频消费为主打的抖音脱颖而出，在短短一年内便打造了"现象级"的用户规模取得了瞩目的成绩而备受关注。即便在此之前已经出现了成绩显著的同样以短视频为主打内容的快手，但是一段有吸引力的关系能维持多久？可能并不会太久。在字节跳动创始人张一鸣看来，一切都可以用产品思维来思考，像技术算法一样在迭代自我和更新认知。[①]这也是他在"今日头条"之后，能够不断催生其他"头条系"APP 的原因。

抖音上线初期，15 秒的视频时长和使用的低门槛，以及傻瓜式的视频剪辑模板等比较突出的几个特征让它成为二三四线城市十分受欢迎的内容平台。上线初期，为了区别于快手，抖音定位为"以短视频记录生活的社交平台"，抖音致力于打造"专注于新生代的音乐短视频社区"，抖音由于技术参数的设置与快手的去中心化特征相比更倾向于将用户的注意力中心化在内容质量更高的视频内容上，这就更好地形成关键意见领袖（Key Opinion Leader，KOL）或者网红用户，普通用户由于视频竞争力不足而缺乏足够的关注。

在上线第一年以打造有噱头的内容为爆点之后，抖音接下来考虑的是如何维护用户并且引入商业变现的路径，在这一年内，它试图突破原来 15 秒的时间限制将其延长至 2 分钟，这个时长对于视频内容的要求明显提高。

所有的产品都面临着从最初打造的"新鲜感"到如何留住用户同时实现商业变现等一系列的考验，而在以算法为核心逻辑的抖音与以人性、"一个生活方式"等为追求的微信之间，体现的是一个更为重要的问题，即用户和 APP 软件之间、人性与技术之间的关系，这样的关系尤其会体现在设计师的设计理念之中。

在微信第八年的公开课上，创始人张小龙做了 4 个小时的演讲，他阐发了自己做微信以来的想法，以及如何理解一款好的产品，他在设计微信的时候，从来不追求最大限度地延长用户的停留时间，而是努力减少用户的使用时间，提高软件本身的效率，在社交中，微信也试图打破信息壁垒。他称微信"是一个生活方式"。

短视频社交平台之所以能够在 2017 年以来取得爆发性的增长，与手机移动用户中的不同群体的比例变化有着密切的联系。将时间线再拉长一些，可以看到随着移动终端的普及和通信基础设施的建设，手机不断触及和覆盖到更多非一线城

[①] 赵东山，《张一鸣的产品观：像算法一样迭代自我》，腾讯新闻，2020 年 10 月 7 日，https：//view.inews.qq.com/a/20201007A049LG00。

市的群体，新兴的社交平台内容也开始拥抱低门槛的视频形式。不过，与文字和图片的形式相比，视频并不见得会取而代之，而是共同构成了当前的社交媒体和娱乐内容的不同层次。

根据《中国互联网络发展状况统计报告》，中国 50 岁及以上网民群体占比由 2017 年底的 10.5%提升至 2022 年 6 月的 25.8%。①这样的网民构成所带来的"取向"显然是快手、拼多多、抖音等 APP 迅速且持续走红的一个原因。这里的"走红"，仅仅是从用户的数量来看，而非它们所承载的内容或者商品品质，就平台本身而言，它更加关注的是技术层面的操作和关系，而不会主动去甄别不同内容的优劣，相反，这个甄别来自用户们的口味，他们所贡献的时间、流量和活跃度，最终决定了应用的价值，而无关内容本身。

因此，从目前人们的普遍生活状态和态度来看，对于用户还无法全然抱有乐观的期待。前文中提到的二次元文化视频网站——B 站，对于普通人来说具有较高的门槛，必须是对这个圈子的作品、人物、故事以及流行语有着一定了解的基础才能感受到内部交流之间的乐趣，这不同于抖音上来自日常的各种片段或情节。

同样是以算法分发为逻辑的"今日头条"，作为一款新闻应用则更加值得关注。以"你关心的，才是头条"为口号起点，显然打动了很多人。然而在具体的使用过程中，所推送的内容很多都以猎奇新闻和标题党为噱头。当人们不具备足够的能力或意愿去甄别和判断内容的好坏时，而仅仅以"有毒"的内容来娱乐自身，最终只能造成整个"生态环境"的恶性循环。以用户手机终端为载体的应用的传播方式，不同于大众媒体时期的一对多的传播方式，可以在更加"私密"的环境中去"取悦"用户。这就使得平台本身坚守的底线或原则更加重要，尤其是当它自诩作为一款新闻类产品的时候。

在所谓的"人口红利"触及天花板的时候，我们需要在"质"和"量"之间做出更加谨慎的权衡。正如张小龙在 2018 年微信公开课上所说的，把选择的权利交给用户，产品所做的是有限的，应该让用户自己去发现，最好还能有自己的理

---

① 中共中央网络安全和信息化委员会办公室　中华人民共和国国家互联网信息办公室　中国互联网络信息中心，《第 43 次中国互联网络发展状况统计报告》，2019 年 2 月 28 日，http://www.cnnic.net.cn/NMediaFile/old_attach/P020190318523029756345.pdf。

中共中央网络安全和信息化委员会办公室　中华人民共和国国家互联网信息办公室　中国互联网络信息中心，《第 50 次中国互联网络发展状况统计报告》，2022 年 8 月 31 日，http://www.cnnic.net.cn/n4/2022/0914/c88-10226.html。

解。①这里提供的是一个生活方式，而不是唯一的标准答案。虽然对于媒体平台来说用户的身体和参与过程无法看到，但是对于用户本身来说，这种"消失"或者"不可见"的问题并不存在，无论是短视频消费、拼多多购物，还是微信社交，都会被个人编织到无法用流量和数据捕捉到的生活中。有时候它可能放大了人们某种"欲望"，有时候也可以培养某种微弱的"希望"，但决定它的方向的，不是一股浪潮，而是整片海洋中水滴们所涌向的方向。

当人们生活的所有范围都被囊括进一个个 APP 时，我们如何看待用户，如何揣测他们的需求、社会交往、娱乐，乃至"应该"如何揣测都是重要的问题，而这不仅仅是产品经理、网红、KOL、MCN 或是互联网企业重视的问题，还应该是我们普通人、学者和社会要重视的问题。

第六节 结　　语

无论用户的身份被描述或建构为"体验者""产消者""玩工"，抑或是其他有待发明的概念，都预示了大众传播时期的新闻生产已经转变为互联网时代的"信息"生产，"信息"囊括的不仅仅是对于现实世界中发生了什么的新闻报道，还是将人、物和讯息通通卷入的不同网络。在这之中，用户的意义早已经突破了从属于 5W 模式的受众范畴，它决定了人们感受、认识、描述现实生活的方式。

当然，用户可以在这个时代畅所欲言，而每个人都得以畅所欲言的结果所带来的让人们头疼的问题是，"言"和"言"之间如何辨别？谁有权力去辨别？进一步地，那些被突出的、强调的、置于头条的"言"，一定是有价值的？而其他则是可以被忽略的？结果是，人们面临更加复杂的选择机制而不自知。用户得以生产海量的内容之前提在于互联网时代的各种平台机制的建立，包括前文所提到的"玩工"。平台实际上并没有颠覆传者-受众二者的身份，一方面内容本身的质量并没有十分突出，这仍然为专业人士留下了很大的空间，另一方面，"平台"本身形成了一个新的壁垒，这个壁垒超越了传统媒体所处的地位，增加了技术、伦理等因素的复杂性，而这些在"技术中立"观的普遍认识中很多时候不可见也

---

① 桂圆-noble,《张小龙 2018 微信公开课 Pro 演讲实录》,简书,2018 年 1 月 16 日,https://www.jianshu.com/p/615b1e4e5765。

因此被用户所忽视。不过，更重要的是，"平台"在规定了如何生产、流通和评价内容时，不仅仅是为了出售、劝服、保护或谴责等一系列新出现的技术，而是宣称技术本身应该是或者不是什么，人们应该对其抱或者不抱有何种期待。[1]

APP软件构成的入口，构建了进入"网络世界/真实世界"的窗口，围绕媒介的硬件和软件所交织形成的界面，成为人们通达网络世界的唯一途径。基特勒在讨论数字技术时代媒介时说道，"信道和信息的数字一体化抹杀了各种媒介的个体差别。音响和图像、声音和文本都被减化为表面效果，也就是用户所熟知的界面。感觉和各种官能都变为一场视觉盛宴。……一切都与数字息息相关"[2]。用户所能体会到的无非是手指划过屏幕的触感，它变成点击量、阅读数、播放量……它是一切可统计之变量的总和。

再回到威廉斯的断定，真的存在过受众或者是用户吗？若是的话，也只是那些切实存在的看待"受众"和"用户"的方式。因为人是一个个具体的人，若是被贴上"受众"或者"用户"的标签，恐怕没有一个会承认。

---

[1] Tarleton Gillespie. The politics of "Platforms". *Social Science Electronic Publishing*, 2009, 12(3), p. 359.
[2] 〔德〕弗里德里希·基特勒，邢春丽译，《留声机电影打字机》，上海：复旦大学出版社，2017年版，第2页。

第十一章　新时代政治传播中的"讲故事"：一种媒介化的叙事

第一节　引　　言

汤普森在《媒介与现代性》中提出了"泛媒介化"概念，媒介的影响逐渐溢出媒体机构和新闻传播领域，渗透到社会的方方面面。[①]作为一种理论视角，"媒介化"的提出基于"信息化社会"背景中一个日趋显著的现象，即媒介不再只是传播使用的工具或互动发生的渠道，而成为以其自身形塑互动的方式。[②]库尔德利指出，面对这一由互联网诱发的显著且持续的变革，只有将媒介运作视为更广阔的社会和文化变革的一部分，并将媒介逻辑视为诱发变革的重要动因，才能恰当理解当前媒介与社会的关系。[③]

"媒介逻辑"是媒介化理论的核心概念，这一术语被用来描述媒介所具有的独特方式及特质，从而影响其他制度与文化社会。[④]此过程中，卡斯特认为，社会与媒介技术之间存在一系列辩证互动过程[⑤]，基于这种媒介化趋势，不同社会领域的参与者开始调整他们的行为以适应媒介的评估、形式以及惯例，并与媒介展开

[①] 潘忠党，《"玩转我的iPhone，搞掂我的世界！"——探讨新传媒技术应用中的"中介化"和"驯化"》，《苏州大学学报（哲学社会科学版）》，2014年第4期，第153-162页。

[②] Stig Hjarvard.From bricks to bytes:Themediatization of a global toy industry. In Golding Bondeberg, P. Bristol(Ed.), *European Culture and the Media*. Bristol: Intellect Books, 2004, p.44.

[③] Nick Couldry.Mediatization or mediation? Alternative understandings of the emergentspace of digital storytelling. *New Media & Society*, 2008, 10(3), p. 376.

[④] 〔丹〕施蒂格·夏瓦，刘君等译，《文化与社会的媒介化》，上海：复旦大学出版社，2018年版，第21页。

[⑤] 〔美〕曼纽尔·卡斯特，夏铸九、王志弘等译，《网络社会的崛起》，北京：社会科学文献出版社，2001年版，第5-6页。

互动。[1]于是，一种可追溯至早期人类社会的口头表达惯习——"讲故事"，在高度媒介化的互联网时代重新焕发活力，以一种富有穿透力的媒介逻辑进入不同社会领域。"讲故事"成为互联网时代机构媒体和个人自媒体增强传播力的重要方式。

在政治传播领域，习近平总书记强调："加快构建中国话语和中国叙事体系，讲好中国故事、传播好中国声音，展现可信、可爱、可敬的中国形象"[2]"讲好中国故事，传播好中国声音，展示真实、立体、全面的中国，是加强我国国际传播能力建设的重要任务"[3]。媒体与宣传机构也将"讲故事"视为舆论宣传和行业实践的创新方式，主动开拓"讲故事"的实践空间。伴随着互联网和数字技术的全球化影响，媒介发展已与我国社会变迁深度勾连。媒介化理论虽生发于欧陆地区，但仍能为分析中国场景和中国问题提供有益的视角、丰富的理论资源。本章即通过研究新时代新闻舆论工作中的"讲故事"，以一种媒介化的视角，探索"讲故事"这种媒介逻辑是如何进入政治领域并产生影响和互动的。

第二节　"讲故事"：从写作技巧到媒介语法

媒介逻辑暗示着一个用来决定时间如何分配、内容如何选择、语言与非语言如何决策的"媒介语法"的存在[4]，也即体现了一种"看待和解释社会事务的方式"[5]。作为一种历史悠久的人类实践，"讲故事"在讲述者与倾听者口耳相传以及来回往复的谈话中展开。在"讲故事"的过程中，讲述者与倾听者建立起沟通的共同空间，在双方的参与配合中完成故事的讲述，同时，不断有新的讲述者和情节加入，形成了故事的流变。可以说，"讲故事"本身即是一个完整的传播

---

[1] Winfried Schulz. Reconstructing Mediatization as an Analytical Concept. *European Journal of Communication*, 2004, 19(1), pp.87-101.
[2] 习近平，《高举中国特色社会主义伟大旗帜　为全面建设社会主义现代化国家而团结奋斗——在中国共产党第二十次全国代表大会上的报告》，2022年10月25日，http://jhsjk.people.cn/article/32551583。
[3] 《习近平在中共中央政治局第三十次集体学习时强调　加强和改进国际传播工作　展示真实立体全面的中国》，人民网，2021年6月2日，http://jhsjk.people.cn/article/32120102。
[4] 〔荷〕丹尼斯·麦奎尔，崔保国、李琨译，《麦奎尔大众传播理论：第五版》，北京：清华大学出版社，2010年版，第269页。
[5] 周翔、李镓，《网络社会中的"媒介化"问题：理论、实践与展望》，《国际新闻界》，2017年第4期，第137-154页。

第十一章 新时代政治传播中的"讲故事":一种媒介化的叙事

过程,其对世界的关照和解释包含着讲述者与倾听者之间的共享、沟通、互动以及对周边资源的动员,承载着特有的媒介语法和媒介逻辑。

在西方语境下,单词 story 除有"故事"之义,还可被释为"新闻报道"[①]。舒德森认为,新闻从业者以"讲故事"为职业[②],通过梳理美国报业史,舒德森提出办报的"故事模式"和"信息模式"。虽然美国报业史上有所谓"信息模式"战胜"故事模式"之说,但"故事"从未真正退场。"给我讲一个故事,看在老天爷的份上,让它有趣一点"[③],《华尔街日报》撰稿人布隆代尔主张新闻从业者"既是事实的提供者,更是故事的讲述者"[④]的观念,即试图弥合"故事"与"事实",力图在两者之间寻求最大的张力。1979 年,普利策新闻奖设特稿写作奖,将文学性和创造性作为评选的重要标准,称要寻找"真正会讲故事的人"。所以,西方新闻传播业与"讲故事"的报道方式之间一直有着剪不断的关联。

在我国,新闻宣传与故事的渊源也由来已久。20 世纪 40 年代,延安《解放日报》时期,通讯和典型报道以"讲故事"的手法进行媒介动员。20 世纪 90 年代起,伴随我国新闻改革和市场化进程,受到西方新新闻主义及《华尔街日报》等故事化报道风格影响,我国新闻界也有过一些创新。1995 年,《中国青年报》的《冰点》特稿诞生,逐渐形成了高文学品质和强故事特性的写作风格。2000 年,央视《东方时空》子栏目《生活空间》改版为《百姓故事》,"讲述老百姓自己的故事"成为栏目的定位和诉求。回望中国新闻改革四十余年,作为一种文体风格的"讲故事",在媒介的发展过程中始终或隐或显,不曾消失。

"讲故事"伴随人类传播而生,并非一种新现象,为何在当下却成为传播的创新方式?在印刷媒介占主流地位的时代,"信息"成为一种稀缺资源,一种被专业化媒体垄断的稀缺资源。"传播信息"比"讲述故事"显得更为重要,也更加"专业"。于是,无论中外媒体,都将"信息模式"作为严肃大报的立身之本,

---

① 〔英〕霍恩比,李北达译,《牛津高阶英汉双解词典(第四版增补本)》,北京:商务印书馆、香港牛津大学出版社(中国)有限公司,1997 年版,第 2809 页;〔美〕迈克尔·舒德森,徐桂权译,《新闻社会学》,北京:华夏出版社,2010 年版,第 218 页。
② 〔美〕迈克尔·舒德森,徐桂权译,《新闻社会学》,北京:华夏出版社,2010 年版,第 218 页。
③ 〔美〕威廉·E. 布隆代尔,徐扬译,《〈华尔街日报〉是如何讲故事的》,北京:华夏出版社,2006 年版,第 5 页。
④ 〔美〕威廉·E. 布隆代尔,徐扬译,《〈华尔街日报〉是如何讲故事的》,北京:华夏出版社,2006 年版,第 3 页。

由此而形成的真实、客观、公正、准确、全面、平衡等报道原则成为"新闻专业主义"的重要内容。"信息"是硬的,"故事"是软的,"讲故事"往往与不那么重大、不那么富有时效性的内容联系在一起,仅仅被当成一种写作技巧,而不是新闻传播观念。正如凯瑞所说,从"故事"到"信息"是人类交流被印刷技术中介的结果[①],并非"故事模式"的失败。

如今,"故事模式"被强力唤醒,有着多重的原因。在媒介环境与社会层面,今天的世界已从"信息匮乏"进入到"信息超载"状态。互联网时代所承载的人类交流方式和平面媒体时代也大为不同。"讲故事"赋予文本生命力,使善于"讲故事"者获得长久性胜利。本雅明在《讲故事的人》中,将"故事"与"信息"相比较,认为,信息(或狭义上的新闻)是当下的、即时的,也是短命的;而故事是历史的、久远的。故事"不消耗自己。它存储、集中自己的能量"[②]。因而,运用"讲故事"的逻辑重新书写信息资源,不仅可以摆脱文本的乏味苍白,启动社会关注的引擎,还可使新闻抵抗住时间流逝,不再易碎。

在媒介结构和媒介生产的层面,今天,组织化专业化媒介不再占据垄断地位,人人皆媒,万物皆媒的时代已经到来。从封闭到开放,从组织化到社会化,媒介生产"田野"不断拓展,媒介生产"主体"日渐多元。喻国明认为,互联网对我们这个社会最大的改变是对于以"个人"为基本社会传播单位的"激活"[③]。互联网环境中,"自由活动的空间"和"自由流动的资源"被大量释放,个人对组织的依附程度减弱,组织框架之外的生存空间和路径日益增多。[④]在这种媒介格局之中,宏大的、理性至上的、单向传输的"信息"模式不太适应多元的社会需求,而"讲故事"往往样态轻灵、情感充沛、互动频繁,符合个体化表达的新要求。

在媒介技术与人的关系层面,大数据、人工智能等技术的不断发展,也带来了人的主体性迷思。故事从诞生之日起就和人、人类文化的内在性以及人的生活

---

① 孙藜,《讲故事、受众想象与新闻的道德力量——以〈华尔街日报〉如何讲故事为例》,《现代传播(中国传媒大学学报)》,2012年第3期,第48-53页。
② [德] 瓦尔特·本雅明,李茂增、苏仲乐译,《写作与救赎——本雅明文选(增订本)》,上海:东方出版中心,2017年版,第128页。
③ 喻国明,《互联网是高维媒介:一种社会传播构造的全新范式——关于现阶段传媒发展若干理论与实践问题的辨证》,《编辑学刊》,2015年第4期,第6-12页。
④ 孙立平,《"自由流动资源"与"自由活动空间"——论改革过程中中国社会结构的变迁》,《探索》,1993年第1期,第64-68页。

的内在性紧密相连①，换言之，故事的核心并非"事"，而是"人"——人性和人类情感，这是机器和算法替代不了的。富有诗性的故事能让人在科技飞速发展的当下感受人的存在。人工智能多进行以资讯和数据为核心内容的"硬新闻"写作，比如金融财经类报道，这类报道通常有较为明确、固定的写作模式和话语风格。如果说，新闻报道中"硬"的部分可能被智能写作所承担，人们是否可以从"软"的成分——"讲故事"中找到新闻从业者合法性所在？

于是，在多重因素作用下，原本就沉潜于人类传播脉络中的"讲故事"被再度激活，不仅仅被当作一种写作技巧，而且成为一种醒目的媒介观念和媒介逻辑，在互联网时代焕发活力，并渗透于各个领域。在政治、经济、文化、日常生活等方面，无论国家领导人、行业杰出人员还是普通大众都开始"讲故事"。

第三节 "讲好中国故事"：从传播理念到行业实践

党的二十大报告指出，要"加快构建中国话语和中国叙事体系，讲好中国故事、传播好中国声音，展现可信、可爱、可敬的中国形象"②。今天，媒介与政治密不可分，媒介已被深深卷入政治实践，政治领域开始主动探索媒介规律，并将媒介逻辑视为日常政治思考和行动的重要参照③。"讲故事"不仅是一种叙事方式，还成为一种指导新闻舆论工作的思维理念。

"讲好中国故事"源于习近平对增强国际话语权、提高对外传播能力的要求。2013 年 8 月，习近平在全国宣传思想工作会议上首次指出："创新对外宣传方式，着力打造融通中外的新概念新范畴新表述，讲好中国故事，传播好中国声音。"④中国已成为世界第二大经济体，急需相匹配的话语权和话语能力。面对全球化、信息化为对外话语体系建设带来的机遇，习近平强调，"用海外读者乐于接受的

---

① 丁来先，《故事人类学》，北京：中国社会科学出版社，2017 年版，第 263 页。
② 习近平，《高举中国特色社会主义伟大旗帜 为全面建设社会主义现代化国家而团结奋斗——在中国共产党第二十次全国代表大会上的报告》，人民网，2022 年 10 月 25 日，http://jhsjk.people.cn/article/32551583。
③〔丹〕施蒂格·夏瓦，刘君等译，《文化与社会的媒介化》，上海：复旦大学出版社，2018 年版，第 47-48 页。
④ 倪光辉，《习近平：胸怀大局把握大势着眼大事努力把宣传思想工作做得更好》，人民网，2013 年 8 月 21 日，http://cpc.people.com.cn/n/2013/0821/c64094-22636876.html。

方式、易于理解的语言,讲述好中国故事,传播好中国声音"①。"要深刻认识新形势下加强和改进国际传播工作的重要性和必要性,下大气力加强国际传播能力建设,形成同我国综合国力和国际地位相匹配的国际话语权,为我国改革发展稳定营造有利外部舆论环境,为推动构建人类命运共同体作出积极贡献"②。将我国的发展优势转化为话语优势。

然而,由于我国与西方社会的文化和传受差异,对外传播容易出现"自说自话"的窘境。作为一种朴素天然的人类传播习惯,"讲故事"往往真实具体、生动鲜活,具有较强的感染力,既利于呈现中国国情,又能够打破中外交流屏障。同时,随着媒介技术的更新迭代,"讲故事"不再局限于文字文本。借助新媒介技术,将图片视频、移动直播、H5 动画、虚拟现实等多媒体形态融入故事化叙事之中,更能展现立体多彩的中国。在习近平关于推进国际传播能力建设的重要指示下,以《人民日报》、新华社和中央广播电视总台为代表的中国媒体顺应国际发展形势和媒介传播规律,推出了诸如《我与中国的一些小事——致敬中国改革开放 40 周年》《一家亲》《与非洲同行》等具有创新性的国际传播产品,在"讲故事"中,让世界听到了中国的声音。

这种对外传播理念亦对国内新闻舆论工作产生了影响,一时间,从中央到各地方、各行业都提出"讲故事"的要求。面对国内新闻舆论工作的新环境,2013 年 8 月,习近平在全国宣传思想工作会议上强调:"要适应社会信息化持续推进的新情况,加快传统媒体和新兴媒体融合发展,充分运用新技术新应用创新媒体传播方式,占领信息传播制高点。"③"讲故事"即是这样一种适应信息化社会发展、符合新媒介逻辑的传播方式。

2017 年,习近平提出"实现中华民族伟大复兴是近代以来中华民族最伟大的梦想"④,中国梦成为当代中国最宏大、最精彩的故事,从中央到地方也都将"讲

---

① 《习近平:用海外乐于接受方式易于理解语言努力做增信释疑凝心聚力桥梁纽带》,人民网,2015 年 5 月 22 日,http://cpc.people.com.cn/n/2015/0522/c64094-27039299.html。

② 《习近平在中共中央政治局第三十次集体学习时强调 加强和改进国际传播工作 展示真实立体全面的中国》,人民网,2021 年 6 月 2 日,http://jhsjk.people.cn/article/32120102。

③ 《关于媒体融合发展,习近平总书记这样说》,求是网,2019 年 3 月 16 日,http://www.qstheory.cn/2019-03/16/c_1124242592.htm。

④ 习近平,《决胜全面建成小康社会夺取新时代中国特色社会主义伟大胜利——在中国共产党第十九次全国代表大会上的报告》,央广网,2017 年 10 月 27 日,http://news.cnr.cn/native/gd/20171027/t20171027_524003098.shtml。

故事"视为呈现和阐释中国梦主题的重要方式。例如，北京市委宣传部以"人文生态的真实记录"为理念，策划推出《中国梦365个故事》系列微视频；青海省委宣传部围绕"青海故事"从不同侧面讲述青海的人民故事和发展故事；广东省委宣传部联合广东省委网络安全和信息化委员会办公室等以"中国梦：践行者故事"为主题展现广东"劳动者"为践行中国梦所做的种种努力。故事之中，"个人梦""地方梦""民族梦"汇聚成流，中国梦成为每个普通人可感可知的具体愿景。

不仅如此，讲故事还成为不同领域、不同行业话语实践的重要思路。"好记者讲好故事"，新闻业首先成为"讲故事"的排头兵。面对火热的生活，记者不应再写冰冷的文章。习近平总书记强调要"打造融通中外的新概念、新范畴、新表述，更加充分、更加鲜明地展现中国故事及其背后的思想力量和精神力量"[①]。"要说老百姓听得懂的话，多一些'沾泥土''带露珠''冒热气'的文章"[②]。2014年起，中宣部、中华全国新闻工作者协会等部门联合开展"好记者讲好故事"演讲比赛，"讲好故事"成为衡量新闻从业者专业素养的重要标尺之一。同时，互联网时代，各行业的创业者或从业者都成为"讲故事"的好手。布隆代尔曾用"聊天"和"演讲"作喻，讲故事让人觉得"作者是在和我单独聊天，而不是在某个大型体育馆里面对黑压压的一群人进行演讲"，"在体育馆里演讲的人，常常会犯这样的错误：沉闷呆板、故弄玄虚、言过其实，他们给人的感觉总是高高在上，因为他们的演讲过于正式，没有把自己融入到观众中去"[③]。基于一种聊天式的共在与共情，"讲故事"的交谈感使专业人士告别了"演讲者"角色，获得了与媒介及用户的亲近性。对于从业者来说，以"讲故事"的方式解读行业规则、塑造品牌文化、呈现专业精神，更能够在多元化、重视互动和情感的互联网时代得以立足。

[①]《习近平在中共中央政治局第三十次集体学习时强调 加强和改进国际传播工作 展示真实立体全面的中国》，人民网，2021年6月2日，http://jhsjk.people.cn/article/32120102。

[②]《习近平新闻思想讲义（2018年版）》编写组，《习近平新闻思想讲义（2018年版）》，北京：人民出版社、北京：学习出版社，2018年版，第206页。

[③]〔美〕威廉·E. 布隆代尔，徐扬译，《〈华尔街日报〉是如何讲故事的》，北京：华夏出版社，2006年版，第193页。

第四节 结　语

媒介化理论指出了这样一种情景，媒介在成为具有独立性的社会机构的同时，也深刻地渗入其他社会机构的运作之中[1]，并与之互动。以互联网技术为核心的新媒介形态，不仅引发了新闻传播学科内部的范式革命，还全方位地重塑着政治、社会、文化以及人类自身。新时代的"讲故事"及其实践，即是一种政治逻辑与当下建基于互联网的媒介逻辑互动、互构的产物。在本章的研究中，"讲故事"作为一种媒介逻辑进入政治领域，与中国梦、讲好中国故事、推进国际传播能力建设等紧密结合，丰富了政治传播的内涵和手段。

克罗茨认为，媒介化应被看作是与全球化、城市化和个体化同等重要的元进程[2]，与其他进程相比，媒介化在现代性的后期阶段才开始凸显。[3]互联网正在重构人类社会，无数被激活的节点甚至颠覆了那些使它们结构化或树形化的代码[4]，社会连接的基础架构从线形变为网状。德勒兹用"树"和"根茎"作喻，认为"树或根产生出思想的一种糟糕的形象，它不断地基于一种更高的、中心化的或节段化的统一性来模仿'多'"[5]，而现实存在于那些"潜藏的茎、气生的根、偶然的增生和根茎"[6]之中。若如德勒兹所言，人类社会进入现代性的后期，社会已由枝干分明的"树"状发展为交织蔓延的"根茎"状，面对盘根错节的社会，政治传播如何实现其社会抵达？

"讲故事"为解决上述问题提供了一个行之有效的方法，从根本上来说是打破一系列的二元对立。媒介化作为高度现代性的进程，从将"媒介逻辑作为社会先验形式"的制度化路径转向"强调主体与媒介过程性互动"的社会建构路径。

---

[1] 潘忠党，《"玩转我的iPhone，搞掂我的世界！"——探讨新传媒技术应用中的"中介化"和"驯化"》，《苏州大学学报（哲学社会科学版）》，2014年第4期，第153-162页。

[2] 周翔、李镓，《网络社会中的"媒介化"问题：理论、实践与展望》，《国际新闻界》，2017年第4期，第137-154页。

[3] 〔丹〕施蒂格·夏瓦，刘君等译，《文化与社会的媒介化》，上海：复旦大学出版社，2018年版，第9页。

[4] 〔法〕德勒兹、〔法〕加塔利，姜宇辉译，《资本主义与精神分裂（卷2）：千高原》，上海：上海书店出版社，2010年版，第13-14页。

[5] 〔法〕德勒兹、〔法〕加塔利，姜宇辉译，《资本主义与精神分裂（卷2）：千高原》，上海：上海书店出版社，2010年版，第20页。

[6] 〔法〕德勒兹、〔法〕加塔利，姜宇辉译，《资本主义与精神分裂（卷2）：千高原》，上海：上海书店出版社，2010年版，第19页。

夏瓦指出：媒介化并不意味着媒介对其他领域的侵占，而是关于媒介、文化和社会三者的互动及日益增强的相互依赖性[①]，"讲故事"由一种媒介逻辑进入政治，即体现了媒介与政治的互动。互联网和各类媒介技术激活社会个体，少数人的书写转为全民参与的协同生产，文本由此不再单一和静止，变得流动而多元。情感亦不再被理性所压制，成为人类主体性的鲜明特征。理念上，作为一种媒介逻辑的"讲故事"成为新时代新闻舆论工作的重要内容，在对外话语体系的建构和国内舆论导向的引领等方面意义颇深；实践上，以习近平"讲故事"为代表的媒介化实践，叙事轻灵、回归口语、重视情感、长于互动，实现了宏大与微末、理性与情感、主体与客体的互融。可以说，"讲故事"的媒介化实践推动了政治传播的社会抵达。

[①]〔丹〕施蒂格·夏瓦，刘君、范伊馨译，《媒介化：社会变迁中媒介的角色》，《山西大学学报（哲学社会科学版）》，2015年第5期，第59-69页。

第十二章　公众舆论中的情感互通：以"辱母案"中"朴素正义感"为中心的考察

近些年，伴随媒介技术的革新和表达机制的拓宽，公众在不胜枚举的公共事件中，根据拼凑与想象的事实，表达着怨恨与愤怒、悲伤和同情，伸张着朴素的正义感，争辩着"后真相"时代情感与事实究竟何者更能影响当下的判断。那么当下的公众舆论究竟有着怎样的面貌？它是否需要情感的联结？我们又该如何迈向有意义的舆论实践？

第一节　"情感"的缺席：理性主义视野下的公众舆论

20世纪以来，基于哲学元理论的不断发展和西方社会环境的巨大变迁，尤其是意识到大众媒介传播和社会日常控制的不断加强，李普曼发现"多数情况下我们并不是先理解后定义，而是先定义后理解"[①]，因为"拟态环境"（pseudo-environment）和"刻板成见"（stereotype）的存在，公众舆论有着"理性"与"非理性"的双重特征，犹如"悬在虚空中的大地"。

从卢梭到李普曼时代，虽然不少学者认同舆论不再处于理性指导下的自在自为的状态中，而是处于经验的观察下可知的那种复杂的、受控的和效果可向优劣两极伸缩的、微妙的状态中，对公众舆论的研究也逐渐从理性主义转向经验主义[②]，但值得我们思考的是，实用主义效用观的引入究竟是为了摆脱了理性主义的影子，还是仅仅置换了我们思考舆论的前提？尽管李普曼努力将启蒙主义宣扬的"人生

[①]〔美〕沃尔特·李普曼，阎克文、江红译，《公众舆论》，上海：上海人民出版社，2006年版，第62页。

[②] 黄建新，《近现代西方舆论观的嬗变》，《复旦学报（社会科学版）》，1995年第3期，第233-236，244页。

来皆理性"的理想情境拉回到大众传播时代的复杂现实，认为"对舆论进行分析的起点，应当是认识活动舞台、舞台形象和人对那个活动舞台上自行产生的形象所做的反应之间的三角关系"①，然而在终极追求上，无论是理想的自然主义，还是现实的经验主义，似乎都没有放弃对理性主义的美好憧憬：前者寄希望于每个独立个体在信仰自由的基础上发现真理；后者则诉诸大众媒介和精英专家提供的"有组织的情报"来实现民主。

放眼本土，梁启超等曾对源自西方政治话语并由日本传播到中国的"舆论"一词推崇备至，且同样将其视为理性和进步的化身，并期望民意可以成为疗救清廷的药方。②总体来说，中国近代舆论观既受到传统士大夫的儒家价值理想熏陶，又免不了受制于西方经验与现实环境。③到了新文化运动时期，知识分子大力推崇"德先生和赛先生"，主张以客观的"法治"推翻主观的"人治"，公共舞台更是被科学、民主和现代法律的"理性"话语所主宰。

20世纪中后期，西方学界对"理性"问题的研究逐渐走向对"合理性（reasonableness）"问题的探讨。哈贝马斯从霍布斯的政治哲学中发现人不仅"具有选择合理方式实现自己目的的能力，即具有工具理性"，同时"人的行为目的是任意的，受激情与意志支配，是非理性的"④。因而他用交往的合理性来达成话语共识，即"一个命题的真，意思是指对所说的东西达成一个合理共识的诺言"⑤。罗尔斯基于西方社会"合理多元主义的事实"⑥，发现人们在发挥理性能力和判断能力的过程中，存在着许多无法克服的困难——"判断的负担（the burdens of judgment）"，所以我们经常只能满足于"重叠共识"，即持不同观点的人们都愿意以合理的态度相互对待。⑦

---

① 〔美〕沃尔特·李普曼，阎克文、江红译，《公众舆论》，上海：上海人民出版社，2006年版，第12页。
② 〔美〕林郁沁，陈湘静译，《施剑翘复仇案：民国时期公众同情的兴起与影响》，南京：江苏人民出版社，2011年版，第6页。
③ 倪琳，《近代中国舆论思想演迁》，上海大学博士学位论文，2010年，第135页。
④ 谈火生，《民主审议与政治合法性》，北京：法律出版社，2007年版，第57页。
⑤ Jürgen Habermas. *Vorstudien und Ergänzungen zur Theorie des kommunikativen Handelns*. Frankfurtam Main: Suhrkamp Press.1995, p.137.
⑥ John Rawls. *Political Liberalism*. New York: Columbia University Press.1996, p.36.
⑦ 童世骏，《关于"重叠共识"的"重叠共识"》，《中国社会科学》，2008年第6期，第55-65，205-206页。

尽管交往理性下的"话语共识"与公共理性下的"重叠共识"一定程度上重写了舆论与绝对理性和真理之间的关系，但无论是强调主体间的规范交往活动成为可能，抑或对公民正义感和形成"善"的能力的设想，两者皆建立在认知层面之上，对理性的重建抱有异常美好的希冀。"情感"虽得到一定程度的关注，但要么被健康的公众舆论所排斥，要么与"非理性"画上了等号，难以产生有意义的实践可能。国内对西方理论的追捧热潮，也不自觉地将传统理性主义植根到本土的舆论研究中。

第二节　"情感"的实践："辱母案"中法律与情感的"同频共振"

事实上，无论是面对当代媒介社会与多元主义的现实，还是立足中国的历史传统与现实情境，"情感"在人类社会中都扮演着异常重要的角色。虽然理性"作为理解力的推论和结论"可以在一定程度上"发现真理"，"但如果它们所发现的真理无涉于情感，也不引起任何欲望或嫌恶，那它们就不可能对行为举止有任何影响"[1]。因而，情感的共通显得尤为重要，"辱母案"即是明显的例子。

案例缘起于2016年4月14日，女企业家苏某霞被11名催债人控制并以"极端方式"当着其子于某的面殴打、侮辱，于某情急之下刺死一人，被判处无期徒刑。宣判后，附带民事诉讼原告人和被告人不服一审判决，分别提出上诉。山东省高级人民法院于2017年3月24日受理此案。

就在法院接受上诉的前一天，《南方周末》在官网上发布了题为《刺死辱母者》[2]的报道。这篇报道在当天仅仅引发了54条评论，并未引起过度关注。3月24日，网易新闻客户端分别将该篇报道的标题更名为《母亲欠债遭11人凌辱　儿子目睹后刺死1人被判无期》并转载原文[3]，舆论迅速升温。

---

[1] David Hume. *A Treatise of Human Nature*. Oxford: Clarendon Press, 1968, p.413, 463.
[2] 王瑞峰、李倩，《刺死辱母者》，南方周末，2017年3月23日，http://www.infzm.com/content/123659.
[3]《母亲欠债遭11人凌辱　儿子目睹后刺死1人被判无期》，网易新闻，2017年3月24日，https://www.163.com/dy/article/CGAVG82E051492LM.html。

第十二章 公众舆论中的情感互通：以"辱母案"中"朴素正义感"为中心的考察 | 219

不难发现，标题的改动突出了"母亲""侮辱"等词语，似乎瞬间戳痛了公众脆弱而敏感的神经。自古以来，人类对"母亲"就有着天然真挚的情感流露，"女性之所以表现为伟大，是因为那些被容纳、被庇护、被滋养者依赖于它，并且完全处于它的仁慈之中"①。"母亲"这一角色在中国文化里更有着无比神圣的意义，加之"百善孝为先"的传统孝道在国人血统里的沉淀，因而，当"母亲"被"侮辱"的情节经由媒介的细化报道并广泛传播，无疑冲击到公众心底对"母亲"最美好而温暖的记忆，唤起了他们朴素而本能的情感。虽然于某捅人致一死三伤是事实，但天然的孝道意念、本性的护母之举使得理性未及时采取行动时，感性的无意识已经以不容置疑的入侵者身份涌到了舆论阵地的最前方。②

在近些年的网络事件中，"朴素正义感"之所以饱受诟病，最大原因在于这种未经文明化的本能情感容易导致网络暴力和欺凌的产生，情绪宣泄遮蔽了正义与现代法治的存在。不仅如此，关于公共领域的经典理论也认为感情和大众文化无益于培养"真正"的具有高度参与性的公众，③舆论是依赖公共理性和审议而形成的④。然而，"朴素正义感"的萌发绝非偶然，必定是有某些原因刺激了网民乃至所有社会公众"最绷紧的那根弦"，而这根神经的形成具有深刻的社会发展逻辑和社会价值诉求。⑤在强大的群体与弱小的个体之间，"朴素正义感"自然"一边倒"地偏向后者。大部分网民站在既定事实和主观臆想之上，同时表达着对于某救母之善的同情、对暴力催债者之恶的憎恶等。事实上，大量研究已经开始反思这种模式的局限性，"公共领域未必仅仅是冷冰冰的话语，激情反而可能给公共领域带来活力"⑥，甚至情感不仅是公众参与公共讨论的动力，它还可以成为公

---

① 〔德〕埃利希·诺伊曼，李以洪译，《大母神：原型分析》，北京：东方出版社，1998年版，第42页。
② 秦文秀，《原型理论在新闻叙事中的文本分析——以山东辱母案为例》，《东南传播》，2017年第7期，第150-151页。
③ 〔美〕林郁沁，陈湘静译，《施剑翘复仇案：民国时期公众同情的兴起与影响》，南京：江苏人民出版社，2011年版，第6页。
④ 林宇玲，《网路与公共领域：从审议模式转向多元公众模式》，《新闻学研究》，2014年(冬)，总期第118期，第55-85页。
⑤ 喻国明、李彪，《2009年上半年中国舆情报告(下)——基于第三代网络搜索技术的舆情研究》，《山西大学学报(哲学社会科学版)》，2010年第2期，第124-130页。
⑥ 杨国斌，《悲情与戏谑：网络事件中的情感动员》，《传播与社会学刊》，2009年第9期，第39-66页。

共领域中被讨论的主题。①

在情感的沸腾之下,"辱母案"很快呼唤出主流媒体的回应。2017年3月25日,@中青在线的评论开门见山地表达了隐藏在案件背后的公众情感——"出离愤怒",并将"正当防卫"作为公民反抗暴力的正义注脚,认为法律虽然是"冰冷"的,但法律精神是有"温度"的②;紧随其后,@澎湃新闻在社论中强调,虽然舆论与法律不能混淆,但"两者之间并非天然对立,民意执念的朴素正义,应该在法律管道内有正常的吸纳空间"③;@人民日报的评论更是点明"辱母案"之所以掀起舆论波澜,"正是因为其中蕴含着许多人的伦理诉求和情感诉求"④,并呼吁公众思考法律的社会功能其实"不仅关乎规则,还关乎规则背后的价值诉求,关乎回应人心所向、塑造伦理人情"⑤。人民日报这篇文章一经发布便在社交网络上引起轰动,转发迅速超过10万+,网友疾呼"我们追求的法律并不是冷冰冰的法理","伦理与法理,理性与人文绝不应当是对立的",应当"相辅相成""于情也于理",诸如此类的观点引赞过万。

多家主流媒体几乎同时发声,各大媒体平台竞相转发。然而在这些文章中,我们既未发现克制公众情感的表述,也鲜有秉持"理性"的字眼。相反,不少主流媒体明确表达了对"朴素正义感"的尊重与肯定,并认为这种情感在一定规范之下有助于推动案件的发展。总的来说,媒体一方面通过对事实的深度挖掘与拓展,试图分散舆论初期的争议焦点,并且将案件背后涉及的涉黑团体、小微企业的生存现状、高利贷催收等诸多社会问题同置于舆论中心,分散了公众的注意力,一定程度上消减了由单一矛盾所带来的极端负面情感;另一方面,基于事实维度引入价值层面的思考与讨论,给公众提供了更加多元化的解读视角,唤起了除却"朴素正义感"的更为广泛的情感共鸣。于是,期待"正义"与"公平"、重视

---

① 袁光锋,《互联网空间中的"情感"与诠释社群——理解互联网中的"情感"政治》,《中国网络传播研究》,2014年第1期,第89-97页。
② 欧阳晨雨,《刺死辱母者被判无期:请给公民战胜邪恶的法律正义》,中青在线,2017年3月25日,https://mp.weixin.qq.com/s/Smb81z65SQ-_rI5yFxMoDQ。
③《【社论】辱母案:期待正义的理据》,澎湃新闻,2017年3月25日,https://www.thepaper.cn/newsDetail_forward_1647938。
④《辱母杀人案:法律如何回应伦理困局》,人民网,2017年3月25日,https://mp.weixin.qq.com/s/PRV2Mi0s9IQdILjrrM9WEw。
⑤《辱母杀人案:法律如何回应伦理困局》,人民网,2017年3月25日,https://mp.weixin.qq.com/s/PRV2Mi0s9IQdILjrrM9WEw。

"法治"与"伦理"的关系开始成为新一轮舆论聚焦的关键词。

不可否认,一种文化的传播技术与人们如何理解和表达他们自己的和别人的感受有着复杂的关系。[1]林郁沁曾在探讨施剑翘刺杀孙传芳的历史事件时,发现"情"在现代中国试图建构后儒家时代的社会和政治秩序进程中占据着重要地位,[2]特别是20世纪30年代,经由大众媒体报道和炒作而产生的公众同情甚至成为"一种新的、影响深刻的道德和政治权威"[3]。在施案中,公众所产生的"情"既包含传统文化中"诉诸孝义的道德情感",也包含媒介兴盛所带来的"市民公众的集体情绪"。[4]"辱母案"中基于新媒体广泛传播而凝聚的"情感"也早已不是简单的"朴素正义感",并非单纯地指向个体的私人体验和心理过程,它也是政治、社会和文化所建构出来的"事实",是承接"讲者"与"听者"、发话者和接受者之间相互关系的产物,[5]2017年3月26日,多家公检法部门针对公众迫切关心的问题予以回复,并及时公开案件调查的新进展。祝华新因此感叹道:"这一天,可能作为我国司法机关民有所呼、我有所应的'阳光司法日',而收藏在众多网民心中。"[6]与此同时,自媒体上多方力量不断介入。微信公众号@长安剑指出"司法与舆论本非对立","在大众权利意识崛起的年代,司法应当以充分透彻的说理反馈舆论"[7]。

当然,对"朴素正义感"的担忧也未曾消失。例如有些媒体评论认为,从情感的层面而言,于某被判无期徒刑着实冤枉,"可公众号的盛宴,公知们的狂欢,网民们的愤怒,却随之演化出了另一个极端的观点——我恳求判于某无罪",文

---

[1] Brenton J. Malin. *Feeling Mediated: A History of Media Technology and Emotion in America*. New York: New York University Press, 2014.

[2] 〔美〕林郁沁,陈湘静译,《施剑翘复仇案:民国时期公众同情的兴起与影响》,南京:江苏人民出版社,2011年版,第5页。

[3] 〔美〕林郁沁,陈湘静译,《施剑翘复仇案:民国时期公众同情的兴起与影响》,南京:江苏人民出版社,2011年版,第225页。

[4] 〔美〕林郁沁,陈湘静译,《施剑翘复仇案:民国时期公众同情的兴起与影响》,南京:江苏人民出版社,2011年版,第4页。

[5] 〔美〕刘康,《对话的喧声:巴赫金的文化转型理论》,北京:中国人民大学出版社,1995年版,第15页。

[6] 祝华新,《于欢案:珍惜司法和舆论的良性互动》,微信公众号"北安政法",2017年3月27日,https://mp.weixin.qq.com/s/JwK1lJTud17jStK-H9dWyw。

[7] 长安剑,《"辱母杀人"案,司法如何面对汹涌的舆论?》,人民网,2017年3月26日,http://opinion.people.com.cn/n1/2017/0326/c1003-29169610.html。

章提醒公众"于某杀了人是既定事实,应当承担法律后果,只存在量刑问题",切勿将自己看作"正义的执行人"①。以网易客户端为例,截至 2017 年 3 月 30 日 12 时,跟帖互动量高达 239 万条,其中偏向支持于某、呼吁法院作无罪判决等观点的占到三分之一。②因而警惕的声音认为"发泄情绪的人太多,说理的明显不够用了",舆论已经在着力渲染"杀辱母者有理"的观点。③

或许恰如有评论所言,如果我们从过去一连串的事件中学到了什么教训,那就是:无论什么时候,司法者一定要坚持法律与良知,以事实为基础,做出公正裁决。④在痛定思痛之后,在数年间的网络事件中,人们不断经历着复杂多变的情感与变化莫测的事实之间的博弈,但汲取了前车之鉴,普遍不赞同舆论干预司法,而且大量媒介的评论也肯定了多数公众在这起案件中对法律程序所给予的基本尊重。除此以外,无论是将饱含情感的舆论视作案件的助推剂,还是认为其确实阻碍了司法公正,得到大量点赞的观点皆有理有据,引经据典,而不仅限于对 13 个字裁判要旨的浅层解读,且多数观点不谋而合地将关注的目光和期待投向受理此案的山东省高级人民法院。

中国古已有之的一种社会结构是将"情"(人类感情)置于"理"(宇宙的一般准则)的道德核心,而"理"本身又是"法"(政治体中的条约化规定)的基础。⑤在面对帝国主义的侵略时,历史上的改革家们曾积极提倡以客观的"法治"来改善中国的民族命运,这在根本上颠覆了传统的"情生理,理生法"的理论框架。对于中国而言,"依法治国"早已成为一项治国方略。在"辱母案"中,作为理性化身的法律与充斥情感表达的舆论并未相互抵触,相反,由"朴素正义感"带来的充沛情感一方面让更多的事实被剥开、更多的疑团被消散、更多的正义被呼唤,另一方面也有助于该案在网络空间持续收获关注。正如有言论希望"关切

---

① Vista 看天下,《媒体谈辱母杀人案:正义感是块肥肉谁都想割一块》,凤凰网,2017 年 3 月 26 日,http://inews.ifeng.com/50839064/news.shtml?open_source=weibo_search&back。
② 《还原一场舆论风暴的始末〈刺死辱母者〉如何爆屏?》,网易新闻,2017 年 4 月 1 日,http://news.163.com/17/0401/19/CGV83GQT0001899O.html。
③ 《讨论"辱母杀人案"的正确姿势》,微信公众号"桂公梓",2017 年 3 月 26 日,https://mp.weixin.qq.com/s?__biz=MzA4ODI3MTIxOA==&mid=2652302394&idx=1&sn=d6464cc93115a3e017d56aef5af500a5。
④ 长安剑,《"辱母杀人"案,司法如何面对汹涌的舆论?》,人民网,2017 年 3 月 26 日,http://opinion.people.com.cn/n1/2017/0326/c1003-29169610.html。
⑤〔美〕林郁沁,陈湘静译,《施剑翘复仇案:民国时期公众同情的兴起与影响》,南京:江苏人民出版社,2011 年版,第 103 页。

最终形成力量",从而让于某拥有一个兼具"法理情"的结局①,报道这起案件的记者,在朋友圈中也曾留下这样一句话:"但愿众人的关切,能如拂过麦田上空的春风,抽穗结实,和煦人心。"②然而,这份"关切"实际上既不来自卢梭眼中"人生来皆理性"的判断,也不是李普曼所谓的"刻板成见",更非在哈贝马斯所设想的公共领域中实现,恰恰是人类本能的情感激发了公众对公共议题的"关切",促进了公众商议。

西方学者在研究同性婚姻的社会认同问题时,曾发现许多活跃分子和支持者通过强调相爱与忠诚的同性伙伴关系所具备的积极道德价值来捍卫同性婚姻,并试图吸引公众情感对这一目标做出回应。以这种方式来塑造辩论,活跃分子们把作为新事物的同性婚姻的价值与对绝大多数人来讲属于核心关切的、更为人们所熟悉的婚姻形式的价值联结起来了,从而提高了社会对同性恋者的宽容度。③回到"辱母案"中,公众的"朴素正义感"恰是在一种关切的视域内所进行判断的结果。正如休谟所言,"使我们确立正义法则的乃是对于自己利益和公共利益的关切",产生这种关切的并不是"任何观念的关系",而是"我们的印象和情绪"。④

对法律的尊重并不压制个体情感性的关切,而是通过诉诸更多事实的细节来揭示我们现有关切与新的主张之间的同一性或者相似性关系。犹如同性恋者的情感可以借由积极的道德价值来进入一般公众的想象,对于某遭遇所产生的同情也能够凭借公平和正义的力量扩展多数人关切的视域,使"朴素正义感"收获更具能量的情感张力,在更高的价值维度上达成理解。理性本身可以帮助修正我们关切的视域,但它并不引导我们完全走出这一视域。⑤换言之,情感能够呼唤理性的存在,这种存在并非以宰制性力量规训情感的发生,而是以价值的合理性引导我们获得一种支持共同关切的反思性关切。

---

① 长安剑,《"辱母杀人"案,司法如何面对汹涌的舆论?》,人民网,2017 年 3 月 26 日,http://opinion.people.com.cn/n1/2017/0326/c1003-29169610.html。
② 长安剑,《"辱母杀人"案,司法如何面对汹涌的舆论?》,人民网,2017 年 3 月 26 日,http://opinion.people.com.cn/n1/2017/0326/c1003-29169610.html。
③〔美〕莎伦·R. 克劳斯,谭安奎译,《公民的激情:道德情感与民主商议》,南京:译林出版社,2015 年版,第 139-140 页。
④〔英〕休谟,关文运译,《人性论(下册)》,北京:商务印书馆,1980 年版,第 536-537 页。
⑤〔美〕莎伦·R. 克劳斯,谭安奎译,《公民的激情:道德情感与民主商议》,南京:译林出版社,2015 年版,第 140 页。

在舆论的助推和有关部门的回应之下，"辱母案"的二审在社会各界的注视下拉开帷幕，公众的种种疑虑、猜测和揣度也在大量证据发布和公开的审理过程中逐渐得到印证、释放和消弭。最终，于某由无期徒刑改判有期徒刑五年，舆论欢呼。媒体或将此案称为"一堂生动法治课"[1]，或是一份"有诚意的答卷"[2]，并且认为公正的研判既要"依之于法"，又要"考之于情"[3]。面对二审判决的结果，网民普遍表示感受到公平与正义，且尊重法律的裁决。尽管仍有余音未散，但在这一场情感掀起舆论，舆论呼唤正义，正义弥合情感的生动实践中，我们看到了情感凝聚舆论，并与法律之间互相理解、同频共振的可能。

第三节 "情感"的回归：在多元理解中传递"共通感受"

站在"后真相"时代的风口浪尖，网络舆论的力量让我们真切感受着互联网世界的情感澎湃，理性主义受到前所未有的鞭笞。从宏观上来看，这种反思大体面临着两条出路：要么建构新的理性内涵，要么诉诸情感的力量。但本章基于"辱母案"的分析后发现，这两种路径在诉诸"讲理"的能力和态度时，能够经由"共通感"的传递而彼此互通，这便为"情感"重返公众舆论提供了绝佳的入口。

有研究指出，西方哲学有一个从 reason（理性）经过 rationality（合理）到 reasonableness（讲理）的思想演化过程。理性不仅可以分散为种种理由，而且可收拢为一种对待理由的能力和态度。[4]哈贝马斯通过诉诸交往理性来取代工具理性，正是反对否定理由之多样性的理性独断主义的注解，他希望通过个体尊重理由的非强制力量来解读不同语境中的理由，看重讲理的能力；而罗尔斯则把理性放置于"原初状态"中，在排除了各种特殊情况之后，让人们在一系列正义原则

---

[1] 陆侠，《人民日报：于欢案是一堂生动法治课》，人民网，2017 年 6 月 26 日，http://theory.people.com.cn/n1/2017/0626/c40531-29361940.html。

[2] 《于欢案二审庭审：有诚意的答卷》，微信公众号"雄县万事通"，2017 年 6 月 5 日，https://mp.weixin.qq.com/s/2jvHrwC2wgpVMJL7fyPnGQ。

[3] 陆侠，《【锐评】于欢案终审：考之于情，依之于法》，人民网，2017 年 6 月 23 日，http://opinion.people.com.cn/n1/2017/0623/c1003-29358908.html。

[4] 童世骏，《理性、合理与讲理——兼评陈嘉映的〈说理〉》，《哲学分析》，2012 年第 3 期，第 4-15，197 页。

第十二章　公众舆论中的情感互通：以"辱母案"中"朴素正义感"为中心的考察

中做出选择，侧重说理时公平的立场和态度。如果从这个角度出发，种种对理性主义所做的批判式辩护，实际上都摒弃了实体理性的属性，转而向与人打交道的新理性探索。若再往前进一步，当理性从独断走向价值的理由，从独白走向沟通与对话，从抽象的理性（reason）演变成复数的理由（reasons），公众做出的判断和产生的舆论即是对理由的认同或反驳。就像在"辱母案"中，当"杀人犯法"的独断理性遇到"救母心切"的人情伦理，社会各界根据事实参照源源不断地提供了一系列"情有可原"的价值理由，这些"理由"经由网络传播得到反复认同的力量，让原本自说自话的法律条文不断受到质疑和补充。这一过程实际上既体现了理性本身的自我反思、批判和提升，也充分彰显了情感的判断逻辑。

然而，传统舆论观却将其归总为理性的胜利，"在理性的公开运用中，不同经验相互比较，最终达成'共通感'"[1]。但在本案中，公众对人情伦理的这份"共通感"却并非理性的作用得以产生，而是基于"孝"的传统情愫在文化血脉里沉淀后的自然流淌。正如梁漱溟先生所言，中国人讲理的内容就是"情理"，从一开始就是内在于人心，非外部因素所形成，一经自我反思，它就发而动之，起而行之。[2]而所谓"朴素正义感"恰可以理解为这种内化于心的情理表达，这种"情理"往往并非静态的科学之"理"，知其"如此如此"而止，常常具备行动的力量。[3]

梁先生眼中的"情理"的与维科理解中的共通感（sensus communis）有着微妙关系。所谓 sensus communis，是人们通过社会活动交流所创造的社会共享的情感认同。人们对事物的感知最初并不是通过共同的"观看"经验，而是通过共同的"感受"产生了共通的经验指涉，而集体获得某种"想象共相（imaginative universal）"，赋予某种共享的意义（shared significance）。[4]因而这个共享的意义与"内在于心"的"情理"一样，是先于语言而存在的心领神会。有学者基于

---

[1] 韩水法，《理性的命运——启蒙的当代理解》，北京：北京大学出版社，2013年版，第139页。
[2] 中国文化书院学术委员会，《梁漱溟全集(第3卷)》，济南：山东人民出版社，1990年版，第105页。
[3] 中国文化书院学术委员会，《梁漱溟全集(第3卷)》，济南：山东人民出版社，1990年版，第127页。
[4] Shotter John. *Conversational Realities: Constructing Life through Language*. London: Sage Publications Press, 1993, pp.53-54.

此发现，一个公共领域的缔造，既要"动之以情"，又要"说之以理"。①虽然互联网空间并不等同于纯粹意义上的公共领域，但与公共领域相同的是，社会各方力量都介入其中并产生博弈，此时如果偏废任何一方，公众舆论或恐难以成为可能。

由此观之，理性主义者将"共通感"看作理性运用的结果，而上述观点则将其视作主体产生判断的根源。这种因与果的置换很自然地将情感带回到公众舆论之中，因为个人的判断与慎思行为本质上是主体间性的，它们建立在相互传递的情感的历史之上。在"辱母案"中，经由"朴素正义感"传递出的"共通感受"绝非传统理性运用的结果，它来源于"孝"义之情的鞭笞；但它也并非纯粹情感导向的结果，因为正义感有其自身的情感逻辑，公众将辱母之怒移情于自身之后所产生的种种关切，早已预设了某些特定形态的知识或概念，嵌入了社会和历史的结构背景。

而我们对于公共理性的认可，也并不完全是客观性的，时常带有主观意向性，包含着共享情感和共同关切。当人们普遍感受到"辱母案"的一审判决有失公允时，此时的公共理性并不等同于在法言法，而带入关切情感的公众舆论亦朝着公共理性的方向渗透。正如克劳斯对"情感性的不偏不倚（affective impartiality）"所做的阐释，公众能够通过"移情（empathy）"的机制，设身处地地看待不同的群体，把所有受影响的当事人的合法情感考虑进去，并把它们吸收进一个普遍化的立场（generalized standpoint），当这种"移情"反抗任何特殊利益或者私人偏见占据主导地位的时候，这种普遍化的立场是不偏不倚的。相反，如果缺乏"共情"机制，不偏不倚则会成为"事不关己"的空想。②因而，"共通感"的有效实现离不开"朴素正义感"的牵线搭桥，它建立了一座理性与情感通达彼此的桥梁，只是这座桥梁亟待更为饱满的价值规范来修缮。或许我们可以借鉴克劳斯对带入情感的判断理论的描述：它要超出情绪的范围以便把关切也包括在内；它要超出对特定的他人的关切以便把对正义的关切也包括在内；它要反映认知性与情感性状态在实践推理当中的充分整合；它要关注判断与慎思在其

---

① 吴介民、李丁赞，《传递共通感受：林合小区公共领域修辞模式的分析》，《台湾社会学》，2005年第9期，第119-163页。

② 袁光锋，《情感何以亲近新闻业：情感与新闻客观性关系新论》，《现代传播（中国传媒大学学报）》，2017年第10期，第57-63，69页。

中得以发生的社会与政治背景。[1]

第四节 结　　语

　　朴素的正义犹如普罗透斯的脸，可以随心所欲地呈现不同模样，情感越是被放置于聚光灯之下，越难以描摹其轮廓——它既可为善讴歌，亦可为恶作伥；既可被正义鼓动，亦可被非正义所挟制。即便如此，正视并理解舆论中的情感互通对理性主义和传统舆论观的发展具有纠偏意义。"朴素正义感"仿若一根藤蔓，为人们提供了一套话语价值体系，尽管它与现代意义上的正义观有所出入，但顺着这根结实的藤蔓向上攀爬，我们可以跳脱认知层面的理性主义束缚，借由熟知经验的共享、价值层面的共识和反思性关切的共生，将"共通感受"与具体的事实经验和法治精神联结起来，这便是其意义所在。犹如真正的法治精神，恰是在"朴素正义感"基础上孕育出的对法律的敬畏，良性的公众舆论也应当是在情感的土壤里培育出的对理解的尊重。

　　很多时候，我们会将现代性的种种成果归诸理性的胜利，但却忽略了在历时性中情感所获得的更大包容性并非公众更加理性或更少热情的结果，对公众舆论的理解亦是如此。无论是卢梭将舆论看作追求真理的途径，或是哈贝马斯视舆论为达成共识的桥梁，事实上都是把凝聚众人的"偏见"美化成充满理性智慧的"公共舆论"的愿景，但"与其说论证的目的在于从智性上使对方臣服，不如说论证旨在创造新的理解途径"[2]。借助新媒体的力量，倘若公众在论证的过程中释放了尊重、善意和真诚，经由"公众同情"获得情感的理解与互通，这或许比追求某个表象的真理，或是达成某些盲目的共识更加珍贵。

---

[1] 〔美〕莎伦·R. 克劳斯，谭安奎译，《公民的激情：道德情感与民主商议》，南京：译林出版社，2015年版，第86页。

[2] 陈嘉映，《说理》，北京：华夏出版社，2011年版，第214页。

后 记

本书的成稿过程极其艰难，历时五年，仅框架就经历了六次大幅度的调整。

这五年中，中国的传媒业发生了巨大的变化。一方面，纸媒受到极大冲击，许多新闻工作者纷纷逃离传统媒体；另一方面，"媒介融合"不断走向深入，网络"内容创业者"书写了一个又一个"10万+"流量神话……作为一个研究者，研究着的又是如此近距离的"当代中国新闻传播观念"，无法对眼前的传媒景观扭身不见，充耳不闻。只能勉力而为，甚至知其不可为而为之。

成稿后的结构与原先的设计已经大相径庭了。在这个充满着不确定性的时代，可能唯一不变的东西就是变化本身了。如何在流动中抓住一些稳定性的东西？如何解读今天这个时代新闻传播的"变化本身"？要回答的问题太多、太难、太复杂，而忙碌的自己又很难沉潜下来，于是把一个本该三年结项的课题做了五年，仍然迟迟疑疑在路上，似乎离终点还有很远的距离。

五年后的今天，伴随着时代、技术与媒介实践的不断变化，我和我的团队也在逐渐"生成"一些新的思考，与五年前相比会有差异。但是，展现思考结晶的过程或许比呈现结果更有价值。更何况，"宇宙就是事件场"，实践的运动永无止境，哪里有终点，只有暂时的"告一段落"罢了。

所以，我决定呈上这份五年研究和思考的成果，无论这份答卷在方家和读者眼中能得几分，都感谢团队的小伙伴们。他们是——安徽大学新闻传播学院讲师黄伟迪博士、於渊渊博士，复旦大学新闻学院博士研究生凤仙、徐亦舒，安徽大学新闻传播学院博士研究生开薪悦、印心悦、鲁曼，安徽大学新闻传播学院硕士研究生姜奥等，他们或直接参与课题的文本书写，或帮忙启发思路、锤炼框架，或整理和提供资料。这五年，他们也伴随着这个小小的学术共同体成长，从硕士到博士，从博士到青年学者。

本书的章节作者如下：

绪论以及第一章、第二章、第三章、第五章由姜红撰写；

第六章由姜红、开薪悦撰写；

第七章由姜红、鲁曼撰写；

第十一章由姜红、印心悦撰写；

第十二章由开薪悦、姜红撰写；

第四章和第十章由凤仙撰写；

第八章由徐亦舒撰写；

第九章由黄伟迪撰写。

需要致谢的人还有很多，恕不能一一列举。

最后，致敬这个伟大的时代。